世界城市研究精品译丛

主　编　张鸿雁　顾华明
副主编　王爱松

城市生活

City Life

[澳] 阿德里安·富兰克林 著

何文郁 译

江蘇教育出版社 JIANGSU EDUCATION PUBLISHING HOUSE SAGE

图书在版编目(CIP)数据

城市生活／张鸿雁、顾华明主编.—南京:江苏教育出版社,2013.11

(世界城市研究精品译丛)

书名原文:City life

ISBN 978-7-5499-3643-4

Ⅰ.①城… Ⅱ.①张… Ⅲ.①城市文化—研究 Ⅳ.①C912.81

中国版本图书馆CIP数据核字(2013)第278050号

书　　名	城市生活
著　　者	[澳]阿德里安·富兰克林
译　　者	何文郁
责任编辑	陈彦理
出版发行	凤凰出版传媒股份有限公司
	江苏教育出版社(南京市湖南路1号A楼　邮编210009)
苏教网址	http://www.1088.com.cn
照　　排	南京紫藤制版印务中心
印　　刷	江苏凤凰新华印务有限公司
厂　　址	江苏省南京市新港经济技术开发区尧新大道399号
开　　本	890毫米×1240毫米　1/32
印　　张	9.625
字　　数	230 000
版　　次	2013年12月第1版　2013年12月第1次印刷
书　　号	ISBN 978-7-5499-3643-4
定　　价	40.00元
网店地址	http://jsfhjy.taobao.com
新浪微博	http://e.weibo.com/jsfhjy
邮购电话	025-85406265,84500774　短信02585420909
盗版举报	025-83658579

序

张鸿雁

“他山之石，可以攻玉。”人类城市化的发展既有共同规律，也有不同国家各自发展的特殊道路和独有特点。西格蒙德·弗洛伊德说：“当一个人已在一种独特的文明里生活了很长时间，并经常试图找到这种文明的源头及其所由发展的道路的时候，他有时也禁不住朝另一个方向侧瞥上一眼，询问一下该文明未来的命运以及它注定要经历什么样的变迁。”[①] 经典作家认为城市是社会发展的中心和动力，全球现代化发展的经验和历程证明，凡是实现现代化的国家和地区也基本是完成城市化的国家和地区，几乎没有例外。[②] 同样，中国以往的城市化历史经验也证明，要想使作为国家战略的中国新型城镇化能够健康发展并达到预期目标，就必须总结发达国家城市化发展的经验和教训，

① 西格蒙德·弗洛伊德，《论文明》，徐洋、何桂全等译。北京：国际文化出版社公司，2001.1。

② 张鸿雁、谢静，《城市进化论—中国城市化进程中的社会问题与治理创新》。南京：东南大学出版社，2011。

特别要择优汲取西方城市化的先进理论和经验以避免走弯路。[①] 我研究城市化和城市社会问题已经有近四十年的历史，借此机会把我以往积累的一些研究成果、观点和认识重新提出来供读者参考。

一、对西方城市化理论的反思与优化选择

2013 年中国城市化水平超过 52%，正在接近世界平均城市化水平，中国成为世界上城市人口最多的国家。关键是，在未来的二十多年里，中国将仍然处于继续城市化和城市现代化的过程之中，而且仍然处于典型的传统社会向现代社会的过渡转型的社会变迁期。这一典型的社会变迁——中国新型城镇化关乎中国现代化的发展方式和质量以及社会的公平问题。

西方城市化的理论与实践成果有很多值得中国学习和借鉴的方面，如城市空间正义理论、适度紧缩的城市发展理论、有机秩序理论、生态城市理论、拼贴城市理论、全球城市价值链理论、花园城市理论、智慧城市理论、城市群理论以及相关城市规划理论等，这些成就对人类城市化的理论有着巨大的贡献，在推进人类城市化的进化方面起到了直接的作用。中国城市化需要在对西方城市化理论充分研究的基础上，对西方城市化理论进行扬弃性的运用，从而最终能够建构中国本土化的城市化理论体系与范式。

我们看到在现代社会发展中，面对越来越多的社会问题，我们解决的手段却越来越少，甚至面对有些问题我们束手无策、无能为力。为什么会这样？即使在已经基本完成城市化的西方国家，在当代仍然存在着普遍的和多样化的社会问题[②]，而且在发达国家这些问题也都

---

① 张鸿雁，“中国新型城镇化理论与实践创新”，《社会学研究》，2013.3。

② 参见张鸿雁，《循环型城市社会发展模式——城市可持续创新战略》。南京：东南大学出版社，2007。

集中在城市，形成典型的“城市社会问题”。如城市贫困、城市就业、城市住房、城市老人社会、城市社会犯罪、富人社区与穷人社区的隔离、城市住区与就业空间的分离、城市中心区衰落以及城市蔓延化等问题，甚至有些在西方城市化进程中已经解决的社会问题，仍然在中国的城市化进程和城市社会中不断发生。这些现象的发生，与我们缺乏对西方城市化理论与模式的全面理解与择优运用有关。

在建构中国本土化城市理论的过程中，对外来城市化理论进行有比较地、批判性地筛选，这不失为一种谨慎的方式。西方城市化发展过程所表现的“集中与分散”的规律，在很大程度上是通过市场机制的创新形成的，可以描述为高度集中与高度分散的“双重地域结构效应”。[①] 美国纽约、芝加哥等城市的高度集中，与美国近80%左右的人居住在中小城镇里的高度分散，就是这种“双重地域结构效应”的反映。西方城市化理论是以多元化和多流派的方式构成并存在的，既有强调城市化“集中性”价值的一派，亦有强调城市化“分散化”价值的一派，还有强调集中与分散结构的流派。回顾以往，在某种情况下，中国的城市化则把西方城市人口集中的流派作为主要的理论核心模式，如果21世纪初的城市化仍然把城市高度人口集中作为主导，这不仅是对西方城市化理论的误读，更是对中国城市化发展道路的严重误导。而事实上，中国通过“制度型城市化”的创造，以西方城市化理论中的集中派理论模式为“模本”，形成了高速与高度集聚的畸形城市化——中国式“拉美经济陷阱”[②]。过度集中和过度集权的城市化成为导

---

① 张鸿雁，《城市化理论重构与城市发展战略研究》。北京：经济科学出版社，2013。

② “拉美陷阱”主要是指南美洲巴西等国家，人均GDP超过3 000美元，城市化率达到82%，但贫困人口却占国家人口总数的34%。一方面是经济较快增长，另一方面是社会发展趋缓；一方面是社会有所富裕，另一方面却是贫困人口增加……在其总人口中有相当规模的人口享受不到现代化的成果。参见：王建平，“避免‘拉美陷阱’”，《资料通讯》，2004(4).46。

致“都市病”深化发展的主要原因之一。如从基本国情的角度讲，仅适于美国等人少地多国家的“城市过度造美运动”以及大尺度、大规模占用土地资源的城市化，推行到土地资源十分紧缺的中国是基本不可行的，从长远利益角度来认识、分析这种现象，这是一种破坏性建设。

在西方的城市化理论中，还有些成果要么是戏剧化的，要么是过于理想化的——从乌托邦的视角提出城市化的理论，被喻为“要构建一个虚拟的理想世界”①，在学理性和科学性方面缺乏社会实践基础，在创造理想模式方面的价值大于实际应用价值。当然，霍华德的“田园城市”理论本身的价值就在于创造“理想类型”，给后人留下更多的空间来加以探讨和完善。西方城市化理论与世界任何理论一样，有其合理内核，亦有典型的历史与现实局限，必须认真选择，优化运用。

二、中西城市化发展的差异认知

与西方城市化“动力因”相似的是，中国城市化的外在形式也是以人口集聚为主要特征。但是，除此而外，中国城市化在发展“动力因”的构成与序列上，非但不同于西方，而且还有着强烈的本土化“制度型动力体系”构成特点，在改革开放的三十多年里，通过“政府制度型安排”形成高速的城市化。所谓“制度型城市化”主要表现为：一是城市化与城市战略的规划是政府管控的；二是城市化与城市建设的投资是以政府为主体的；三是城市化的人口发展模式是政府规划的；四是城市的土地是由政府掌握的，等等。这一动力模式具有强大的权力力量的优势，同时也具有典型的行政命令的弱点。中国城市化以三十多年的时间跃然走过了西方两百年的城市化路程，成就令世界瞩目，

---

① 尼格尔·泰勒，《1945年后西方城市规划理论的流变》，李白玉等译。北京：中国建筑工业出版社，2006.24～25。

但城市社会问题也越来越深化——这种现象充分说明了中国城市化原动力不足、动力结构不合理的事实，其主要症结在于中国没有本土化的科学的城市理论来引导。

东西方社会发展水平的差异，不仅表现在制度体系结构与个体价值观、人口总量与结构、教育水平与宗教文化传统等方面，表现在生产力发展的阶段性和发展水平方面，同时还表现在文化的总体价值取向方面。西方的资本主义承袭了古典时代思想，并且是从中世纪的土壤中“自然长入”资本主义社会的。“自然长入”的方式显现了西方社会的发展规律和历史逻辑，在这种“历史与逻辑的统一”机制内，使得在城市化中出现的社会结构转型、产业结构转型和文化结构转型，能够基本处于同步进化的结构变迁之中，没有出现典型的“社会堕距”与“文化堕距”。这些证明了西方城市化发展的市场规律运性表现。基于这一认识，我们可以看到，中世纪以来，中西方城市化走了两条不同的道路，两种城市化形态的社会前提、进程、节点和社会结构都是不同的。

西方城市化早期的历史是“双核动力发展模式”，即“城市经济”与“庄园经济”构成“双重动力”，城市工商业和庄园手工业并行发展，中世纪从庄园里逃亡出来的手工业者，较快地转入了工业化的大工业生产。西方城市化与工业化发展的动力来源也可以完整解释为“双核地域空间模式”。而中国是典型的集权的传统农业社会，可以解释为“单核地域空间模式”，城市在汪洋大海般的农业社会中生存，没有资产阶级法权意义上的土地关系和契约关系，由此产生的城市化“与传统农村有千丝万缕联系”，及至当代仍然是尚未与传统乡村“剪断脐带”的城市化。这一轮的新型城镇化必须在土地制度上有所突破，进行中国式的“第三次土地革命”[①]，只有这样才能融入世界城市化和全球一体化浪潮之中。

---

① 张鸿雁，“中国式城市文艺复兴与第六次城市革命”，《城市问题》，2008.1。

三、新型城镇化面临的问题与挑战

中国社会近代以来经历了多种形式的城市社会结构变迁过程①，这种变迁在总体上是一种社会进步型的发展。中国新型城镇化过程是这一变迁的继续，我们不难看到，在城市化的进化型变迁中，在解决传统社会矛盾和问题的同时，也在制造新的社会矛盾和问题，这是符合社会发展普遍规律的，没有不存在问题的社会，亦如发展本身就是问题，现代社会就是风险社会的命题一样，社会存在本身就是问题。因当代中国的城镇化具有历史的空前绝后性，其存在的问题也十分繁杂：有些是传统社会问题，即没有城镇化也存在；有些是城镇化引发和激化了的问题，要梳理出关键点加以解决。

"当我们渐近20世纪的尾声之时，世界上没有一个这样的地区：那里的国家对公共官僚和文官制度表示满意。"② 这是美国学者帕特里夏·英格拉姆在研究公共管理体制改革模式时的一段论述。正因为如此，从20世纪60年代以来，全世界几乎所有的国家都在进行制度改革，只是改革的方式和声势不同，特别是一些发达国家把改革与创新作为同一层次的认知方式，而不是把改革作为一种运动的方式。亨廷顿曾有针对性地对发展中国的现代化提出这样的分析："现代化之中的国家"，面临着"政党与城乡差别"的社会现实，事实上中国的改革面临的社会现实正是"城乡差异"二元结构深刻的特殊社会历史时期，当代的许多社会问题的发生都与"城乡二元经济社会结构"有关。他认为："农村人口占大多数和城市人口增长这两个条件结合在一起，就

---

① 张鸿雁等，《1949中国城市：五千年的历史切面》。南京：东南大学出版社，2009。

② 《西方国家行政改革述评》，国家行政学院国际合作交流部编译。北京：国家行政学院出版社，1998. 39。

给处于现代化之中的国家造成了一种特殊的政治格局。”中国城乡差别的现实充分证明了这一点，新型城镇化战略就是为了消灭城乡差别，建构一个相对公平合理的城市市民社会。

著名的历史学家斯宾格勒说：“一切伟大的文化都是市镇文化，这是一件结论性事实。”①人类伟大的文化总是属于城市的，这是城市区别于乡村的真正价值所在，也是人们对城市向往的原因所在。对于城市的“伟大”认知不止于斯宾格勒，早在中世纪，意大利著名的政治哲学家乔万尼·波特若在1588年出版的《论城市伟大至尊之因由》一书就提出了“城市伟大文化”的建构与认知。他对城市的评价是这样的：“何谓城市，及城市的伟大被认为是什么？城市被认为是人民的集合，他们团结起来在丰裕和繁荣中悠闲地共度更好的生活。城市的伟大则被认为并非其处所或围墙的宽广，而是民众和居民数量及其权力的伟大。人们现在出于各种因由和时机移向那里并聚集起来：其源，有的是权威，有的是强力，有的是快乐，有的是复兴。”② 我惊叹于四百多年前的学者能够对城市有如此独到而精辟的论述，虽然这种论述包含着对王权价值的认同，但论者能够从独立的视野中发现城市的价值实是难能可贵。而且，四百多年来人类社会的工业化、现代化和城市化过程也充分证实了这种美誉式的判断。同样，也是在四百多年前，乔万尼·波特若还提出了创造城市伟大文化的方式与入径：“要把一城市推向伟大，单靠自身土地的丰饶是不够的。”③ 城市的发展、建设和再创造，要靠城市公平、开放和创造自由。

《世界城市研究精品译丛》的出版目的十分明确：我国的城市理论研究起步较晚，西方著名学者的研究成果，或是可以善加利用的工具，

---

① 奥斯瓦尔德·斯宾格勒，《西方的没落》，齐世荣等译。北京：商务印书馆，2001.199。

② 乔万尼·波特若，《论城市伟大至尊之因由》，刘晨光译。上海：华东师范大学出版社，2006.3。

③ 同上。

有助于形成并完善我们自己城市理论的系统建构。在科学理论的指导下，在新型的城镇化过程中，避免西方城市化进程中曾出现的失误。新型城镇化是在建立一种新城市文明生活方式，是改变传统农民生活的一种历史性的改变。“新的城镇，也会体现出同社会组织中的现代观念有关的原则，如合理性、秩序和效率等。在某种意义上，这个城镇本身就是现代性的一个学校。”①

该丛书引进西方城市理论研究的经典之作，大致涵盖了相关领域的重要主题，它以新角度和新方法所开启的新视野，所探讨的新问题，具有前沿性、实证性和并置性等特点，带给我们很多有意义的思考与启发。

学习发达国家的城市化理论模式和研究范式，借鉴发达国家成功的城市化实践经验，研究发达国家新的城市化管理体系，是这套丛书的主要功能。但是，由于能力有限，丛书一定会有很多问题，也借此请教大方之家。读者如果能够从中获取一二，也就达到我们的目的了。

张鸿雁：南京大学城市科学研究院　院长
中国城市社会学专业委员会　会长
（2013 年 11 月于慎独斋）

① 阿列克斯．英克尔斯、戴维·H. 史密斯，《从传统人到现代人——六个发展中国家中的个人变化》，顾昕译。北京：中国人民大学出版社，1992.319。

献给艾伦和菲力普

目录

前言

轰炸后遗留下的废墟残存了几十年，大自然迅速地接管了它们，崩塌的房子，丛生的柳叶菜和醉鱼草在那些断壁残垣上攀爬……废墟的周遭充斥着流浪的猫，当炸弹肆虐时，那些逃离的猫再也没有看见过家园，房屋和主人都不在了。老太太们给它们喂食，之后它们生息繁衍并变得数量庞大，但它们不会痴迷于被抚摩的感觉了。

——Fay Weldon，*Auto Da Fay*，2002：157

我们大多数人生活在城市，我们的生活就是城市生活。本书探究的更多是城市生活，而不是结构、建筑、政策、体制、人类分类学以及社会学这些常规构成城市研究的内容。所有这些毫无疑问是城市生活的一部分，而且是相当重要的一部分，但事实上也仅是一部分而已。城市研究的描述性传统有一种趋势，往往将城市简化为对系统的抽象，无论是社会系统还是物理系统（遗憾的是，很少有两者结合的情况），简化为对城市的成和败的经验主义描写（进步和丑闻的记分卡），简化为城市假定的社会和环境问题（浩如烟海的城市研究、城市知识和城市感知的推手），最重要的是，简化为绝大多数是单向度的、以单一学科为基础的研究方法（虽然我无比愉快地注意到阿敏［Amin］和思里夫特［Thrift］的《城市——重新想象的都市》［*Cities-Reimagining the Urban*，2002］），这里存在一种趋势，在我看来是一种严重趋势，就是复制了与科学及人文科学之间的大分化（the Great Divide）相关的所有问题。因此，我们会创作出一些有关城市的作品，用以强调城市的一个人类或非人类的特征（它的文化、建筑、建筑风格、交通，它经受的自然灾害，它的空气质量以及住房标准），很少将城市当作这些事物的集合来处理；我们也很少把城市看作一个人类和非人类网络的总体，其中包含着文本、软件、文化、行为、建筑风格，还有绿树和花园。因此，对城市生活发表有意义的看法事实上极为困难。在我们生活方式丰富多彩的文化中，城市生活必定是一种至关重要的变量，它影响着社会关键劳动者与雇员的定位。由于既关注环境和生态状况，也关注文化、服务、建筑和气氛（我们也的确常常听到喧嚣、氛围、“活力”和刺激等），他们对生活方式的考量跨越了大分化。我们听说成功的城市是宽容的城市，但这种宽容并不仅仅是针对文化和种族的：它是一种普遍的宽容，一种对诸如此类事物的真正兴趣和关心，例如：自然、过去、杂合、新（旧）科学技术、内地与邻国、我们衣食的生产者、我们对他们生活的影响。本书提出，所有这些后物质主义与后人文主义的主题，构成了当代西方以及其他正在现代化的城市的新的生态文化。

即使我们并不生活在大城市之中（虽然世界越来越城市化），我们所有人也生活在它的阴影里，被它的引力束缚在某些地方，事实上，在我们生活的某些特定时刻，我们大多数人都渴望生活在它的魔力之下。城市生活有许多魔法、幻景、仪式和超越性的内容，但它们在城市研究中仅在很偶然的情况下才会浮现出来（有一个例外，见 Pile，2005），但如果我们想要正确彻底地了解城市生活，它们又相当关键。我们中有很多人渴望离开养育我们的地方——这里安全、能把握但又单调而乏味（例如郊区、小镇和乡下的落后地区）——向着城市之光进发；我们向往花大把时间在城市中购物，那儿的商店更好，售卖的物品也令人目眩神迷。它们所拥有的给予人们一种别处无法获得的审美活力。还有一些杰出的公共艺术和建筑作品，它们在询唤我们的同时也在向我们致意，无论它们是否是国家建造的圣殿，或是否体现了艺术或流派的运动，或仅仅是一个名人地标。这些事物通过数不清的方式来定义我们是谁，我们从哪里来，我们将走向何方。而且，我们越来越需要使我们自己沉浸于城市的转型氛围之中，因为对于我们大多数而言，城市还承诺我们实现自己的潜能，不论这是否可能；在外面的一个地方能找回自己，这个地方传统与保守的文化仍然保持着相当的影响力；城市即实验和自我塑造的场所。本书是关于城市（或至少大多数城市）是如何成为我们生活中如此重要的元素，以及它们为什么要以现有的形式存在。

谁能怀疑诺曼·福斯特（Norman Foster）巨大的小黄瓜（Gherkin）或者皮亚诺（Piano）所期望的玻璃碎片大厦（Shard of Glass）对伦敦天际线建设性的定位？我们向往城市的剧场、音乐和文化作品，并对城市的名人与天才表示敬意。我们也渴望城市提供给我们的潜能和多种可能性，为的是以不同的方式塑造我们自己。城市生活中有许多创新，既有人类的也有非人类的：我喜欢这一类的想法——城市农场，城市森林，学会了巡视它的那片天空及高高筑巢的鹰，还有在花园的工具棚之下养育家人的狐狸和獾。

如果村庄、社区和郊区为我们提供了用以遵守和追随的规范，那么城市则为我们提供了多种选择、多条道路以及多元变化。如果小地方的社群和归属感为我们提供了判断力和确定性，那么，就如格奥尔格·齐美尔（Georg Simmel，1997b）所说的，城市会提供探索的自由和对未知世界眼花缭乱的冒险。

矛盾的是，我刚刚所说的一切都是在被广泛认同之时也充满着争议，不过更主要的还是充满争议。和现代性的大多数时候一样，最近一些年，城市受到某些十分尖锐的批判。它被迫为许多坏事情承担责任：从传统、社区、家庭的破坏到失范、个人主义、厌世的世界大同主义、消费主义和市场化的兴起，到对有利于人类自身的自然界的剥夺和破坏。城市眼看着吞并了它们的腹地和疆域。城市上班族成了一个对未开发地区和传统乡村的毁灭性诅咒；他们对自然与流动性相结

图 0.1　一个令人激动的城市：澳大利亚悉尼。(photo Adrian Franklin)

合所怀有的自相矛盾的热忱，持续地威胁着荒芜的边境之地。对于厄运的来临，有一种普遍的预感：那就是这个世界可能会在某一天变成一个总体城市（*totalopolis*）。

然而在所有这些恐惧中，城市也不过是一个新的替罪羊，一个用以储藏我们对于变化的恐惧和不安全感的仓库。如果我们更仔细地观察城市，我们也将会看到令人激动的潜力，纯粹的可能性，延展的能力，它并不全是厄运。

那么，城市是宏伟而且充满刺激的地方，而且在我眼里这种宏伟和刺激只会增多不会减少。整个世界，城市都在人与文化的多样性中不断发展，城市比其他任何空间更多地以这些方式从全球化中获益。城市的移民通常会保持他们多样的文化和种族形态完好无损，和他们来到城市之前几乎一模一样。父母们沿袭着昔日的方式、故国的做法和规则。当然，为什么不呢？但是最终，他们的儿子乃至孙辈们会厌倦作为他者，即使当城市只不过是他者的混合地时也是如此。他们也常常想搭现代时代精神的顺风车，成为现代新纪元的一部分，而逐渐展开的现代性很少倾向将传统和种族性当作一种不变的形式来保存。典型的是恰好相反：创造混杂的世界，混合的口味，消融差异，而同时对此做法持普遍的宽容。这是可以理解的，因为城市过于复杂多变而难以保持静止；它们必须处在永不停息的变迁之中，不停地化为其他事物，其他更好的事物（但愿如此）。毕竟，固守时代和文化的一成不变是与城市生活精神相悖的。因此，多元性成了融合的没有止境的未来。文化不会在城市间消失，它们彼此渗透。在它们这么做的同时，我正在考虑把黑人文化通过爵士乐得以融合的历史当作一个范例，文化没有消失但转变了，它们挑战并创造了融合与汇聚——常常是以令人震惊且难以预料的方式。

例如，我们都在使用、戏耍并改变着英语的用法；我们都随着起源于与故乡相去甚远之地的节拍与步调起舞；但我们都获益于“古罗马人的贡献”（What the Romans Did for Us），获益于维多利亚时代英国社会技术的探究，获益于印度风味料理烹饪方法（比如说目前最受英国人喜爱的外卖食物），获益于美国文学和法国的平等（*égalité*）的理论，并且在约翰·莫蒂默（John Mortimer）去世之后，我们尊重他的提醒，关心陪审审判、无罪推定和公民自由的发展（见《心愿所在》，*Where There's a Will*，2003）。本真性永远是一种迷惑人心的特性，它常常在处于对变化的焦虑阶段出现，但历史却告诉我们，城市生活其实是有关混合文化形式的创造。

不过，不同文化被聚集在一起的速度以及导致它们共存的境况不总是有助于城市文化的相互渗透。的确，齐格蒙特·鲍曼（Zygmunt Bauman）在他的《全球化》（*Globalisation*，1998）中表明，在允许文化相互熟悉并适应的过程中，本就不够充足的时间业已流逝。在2003年的一次采访中（Franklin，2003），他认为“城市环境持续地生成一种奇妙的混合，‘混合的友爱’和‘混合的恐惧’（mixophilia and mixophobia）。”在鲍曼看来，在过去，有更多的时间用于熟悉，经过一个缓慢地相互适应差异的过程，但是现在，则只有年轻人和大学生会因彼此穷而凑在一起，通常是在市中心或大学校园里，处在一个凝视、探究、学习的位置上——去参与并发展他们之间“混合的友爱”。

另一方面，住宅隔离和郊区化，确保了我们只能居住在城市的一个受限的空间中，而其余部分则保持神秘莫测且不可接近——其他的世界通过“混合的恐惧”分隔开来。人类文明的交融暗流涌动，这一点最终会显露；更快显露的还会有地盘争夺战、种族主义、聚居区主义（ghettoism）和有“门禁”的生活。因此，生活肯定注意到了为什么那些通常（虽不是全部）更加嘈杂、更有独特氛围的地方，经常是一种“边缘”地带，这些地方蕴含着一丝越轨的快感，多元文化在这里找到了共处的方式，这刺激着学生与艺术家，并被编织进了一个更像梦幻的故事。这些地方常常更加宽容，欢乐，是由文化驱动的城市生活再崛起和再发展的策源地。从很多方面来说，这些地方是本书的灵感，是城市的希望。有关该从何处着手去改变事物，它们可以告诉我们许多。本书不是一个政策的乌托邦，而是启动一种关于城市生活的新的对话手段，它试图诊断城市生活是由什么组成，被什么创造的。

但这些融合不再仅仅限于人类、文化的混杂，因为另一种使城市变得甚至更令人兴奋的动态是我们可以通过机器拥有、创造、再创造出无限可能的关系。昨晚我看电视时，杰里米·克拉克森（Jeremy Clarkson）在他《伟大的发明》（*Great Inventions*）系列节目中告诉我们，现如今一个英国家庭平均会拥有20台电脑，它们存在于我们的车里、洗衣机里、食品搅拌器和面包机中、电视机和DVD中，存在于我们的相机、手机和供暖系统里，当然我们也确实增加了家庭中私人电脑的数目。但是这些事物是如何与我们的生活交织在一起的，它能让我们做什么或变成什么，以及我们同它们及生活中的其他人（和机器）之间相互作用的结果会变成什么，会在不少书里占有许多篇幅。我的一位家族成员最近对他的族谱产生了兴趣。结果证明，在他不知情的情况下，其他的拥有同一个不寻常姓氏的人也在缀合他们自己这部分世界的谱系，但在过去的这一年多，看似拥有它自身生命的网络已将他们联系起来，在这种情况下，族谱根本不用个人来整理了。眼下，这位亲戚已联系、写信并计划拜访在美国的一位完全陌生的人，其基础是他们新近发现的亲缘关系。他对这次拜访感到十分兴奋，部分是由于这一趟旅程能使他第一次看到另一个激动人心的城市：芝加哥。

通过这样的途径，城市都被程序和意想不到的方式联系到了一起，但是，由于它们同时也都是具体变化过程的结果，共同来自于多种多样的环境、历史、文化和机遇，因此它们不完全相同。做一个伦敦人与做一个芝加哥人不同，住在这里与住在那里也不一样，而且它们不会变得越来越相似。它们都有自己的逃逸线。那些只看见标准化全球零售产业链在世界上每个城市里再生产出来的人，他们只是看到了城市生活很小的一部分。城市并不一定要变成没有生气，互相反复克隆，对于新的全球工业化城市的顾虑使第一代城市理论家感到恐惧，但他们也可以大胆地进行一次拓展，可以改变路线，可以复制并添加一些他们所喜欢的来自别处的事物。我们需要明白城市生活是被具体城市的人、自然和物创造出来的，它并不是什么可以从别处移植过来的东西。我们可以培育条件，使人们能够打造自己的城市文化，但我们并不能命定城市文化的内容和风格。

但是，城市的多元性和激动人心对于人、机器和半机器人来说都是不受限制的。城市被从微生物到动植物等非人类要素所充满，而这些并非只是残留下来的，它们绝不仅仅是我们花园里装饰性的添加物，或在我们给一个纯粹人类空间消毒时被忽视的非人类有机体上的细微痕迹。它们通过某种途径一直待在那儿，人们对它们有时会熟视无睹，有时会满怀厌弃。只有在近些时候我们才学会了去欣赏城市里那些“自然”的生命，这部分是由于我们开始具有了后人文主义的眼光。

人类对于城市生活的追逐总有一种颇为矛盾的野心。有一个我们大概会称之为城市建造者的群体，也就是该为给各种非人类带来风险威胁承担责任的那群人，他们梦想着建造一个人类梦想的大本营，在这里，所有其他的事物，都会通过规则与管理、屏障与隔膜、化学毒素与化学机制、生态位及栖息地的搬迁等来消除。这个群体所达成的远少于他们所想象的，但他们的豪言促使了一个广泛传播的观点的产生，即城市理应属于人类，这种观点的变体则是城市不包含非人类的生命。这两种观点都是错误的，并且都产生了严重的后果，限制了城市生活可能的丰富性与多样性。另一个群体，甚少以群体的形式活动，有意无意地，他们负责消除城市建设者的工作。

一开始，从伦敦到香港，有不少人想与非人类的生命分享他们的生活。他们业已适应了城市生活中大范围的非人类生命。通过奢侈、昂贵但受限的方式从异域引进的用以装点城市花园的植物，已经满世界野化——甚至在异域原产地也是如此。以澳大利亚为例，它进口了成千上万种动植物。常常，在园丁们的合力培育下，植物的新菌株/杂交体在新的气候环境里能得到更好的管理，这一结果的出现与园丁之间的尝试、试验、竞争密不可分，同时也与维多利亚式花园里独有的大面积的无计划的异位移植所创造出的偶然的杂交息息相关。然后它们的野化尝试有可能奏效了，一有机会便蔓延开来并茁壮成长。醉鱼草（*Buddleia davidii*）是以 18 世纪早期的英国植物学家亚当·巴德勒（Adam Buddle）教士命名的。这种植物在 1890 年从中国引进到英国。它之所以受到注意，是因为它具有惊人的吸引许多如果没有它则在英国城市花园中便看不到的蝴蝶的能力，这也成为诸如大西洋赤蛱蝶、凤蝶、黄钩蛱蝶等许多种类的蝴蝶随后能够引领城市生活的原因。在澳大利亚和新西兰，醉鱼草为郊区吸引了澳大利亚花蝶，与偶然引进的荨麻相得益彰。荨麻为这种蝴蝶的幼虫提供了食物。在美国醉鱼草则吸引了蜂鸟。

起初，那只是一种只能在最金贵的英国花园里才看得到的珍奇灌木，但它却利用了任何在其他方面有序密封、消毒和现代城市景观管理的失误。醉鱼草天生适应贫瘠的、几乎是土壤稀少的多石山腰，所以城市的工业废墟出现，无疑是很合它胃口的。20 世纪 30 年代，醉鱼草最先在废弃的乡村房屋和平民区崩塌的废墟里被注意到（以一种逃亡的城市漂泊者的身份）。之后就像费伊·威尔顿（Fay Weldon）清楚表明的那样，它们占据了二战时炮弹轰炸后造成的成千上万的住宅废墟。这些地方得到的关注比贫民窟要少得多，因此醉鱼草得以在更广大的范围内蔓延。作为一个处于人类衰退之中的外来居民，醉鱼草随之在荒地和 20 世纪 60 年代被拆除的铁路线的路堤处变得引人注目。它已通过铁路网以一种系统的方式横穿了英国，随之而来的结果是它们迅速地将自己根植在 20 世纪 80 年代撒切尔的去工业化进程中。同时也因为从 80 年代一直到 90 年代，本地城市议会丧失了维持基础设施的财政收入和能力，醉鱼草会在任何人类迟疑于城市的维护之时突然出现。醉鱼草、铁路网和去工业化进程共同创造出了一个网络，它们也变得错综复杂了，并创造出了新的自然和新的城市外观。醉鱼草自带的昆虫网络也因此进入了新的城市空间。

所以，自然一直以一种醉鱼草式的方法与城市生活交错在一起，并一直在默默等待着这种交错变得更加复杂。澳大利亚有一些鸟儿，它们禀性害羞，之前又被大肆猎捕过，第一批殖民者甚至都很少见过它们，所以它们不得不待在动物园的大型鸟舍里。这种无法自由飞翔的状态让它们开始了解城市，例如门是怎样运作的；总体上来说人类是多么喜爱鸟类，他们喜爱为鸟类提供食物，或扔给他们一些不太需要的东西，似乎没有更进一步的关心了。鸟儿们认识到是它们的肉食性的敌人创造了城市，并且撇开一切不谈，城市又是多么好的一个可供筑巢的地方。但这一切都需要时间，并且显示了城市好像一直在“成为其他事物”。

当布里斯班（Brisbane）和悉尼得到了异域城市的鸟类时，伦敦失去了长期以来一直与伦敦人非常熟悉的其他的鸟。最先消失的是 17 世纪相当常见的鹳鸟，一如约翰·菲利普斯（John Philips）在他的田园诗《苹果酒》（*Cyder*）中所记录的：

会降临的，当鹳鸟，蛇的天敌，
返回，对你的植物显出怜悯，
疲惫地育种……

——*Cyder*，(1708)，Book 1，Ⅱ.375～377

它们自非洲出发的季节性迁徙在高楼林立之后终止，同时也因为越来越多的靠近城市的沼泽地出于农业和建筑原因被车干。最近，由于中产阶级化和新的建筑技术关闭了大多数屋顶和排水沟的入口，英格兰麻雀，长期以来一直是伦敦人的象征，它的数量快速且十分令人遗憾地减少了。不过就像我们将在第八章所讨论的，自然和人类在生态上不会彼此隔绝，同时也会有美学、情感、道德、伦理和象征性的关系来调节众多的关系和结果。以麻雀为例，它又出现了，因为人们在它们的旧居旁摆上了鸟巢箱子，其数量相当惊人。鹳鸟没有再回伦敦定居，但是在伦敦西区正中心有着吵闹且充满生气的苍鹭栖居地，它们为了能享受到更干净的水和更富有养分的城市湿地生态而进入了城市。专业工作人员在他们进城的路上驻足，以欣赏并核对新一季幼雏数量的增加。工作人员与苍鹭幼雏都是城市的一部分，但是他们互相连接的轨迹，他们的交织与融合，也需要被我们当作是城市的一部分。

以这种方式，城市仍拥有文化与表述行为的一致性，而且并没有被流动的现代性、全球化、“流动空间”、电子媒体和通信所分解。另一方面，所有这些事物已经对城市生活产生了影响，但主要是通过人、信息和物的净流入和流出，这也是一直用以定义城市特征的东西：和20世纪20年代的弗吉尼亚·伍尔芙（Virginia Woolf）一样，我们仍然利用关于流动、潮流、增长、扩张和死亡等自然的隐喻体验城市生活。与彼时相仿，城市生活总会淹没我们；总会有许许多多的事令我们无暇应对，就如鲍曼（2002）所声称的那样，当下有许多新的人（和事）正在发起许多运动，以任何事物的秩序来固定它们都是不可能的。

我们平静但绝非毫无戏剧性地进入了史蒂夫·克鲁克（Steve Crook，1999）所说的“风险管理的新自由主义体制”。城市和民族国家不再对我们的利益进行管理了，风险和不安全系数激增，因为这个世界正在变得更加机动、自由和灵活。城市曾经是安全、卫生的堡垒与避难所，现在却对疾病、恐怖袭击、种族主义、犯罪和（其他）失序全面敞开，这也对城市生活有所启示，图海纳（Touraine，2000）在他的著作《我们能和谐共存吗?》（*Can We Live Together?* ）中阐述了这一观点。除却这种启示，我们都被更多地联结起来了，成了这种生活的更广大的一部分，并接受了这种生活的启示。本书将会探讨发生这种变化时，生活在城市意味着什么，它往往会将更多的生活加给大都市的中心，而不是将更多的生活移出大都市的中心。总而言之，由于城市及它的麻烦引人注目地增长，城市永远不会与全球社会有更多的关联。

本书在两个主要方面研究城市生活。首先，就像我们之前所看到的，是在城市中建立起来的生态关系，这种关系存在于人类、机器、建筑（曾一度被称为“生存的机器”）和“自然”之间。其次是根据它的社会和文化构成，特别是那种常常被提到的（有时是遗憾地）富有生机而且有充实感的城市生活。全球相互竞争的城市力图灌输或复兴城市生活中“喧嚣”或“生机盎然”的感觉，而且它们总是通过遵循公式化的发展方法论来做到这一点，却没有深入了解这种城市生活在本体论意义上究竟是什么，或它作为一个社会和文化的人工产品究竟是怎样产生的。这本书旨在分析成功的城市所具有的特殊品质，描绘其独特的社会和文化内涵。为了做到这一点，追溯城市发展的历史轨迹是很有必要的，所以，本书的开头部分简单地追寻从早期所谓的传统城市到19世纪、20世纪规划过的现代城市的变化，之后再更详细地介绍它们从20世纪中叶直到今天的发展史。因此书的章节将会分成两部分，第一部分：城市的形成；第二部分：创造城市生活。

第一部分：城市的形成

第一章，从英格兰的坎特伯雷（Canterbury）城的诞生开始，其时，坎蒂人（Cantiaci）的部落中心日渐集中，成了一个完全成熟的罗马城市。我们可以从这一简明的变化过程中学到很多，只因为它能使我们明白大多数城市史的焦点和内涵有关的东西。在这一方面，我祈盼能与马克斯·韦伯（Max Weber，1958）的观点区分开来，韦伯认为城市的历史功能主要是防御功能。与现代城市不同，现代城市强调城市是一个工作和居住的场所，罗马城市及后来的中世纪城市，还有现代早期的迭代期，则突出城市是宗教、仪式、贸易、休闲和政治生活的场所。至少在铁器时代的英国乃至欧洲被提升为城市之前，贸易、集会和仪式在特定的地方已经联系在一起。在许多方面，正像我们将看到的，成功的当代城市找到了多种方式，在新的环境中保留了这种交易和仪式的集合，然而很多人生活在不那么成功的城市里，在令人厌烦的郊区住所和千篇一律的现代工业区中逐渐失去了活力。这些“非地方”（non-places）常常与城市中心相混合（城市中心功能已弱化为朝九晚五的零售和办公场所）。

第二章，思考了传统城市向19世纪早期机械化的、自发的并且通常是未经规划的城市的转变。还有，试图理解一个新兴的城市化工人阶级和产业阶层，这个阶级（阶层）伴随着陌生且威力巨大的新机器（并为新机器所询唤），它们主宰了城市的景观，并创造出了更多可能的城市生活方式。这是现代规划学、新的城市科技、政治和社会转型的不可避免的一个实验期，在这一时期，微生物和不断增加的大量不同的全球自然资源被纳入了这些城市，用于生产和消费。鉴于坎特伯雷构成了传统城市的焦点，那么自然而然地成为刘易斯·芒福德（Lewis Mumford，1961）所描绘的“焦煤城”（Coketown）的城市，就是像布里斯托（Bristol）这种大而富裕的港口城市。

在第三章和第四章中，“焦煤城”转入到有规划的、理性化的现代城市，将齐格蒙特·鲍曼所说的“固态现代化”具体化了，这种转变会与巴黎、伦敦成为世界闻名城市的过程联系在一起进行分析。奥斯曼（Haussmann）的巴黎，对分析它给城市的社会和文化生活的本质影响是必不可少的（这类影响许多方面完全出人意料）。在这里，真正重要的元素是所创造的新空间文化实践的动力与内容。巴黎成了一个样板地，不仅仅因为它美丽的建筑风格和商店，也是因为它使自身成为可能的城市生活。它可能是一座爱之城，因为它包含了一种新颖而且唯美的幽会与流连的场所；这些场所可以约会，能放慢生活的节奏，吃喝、漫步、跳舞、游玩。从最早的范例孚日广场（the Place des Vosges），一直到宽广的林荫道，以及他们对于居住在城市的生活的复杂社会思考，巴黎是理解那些生机勃勃的城市的绝佳实验室。不过，巴黎也只是许多模范、美丽的城市之一，虽然它的诞生与历史一直混杂着关于排外性与缺乏宽容度的指控，特别是城市贫民，他们为了给新的市中心让道而被迫大量迁移。因此，第四章会考虑另一个“固态的现代”城市的解决方案的可能性，这个方案在全球范围内被更加广泛地接受。因此，我将目光转移到伦敦以及美国和其他英国殖民城市，尤其是澳大利亚的城市，因为这里的花园城市生活和郊区城市生活的发展和成熟主宰了整个文化。

两种固态的现代城市形式的问题在于，它们相信可以以规划为基础来建设好一个城市，就像建好供水、排水和排污系统那样。这种基础鼓励授予专家更多的权力与权威，鲍曼（1992）的“立法者，就是拥有了前所未有的控制权去制定被认为是人类发展的真正的科学的路径”的人。生活并不是品位、传统或文化（所有文化都互相关联且以民族为中心）的问题，而是科学设备的问题，寻找一种最完美的方式，给出一种最合理的方案。它引出了“形式跟随功能”这样一个普遍的“咒语”，人类的城市生活往往丧失其在审美、滑稽、仪式性和精神上的传统的所有相同之处，偏爱认可一些核心的功能（住房、工作、沟通、健康等等)。紧缩时期和普遍存在的对贫穷的恐惧，鼓励了这种对生活基础的关注（Inglehart，1997 年把它定义为一种唯物主义的政治），最好的情况是把美好且令人愉悦的事物当成纨绔习气的奢侈品加以驱逐，最坏的情况则是针对抗拒和绝望创造一个未知的社会空间（de Button，2006；Raban，1974）。诸如此类的重要理念在 20 世纪 70 年代快速地聚集起来，并且还有其他着眼于现代城市所显露的环境或生态问题的评论陆续加入。所有这些一并形成了可能会被称为“功能失调的城市”话语，并且提供了过去三十年来关于城市重建与繁荣的批判素材和触媒。这也是第五章的主题：功能失调的城市。它标志着一种转折点，并为本书的第二部分提供了基础，即城市更少受到全能执法者的控制，针对产业化的“强调工人利益”（workerist）的城市，更少关注其范围狭窄的基础性产物，更少聚焦把城市当作人文主义的大本营。取而代之的是新的城市文化的出现，它可能更加具有反思性（如，对它们的文化和环境的影响更感兴趣)；它们通过城市的社会运动变得更加民主化，而且作为一个新的城市空间也非常富有表现力，开创了一系列文化上的革新和制度。从许多方面来看，它反映了一种转变：从以工作、产业和工人主义为主导的现代社会向着以消费、休闲和消费主义为主导的现代社会的转变。这无疑使全世界的人渐渐明白，城市不再是通往终点的一种手段了，它自身就是目的。那个终点即是城市生活本身，但它首先必须被创造出来。

第二部分：创造城市生活

功能失调的现代城市创建了意义重大的文化、政治和集中针对政策（policy-focused）的批判，并且为一种正在兴起的旨在全面改变城市本质的反思做了铺垫。为了寻找这种转变的恰当隐喻，人们就必然要将一种更强烈的反思意愿结合起来：反思城市的更广泛的影响，也反思涉及创建更多的人与人之间、人与机器以及其他非人类之间的关系。它也暗示了城市不断增长的复杂性和一种从固态现代性一维性之中的撤离（见 Urry，2003a）。因此第六章题为“生态城市”，它是有意义的，一种常见的精神提示我们，要将更多的强调赋予种族和文化的理解与宽容（其中包括对历史和过去文化的更大同情，这在中产阶级化和遗产类型的活动中已经十分明显），而且更多强调承认机器和自然系统的更复杂的互相交织（Haraway，2008；Law and Mol，2002）。

第七章“城市生活方式”，更加仔细地观察了作为社会运动新形式和消费主义本身的消费，是如何重构作为文化空间和践行空间的当代城市的。“生活方式”的表现是崭新的，并且是通过新的消费者运动，找到修复与占据一些老的房地产和街区的新方法来实现，通过创造新的城市市场和其他交换与表现空间来实现。

以这些方式，城市中住所与工作场所之间的界限渐渐模糊并被打破了，不管是在空间上还是在践行的意义上。不过，这些新的活动也改变了城市的公共空间，并创造出了“奇观与狂欢”（我将把它作为下一章的标题）的新形式。

第八章与之前以史实为基础的章节重新建立联系，以确认城市中长期存在的“奇观与狂欢”的传统。本章追溯了这些活动是如何被新教徒和维多利亚时代文化所打压并废止，以及它们在 20 世纪早期是如何回归的（常常以秘密的方式进行）。爵士乐被当作早期可供模仿的行为榜样被重点描述，新的奇观和娱乐（通过街道狂欢和节日）的繁荣被记录下来，并加以仔细分析，同时将其作为一种方法，用以了解当代城市居民、雇员和开发者如此敏锐地发现或创造出来的新的喧嚣与氛围的构成。

第九章“城市的本质”，观察了当代城市的另一种繁荣：与非人类分享一种热情。与野生动物、鸟类、宠物和植物之间的关系，此外还有城市与更强大的自然力量如极端天气、火山活动和森林大火等的关系，这类关系构成了本章的基础。再次说明，重点将落在城市即后人类的实体，它既受到那些创造出并希望践行强烈生态学观念的人们的鼓励，而且也是非人类能动作用的结果。尽管有人也许提出城市对于整个星球而言仍象征着一种生态威胁，但这种焦虑需要通过这样的事实来调和——那就是：城市似乎也在创造出强有力的环保主义的文化，以及一种敏锐的对非人类的伦理上的责任感。

第一部分　城市的形成

第一章　传统的城市

> 我正站在令人难忘的诺曼式城墙的城垛上，眺望着英格兰南部肯特郡的坎特伯雷城。城墙是在11世纪通过有组织的市民捐献系统（城墙税）建立起来的，筑墙于此是为了保护它的市民并维持当地诺曼集团的权力。城墙的墙体是燧石，每一块燧石都被仔细打磨过，以使那些试图攻击的人暴露在它许许多多刀锋般锐利的边缘之下。很难想象现代还有什么材料会比它更加有效、更加持久了，因为时至今日那些燧石依然有着锋利的边缘。（《城市生活》观察笔记）

坎特伯雷市民所付出的大量努力与开支其实并不过分。它们与长期的安全投资和风险管理有关。但这同时也指出了一些重要的事实。像坎特伯雷这样的前现代城镇也许会与范围更广的社会构造联系在一起，但是就像马克斯·韦伯（1958）所讨论的那样，它们的存在，首先的也是最重要的，是为了它们自己：城市是独立的，但它紧密联系着经济、管理、仪式和政治的社团。

大多数居住者与城市之间都有着相当重要的利害关系：他们拥有

特权，作为回报，他们对城市整体都负有职责。他们为社会生活的重要领域服务：仪式与宗教庆典，行政与政治机关，武装和防御力量。为了用作集体防御的城墙，要求他们承担维护费用。对于市民而言，坎特伯雷是经济、政治、社会生活的中心和蓄积地，我们也可以把它视作是几千年来存在于此地区的社会团体的峰会与集合，从强盛的坎蒂部落时期便已开始，经历了与邻国征战不休的铁器时代，繁荣的罗曼诺-不列颠（Romano-British）时期，一直到危机重重的黑暗的中世纪。这无疑为衡量我们现代城市生活发生了多少变化提供了一条很好的基线。

罗马时期的坎特伯雷

在 1066 年诺曼人入侵之前，罗马人已经建造了大约有近百英亩的防御工事，横穿司道尔河（River Stour）的极佳架桥点，在城墙上，我只需稍稍移动视角，便能看到他们防御工事的一部分。事实上它们至今仍是防御结构的一部分。罗马人建的堡垒被称为坎提康拉姆（Durovernum Cantiacorum），它是保卫沿海罗曼诺-不列颠肯特郡这一重要地区的重镇。此地的罗马名称，以一种很强烈的方式暗示了这些早期建造在这里的城市，出自非常特殊的人群，同时也是为了特定的人群而建。在罗马人尚未入侵不列颠之前，这个地方是强大的坎蒂部落的王国。

罗马帝国扩张的方式不是用罗马市民和殖民者来替换掉邻国中战败的人，而是使当地居民罗马化，或者至少是在不破坏他们自己的文化与宗教的同时同化他们。我们确实也知道罗马侵略者常常同化当地的文化、趣味和宗教风格。因此，根据 www. romanbritain. org 网站上的信息来看，“坎特伯雷的罗曼诺-不列颠之名可被译为‘靠近桤林沼泽林附近的坎蒂人封闭定居点’”。它绝不是一个被创造并重新命名的城市——不是新罗马或新赫库兰尼姆（Herculaneum）之类，这与后来欧洲帝国主义者的风格如出一辙。

图 1.1　围绕英国坎特伯雷的中世纪城墙。(photo Adrian Franklin)

在罗曼诺-不列颠时期之前，这块定居地是坎蒂人建造的军事防御中心，用来对付铁器时代与之交战不休的邻邦。但已经证明它对防御罗马军队没什么用，然而有了罗马人的帮助与专业技能，它又变得坚不可摧。公元 3 世纪，当罗马不列颠遭遇来自北海（North Sea）的威胁时，有证据表明，大约是在与沿海堡垒建造的同一时间，罗马人重建并加固了城墙。

罗曼诺-不列颠时期的坎特伯雷成为了一个重要城镇（*oppidum*），一个有着自己的货币、神殿、教堂、澡堂、法庭和（两个）剧院的城镇。其中一个剧院可容纳 3000 名观众（现代的马洛剧院［Marlowe Theatre］能容纳 1000 人）。过去五年来对这个城镇所做的重要考古学发掘的电脑绘图可能没有夸张精确度：规划有序而合理的原始建筑，笔直的街道和基础设施。这是一个高度系统化的城镇，建筑到最后，这些建筑物也创造了相当可观的财富。考古学家在新建筑的柱坑中发现了大量被埋藏在地下的钱币，这可能是某些富有的商人或官员用以庆贺乔迁之喜祝福仪式的一部分。最显要的房子都有瓷砖地面、地面供暖和奢华的管道设备。

中世纪的坎特伯雷

从罗马时期的坎特伯雷到中世纪的坎特伯雷的转变过程相对而言称得上是风平浪静，它作为一个半独立的、自治的社会实体也得到了兴旺发展。马克斯·韦伯的《城市》（*The City*，1958）论证了西方地中海城市与北欧城市是如何在缺少诸如现代政府或国家之类的高级政体合理化管理的情况下发展出强有力的独立社会制度（*Weber*，1958：106）。诚如韦伯所言：

> 中世纪时，自治并独立的城市联盟的涌现以及行政管理者和“代理”、“主管”或“市长”等负责人的产生，使它与亚洲和古代的城市发展区别开来……这里的城邦首先发展了它的典型特征，城市议会表达着城市权力的一种转变，由一方面是国王、另一方面是部落长老的统治，进入到一种由出生于能胜任军役的“家庭”之中的名人的统治。（1958：107）

中世纪时期的城市生活并不仅仅是由所处的位置、住所和目前的职业来认定；它是一个人的生活机遇、自我认同、个人宗教信仰及社交网络基础的原点。的确，这种城市很大程度上依靠了移民和征兵，但安居于此，意味着有许多的优惠和特权，也有许多应尽的义务。中世纪的城市，在对贸易、经济的导向很敏感的时候，有关文化方面以及社会关系方面，相对来说对外界比较漠视。

但坎特伯雷不是一个普通的地方。很少有城市像它这样，几千年来一直是政治、仪式和宗教的中心，并且通过单一民族国家的融合和有组织的宗教间的连接使它得以强化。早期的基督教传教士奥古斯汀（Augustine）通过本地的盎格鲁-撒克逊国王和他的基督教王后柏莎（Bertha）的赞助，坎特伯雷获得了非常高级的中世纪宗教配备，包括一座大教堂、圣奥古斯汀修道院以及另外两座建在城墙内的修道院。它们除了具备宗教的功能，还是占有土地、聚敛财富以及组织劳工市场和产业的所在地。

皇室与大教堂之间的紧密关系使坎特伯雷获益不少。教堂的大主教都是从本国精英中挑选出的，这也带来了其他的联系和纽带。但是，也许坎特伯雷所拥有的最辉煌的资本是1170年托马斯·贝克特（Thomas Becket）大主教的殉难。他在中世纪欧洲圣人的信徒之间迅速变得异常崇高，朝圣者向着圣地进发是一场令人震惊的运动。去坎特伯雷的朝圣之旅在英国乃至整个北欧都十分重要，而且：

图 1.2　坎特伯雷大教堂，耶稣门。(photo Adrian Franklin)

> 在接下来的几个世纪里，他的坟墓都是无数朝圣者的目的地……神圣且满怀喜悦的殉道者——英国人、牧师和圣人——象征着他们所能体现出的中世纪基督徒的刚毅、美好、优雅和仁慈。三个世纪过后，乔叟（Chaucer）笔下的农夫——包括他的国王——也常常有对托马斯坟墓的虔诚朝圣之举。他们去寻找治愈生理和精神疾病的方法，寻找指引，寻找安宁。（www. the-

orb. net/textbooks/anthology/beidler/becket. html)

根据大教堂自己的记录，造访坎特伯雷的人数在任何时期都达到了空前的规模，并且在他们的权力范围内也属奇观。如 1470 年，估计有超过 10 万名朝圣者用膝盖穿过教堂的中殿，到达圣殿的阶前。(www. historylearningsite. co. uk/canterbury _ cathedral. htm)。

与那时候许多城市一样，坎特伯雷也因此拥有了构造与氛围上的世界性；它拥有一种不同寻常的节奏，易于使那些远离了日常生活的游客和旅人感到激动。并且，由于其神圣的地位，它也是一个阈限空间，一个转化和举行仪式的场所。住房、食物、供水得到了大量的投资，销售给如潮涌一般的到访者，许多遗留下来的巨大建筑都变成了住所与医院。

现代的坎特伯雷

今天，当我朝向现代的坎特伯雷的中心时，所有的迹象都显露出这个城市现在仅仅是一个巨大轮子上的小小齿轮。当亨利八世(Henry Ⅷ)对修道院发动战争时，他破坏了坎特伯雷独立的财富与声望的来源。大教堂虽然持续体现出这个城市的崇高地位，但仍不可避免地走向了衰落，只能寄希望于成为肯特郡的市场和行政中心。作为历史上的宗教中心，这一角色遗赠给它许多条交汇的道路，这些道路现已确保了它成为一个零售和服务中心，它的交通大多数时候都处于停顿状态。就像现代其他许多城市一样，它是在制度层面规划国家级别社会关系的一种手段。它的商店极少属于本地居民，并且它也极少在居民之间组织贸易。反而，那些削弱市中心活跃气氛的，是一些著名的国内和国际零售连锁业，它的格局在国际国内数不清的小镇上得到了复制。它的居民所享受的特权与观光消费者无异，这些特权极少把居民与其他有社会差异的生活体制绑在一起。相反，坎特伯雷可能是许多有着以国家或国际生活方式来定位的地方中的一个。交通与流向的信号都表明真正的社会中心在别处：坎特伯雷重要的高速公路指示牌都是指向前往伦敦、西部、北部、南到多佛和欧洲大陆的。古代西面沿着司道尔河谷的路线，现在已经到头，它处在阿什福德（Ashford）欧洲之星列车的终点和连接机场与英吉利海峡港口的M20高速公路处。在最好的情况下，它能为伦敦到巴黎之间的交通效力。

大教堂，作为一个辉煌的仪式象征，曾是修道以及朝圣经济的中心，现在却不再是它公共生活的中心了，它已经得到了占统治地位的国教——英国圣公会的席位。严格地说，它的首领——坎特伯雷大主教，并不住在坎特伯雷，而是住在伦敦的兰贝斯宫里。

我从城墙上走入坎特伯雷市中心，透过富丽的戴恩·乔恩花园（Dane Jon gardens），我仍能看见一些中世纪商人家庭的住所（虽然我不得不想象他们曾经实际存在的样子）。在中世纪坎特伯雷的中心，圣彼得街司道尔河的桥上，靠近东大桥医院，老韦弗房子（Old Weaver's House）仍然占据着邻水区域，现已成为一个主要的旅游景点。环绕着它的街道充满了显著的具有中世纪后期特征的建筑，大多数是四层楼高。但不远处就可以看到18至19世纪的房屋，其时通过国家的工业扩张，坎特伯雷开始发展。一些大房子四处散落着，但是很明显能感受到发生过某种意义深远的事，社会精英不再以这个城镇为中心，或至少不再以社会构造的中坚力量示人了。他们搬到了首都或大城市以及其他一些面向全国的组织机构的总部或中心所在地。除了大教堂，坎特伯雷并没有此类机构，所以它主要是一个产自其他地方的货物和服务的市场。现在它是一个零售、服务中心，实际上是一个更大的物流和实体的配送点。

这个城镇的居民以工人阶层和中产阶级下层为主，这与它作为一个社会组织不断下降或缺少的社会地位相称。建于1968年的肯特大学，为了再造坎特伯雷的学术地位，并使它重新成为一个令人向往的地方，历经了缓慢而艰辛的路程，因为它曾有着庄严的“大教堂城市”

生活，20世纪60年代后，它从历史与遗产的复兴中得到了令人瞩目的地位。这种形式有别于通常被归于城市社会学的那种城市生活。与富有文化上的创造性和把握新的导向变化的脉动不同，大教堂城市和拥有相似社会基调的小镇在20世纪中后期进行了自身的再塑造，利用了过去所拥有的具有历史意义的角色。它们占了遗产所带来的好运和便宜；占了城市过往、传统、历史以及直接抗拒过往与传统的现代性终结这一过程的便宜。在这些城镇中相当大的一部分建筑维持了原貌，即便它们经历了20世纪50年代、60年代和70年代的现代化进程，至70年代末期往后，它们享有了一个强有力的改造和保护时期，突出并强调了它的过去，而不是掩藏和消除其过去。

坎特伯雷的城市生活，它从具有历史意义的过去加上定期"再创造"的中世纪、朝圣之旅和历史的再现（再现本地的战役、盔甲和军装，竞技和放鹰捕猎术）中得以滋养。像坎特伯雷这样的地方也已经重新利用了它们狂欢一般的过去，特别是通过复兴以往的五朔节（May day）和篝火协会。在这些地方，新的部落活动找到了大本营，异教作为一种崇拜获得复兴（并且它的复兴是宗教行为中一个相对重要的转换），基督徒的朝圣习俗也再度流行起来。这样的地方，时不时会有一丝梦幻般的气息流动，毫无疑问，它来自于一种时间上的紧迫感，空间里的遗产，戏剧化的和以街头娱乐为导向的城市生活以及在参与和归属之间的不协调感。

它是否仅仅是为游人准备的一场表演？或是保持游客的流动性的一种方式？它又为这个城市的参与者以及他们在这个城市里的共同体验做了什么呢？值得注意的是它的确改变了城市生活，对于"传统"的发明和表现而言，与其他任何的传奇真的没有什么不一样。它指出了一种新发现的寻找集体性表达和归属感坐标的驱动力。社会学家应当持续予以关注的，是融入存在的意愿，而不是对象和叙述，因为后者只是前者的支柱，尽管它们都是必不可少的。我们可能确实需要把话题延伸至此，它们在坎特伯雷这种地方的有效性及其贡献，使它们能够在传统形成过程中有所作为。这里没有篇幅来论证或分析坎特伯雷的旅游对象的活力和活动，但是，和其他地方一样，标示它们在此地所起的作用是非常重要的（见 Lury，1997；MacDonald，1995）。

这些活动的繁荣给了本地居民在城市中一个践行上和政治上的习惯，这种习惯差不多到最近才消失。他们仍选出他们自己的理事会，仍组织大量的社会及文化方面的活动，但与曾经在此建立并构成了一种强烈归属感以及同一性的经济、仪式乃至军事的独立相比，这也不过是内务处理罢了。一个人可能会因为交通法规和占据了本地报纸主要版面的趣闻而激动，但是总的来说，城镇中大部分人口都会关注国家和国际上的大事件以及媒体上真正重要的信息。自 20 世纪 70 年代以来，一种更加精练且扩展形式的遗产观念出现了，对居住在坎特伯雷的人来说，有了欣赏它独特的过去以及如何把它更多地引入现在的可能性。至少有一个信誉颇佳的购物中心，坎特伯雷的居民消费者成为了鲍曼所描述的流动的现代性的原型。几乎没有什么固定的元素能把他们绑在一起（例如他们不太可能去组织战役、贸易或宗教），仅有的一点稳固的社会纽带也是建立在婚姻、血缘、地域、种族和工业之上。他们卷入了一系列自我塑造的循环中，而不是在历史与文化认知的生长过程中寻找新的自我，他们中许多都是本地人，即使他们现在只是以非常临时性的形式承担了极其短暂的义务。当地酒馆的松散形式是最有趣也最广受争议的话题之一。坎特伯雷的酒馆和别处的酒馆一样，发展出了自己的特点，这些特点常常源自他们自己对过去的感受；比较典型的是，它们使用古老的手工艺品和 20 世纪早期的照片装饰外面，并把它们更加陈旧的部分暴露在外，形成一个有吸引力的社区。在市徽饭店（the City Arms）、老城市（ the Old City）、白鹿巷（the White Hart）、七星（the Seven Stars）或海豚酒店（the Dolphin）饮酒，从社会学方面而言是一种意味深长且值得思考的经历，同时也是坎特伯雷城市生活的一个重要组成部分。但坎特伯雷也是“英国花园”（肯特郡）的首府，这也提供了一个富有表现力的都市象征，也因此形成了一种新的认同。通过农贸市场、观鸟（司道尔河谷有一个湿地和珍稀鸟类的集中点）、钓鱼、漫游（常常是沿着从前的朝圣之路）和开放式花园的方案，它与乡村和自然之间的紧密联系得到了非常普遍的赞誉。来自世界各地不同城市的游人不敢相信在市中心的国王大桥上竟能看见水中健康的鱼群——有鲑鱼，有鲦鱼，还有白鲑，这种惊讶是游览老韦弗房子和东大桥上圣托马斯医院的游客们所共有的特征。但这并非偶然。恰恰相反，这是对城市河流重要性的一种表达（建大教堂的石头从法国司道尔河中取出，［海］白鲈在其中也有着传奇般的迁徙）。

迷失的城市生活？

在现代的鼎盛期，大约是20世纪中期，与坎特伯雷相仿的地方从经济、政治和文化方面而言走向了衰落。就如为了支持马克斯·韦伯的《城市》，唐·马丁代尔（Don Martindale）在《题记：城市理论》（*Prefatory Remarks*：*Theory of the City*）中所说："现代城市正逐渐失去它外在的和有条理的结构。它的内部已经开始腐朽，而与此同时，一种由国家支付费用的新社区开始在各处出现并发展起来。城市时代似乎已走向终结。"（Martindale，1958：62）

在读完韦伯关于城市危机具有历史意义的社会学专著之后，马丁代尔便有了写下这些悲观论调的权利。1958年，随着正在进行中的战后重建，现代福利国家到处涌现，一种新的社会技术秩序在国家的扶持下建立起来，并且在主导国际事务的两种现代性之间出现了冷战状态，普通的甚至更大的城市相形之下显得多余。这也是一种向前看的现代性，它埋葬了过去而不是礼赞或忍受过去。

我们应该如何认识当代城市？把它当作20世纪中叶所处地位的线性延伸？我不这么认为。首先，就像我们在坎特伯雷这个例子中所看到的那样，对未来主义的现代要务的普遍放松，对过去的关联性的重新思考，已经在这里创造出了新的生活形式。我们将会在接下来的篇章中看到，这种新的更为宽容的感知出现应该被归结为20世纪70年代往后反文化影响的扩大。严格地说，此类文化自然而然地把现代主义鼎盛期的许多魔咒拒之门外，反而试图在文化方面更加敏感、富有实验性和兼收并蓄。它否定了完全统一的标准化及现代化冲动，有益于一系列对新的生活形式创造的多样化影响；事实上是对生活方式创造的影响。随后，在更加敏锐地理解文化与地方的多样性范围内，这些能够在文化上渐渐接近特殊的地方，以及其过去和现在。

其次，也是显而易见的，例如，民族国家的杰出性并没有延续，即使它仍然十分重要。现在，与伟大的国家相匹敌的是“伟大的公司”，20世纪60年代和70年代出现的国际公司和80年代的一些更小、更精干且富有流动性但同样引人注目的公司，关键的是，它们必须在某个地方的空间之内运作，但在哪里？它们喜欢把自己安置在什么样的城市之中？

权力与影响的中心往往取决于它们的区位抉择，因为许多其他的公司会尾随它们而来，但在过去四十年里，它们的区位抉择往往发生转移和改变。一开始它们比较集中，之后它们又比较分散，但现在他们仅仅是具有流动性，或者像鲍曼（2000）所说的那样，流动的：可以任意选择所在地，不会与任何特殊空间长时间保持联系。尽管如此，它们的决定还是存在着某种逻辑，至少一个方面是，不同的城市对它们有多少吸引力，并且正如理查德·佛罗里达（Richard Florida, 2003a）所提出的，对它们的核心雇员而言，吸引力到底有多大。

伴随现在的集中所产生的拥堵和审美上令人不快的生活和工作环境，去中心化乃至更加流动的交通和通信意味着，竞争关键工作人员的公司不得不认真考虑公司的选址，考虑公司地点是否能吸引和挽留劳动力大军中的佼佼者，尤其是理查德·佛罗里达所说的那种创意阶层。城市以某种方式（这也正是本书所要研究的）并没有全部体验相对于国家以及各个中心来说的那种普遍的衰退。某些城市的的确确成了单调且具有重复性的地方，另一些也是一潭死水，但“其余的”似乎看到了一种它们自己的可替代的轨迹，或至少是借助新的具有新观念的群体的能动性，可替代城市已崭露头角。而这些都基于巨大可变性、巨大社会刺激和改变的选项，基于文化的繁荣和成长，基于生活方式及其选择，基于社会的宽容和多元。但不知何故，20 世纪晚期，越来越多的城市再一次变得独特并积极主动，以至到了这样的程度——人们可以开始谈论这些独特、丰富且自成一体的市民文化。这绝不是回归到一种自成一体并自我封闭的中世纪城市，它也许是一次涅槃，一次对这类东西的重新进入——从文化方面而言，至少是从城市的内部生发而出，使城市焕发出生机，重新释放出生命和力量。

在过去三十年中，有些（并非全部）已重新融合为不同类型的城市，这些城市的“城市生活”变得别具一格，引人入胜，并且在经济上引人注目（如果不是势如破竹的话）。它们设法使自己从标准化的、有规划的现代城市中获得转型，让自己不再仅仅是制造物品、供给人们住房的机器城市，让城市回到了凭借自己而且只为自己而存在的状态，它的市民控制着自己的财富和风险，并在与其他的一些城市“赛手”的竞争中再次看到自己的竞争力。我看到对曼彻斯特、巴尔的摩、西雅图和布里斯托等地的最新研究，都强调了这些特征，而其他城市出于显而易见的原因，都在试图迎头赶上（Brown et al.，2000；Hannigan，1998；Ley，1996）。

为了达到这种崭新的、令人激动的状态，城市在一种极其艰难但又比较持久的观念中来回反复：这些城市首先并且主要是现代秩序的呆滞、消极、机械的肖像。由于其建设背离了自然，其设计旨在容纳并控制人类，城市是人类丧失了自身的能动性、与自然隔离和疏远的地方。在工作与住所之外，很难看出城市将要为其他什么目的服务，或者说会成为什么。但是，一如既往，城市的变化不是由那些有控制手段的人来引领的，而是由那些处于边缘的人来引领的，这些人的兴趣与他人格格不入，他们实践着不同的价值观。不过在任何情况下，那些被紧紧控制的经过规划的城市，不能与日渐增长的对自由和流动性的需求安然相处；新型的创造性的城市，表明了一种更加自由、更加宽容、消费主义的和使人愉悦的精神。但是在我们能够欣赏这种繁荣的城市生活之前，有一点十分重要，即提醒我们自己城市是如何被现代性所改变的。这主要是一个关于新的城市建设的故事，也是对老城市在继它们面目趋同之后进行形形色色的改头换面的故事。

第二章 机器城市

在 18 世纪末与 19 世纪前半叶，城市的转化一直以来都是人类物种（以及许多共生物）在整个历史上的社会与文化生活中意义最为重大的变化之一。但它不仅仅是城市的转化，因为中世纪的欧洲城市都或多或少地被一扫而空了。它们丧失了作为人类文明的巅峰目标，独立，冷静，独一无二和与众不同。连同居住在其中的古代政体的成员一起，它们或多或少被液化了。但是新来的住在街区里的孩子，并没有寻求一种新的革命性变化的永恒状态，反而力图以另一种（现代）秩序取代一种固态的稳定的（传统）秩序。当新的、适当的、公正的和技术效率高的秩序通过理论家和富有远见的人的工作得以形成之时，城市与社会生活一般来说在某种程度上就带有几分试验性。

为了见证这一切，我们必须离开坎特伯雷前行了（作为中世纪城市生活焦点的坎特伯雷已失去了它的威力和独立性），将我们自己重新置于 19 世纪早期的新的工业中心，一个被查尔斯·狄更斯（Charles Dickens）把握得很好的世界。查尔斯·狄更斯在肯特郡度过了不少时光，对坎特伯雷知之甚深，至少他的部分作品和许多场面设定在坎特伯雷（例如《大卫·科波菲尔》［*David Copperfield*］）。但是像新近扩张的伦敦和布里斯托等地，对仍然窥视并渲染着旧事物秩序的人来说，必定都是更加令人震惊的事物。在坎特伯雷，它厚重的历史和以教堂为主导的小城市生活使新工业秩序不那么明显，不过这种秩序正在将资本和人带离像坎特伯雷这样的城市，使其进入新工业秩序的运行轨道。

在布里斯托，城市的发展更加完善，冒险和投机生意常常占主导地位。该城迅速下降为"焦煤城"的典型，"焦煤城"这一术语，是狄更斯在以工业城市为原型的《艰难时世》（*Hard Times*，1854）一书中杜撰出的，它被刘易斯·芒福德（1961）提炼为一个准社会学的实体。19 世纪，"焦煤城"在工业化世界不断涌现，在作家眼中，这是城市生活的低谷。尽管极端令人震惊并且无法维持，但它们确实刺激了 20 世纪新的实验性城市的种种革新与设计。正如卡尔·马克思提到的英国的布里斯托，作为当时的资本主义中心，它为"焦煤城"提供了一种非常好的城市生活理念。（Lovering，1983）

布里斯托

城市工业化的第一阶段出人意料地全部采用了旧的城市秩序，它们的转变很大程度上是临时的、无组织的、严重的并且是悲剧性的。布里斯托之前一直是一个繁荣的港口城市，并且很大程度上归功于它由"商业冒险家协会"（Society of Merchant Venturers）主导的大西洋奴隶贸易在 18 世纪带来了空前的财富。在克里夫顿（Clifton）周围的乔治亚区豪华的房地产、豪宅和宽大的阳台与附近富丽而奢华的巴斯泉（Bath Spa）度假胜地争奇斗妍。港口所创造出的财富惠及了小型制造业公司的扩展，除了奴隶们自己之外，所有的东西都是以大西洋奴隶贸易所带来的资源为基础：烟草、糖、可可和棉花。这些货物的进口商和承办商随后还扩大到了其他货物种类：茶叶、咖啡、葡萄酒和优良的雪利酒。因为境内动力煤层的发现，通过地下温泉、西部主要铁道线以及它通往塞汶河（River Severn）和南威尔士（South Wales）以及美洲的通道门户的位置，布里斯托也获得了很好的供应。

那么，实际上一点也不奇怪，在这样的地方，当圈地运动与高工资的承诺结合在一起时，布里斯托的人口史无前例地增长，在1801至1811年间增长了20%，1811年至1821年间增长了15%，1821年至1831年间增长了18%。在如贝德明斯特（Bedminster）这样的工人阶级居住区，人口增长令人惊愕：1801年至1811年间增长了39%，1811年至1821年间增长了74%。（Franklin，1989：166～167）

在布里斯托的文化生活中，传统的、中世纪的城市元素仍然清晰可见。它们依然存在于贝德明斯特新工业区的熙来攘往之中，甚至存在于艾汶（Avon）北边郊区获得的空前财富所带来的震动之中。然而，旧的秩序不再被接纳，它逐渐被淘汰了。直到19世纪，宗教、艺术和戏剧在布里斯托的城市生活中还相当重要和关键，但1800年之后便有了一种趋势，即聚精会神于经济活动，将经济活动优先化，认为除此以外的其他所有事物都是浪费时间，是坏的，危险的（Mumford，1961：508）。没有什么比1831年贝德明斯特狂欢节（Bedminster Revels）的终结更能说明问题的了（第八章会更加详细地介绍）。

按芒福德（1961：508）的说法，“新焦煤城”生成动力是煤矿、工厂和铁路——最终，布里斯托三者齐备。对于芒福德来说，煤矿的意义深远，因为它是“盲目的例行公事”，最初是为犯人设立的惩罚措施，后来被用作产业工人所处的规范化环境的样本。对这种环境，芒福德的描述最为著名：“黑暗的蜂房，一天有12至14小时处于不停歇的噗噗声、叮当声、发动机呼啸声中，并且乌烟瘴气”，极端地置于个体的至高无上之上。行业协会走了，工作中缺乏安全感的状态蔓延至所有人；劳动力的自由竞争被常规化，工人的流动性不断增加，而且不停地四处奔波。19世纪中期，布里斯托的煤矿工人几乎来自英格兰的每一个产煤郡（Franklin，1989）。

在1840年至1880年间，布里斯托最南边的贝德明斯特郊区有21

个活跃的煤矿。采矿已成为当地农村经济的一部分，但是当布里斯托延伸穿过艾汶河进入贝德明斯特并成为接纳外来移民的地方时，新的劳动力供给为新的产业创造了可能性。钢和铁的产品的涌现，可供应新的铁质造船厂和新的特大工厂的建造，并且从1860年起，两种机械化的砖瓦经营为房屋建筑输送了原材料。贝德明斯特成了一个臭气熏天、污染严重的工业地带，其他工业也利用本地能源与水的供应，如：酿造和制革。

在贝恩顿（Baynton）的阿什顿门（Ashton Gate），啤酒厂综合设施代表了"焦煤城"工业的复合结构。工人们成排的小屋一开始建在主要啤酒厂周围，之后以两个庭院式结构环绕在新的麦芽制造设备旁。在这儿工作与家庭没有差别，校区一样的布局中有供水、厕所和洗衣房等公共设施。1801年，一个人口普查员的评论打破了某种沉默，进入到布里斯托建筑业的一个庭院，他描述了它的"小集团"气氛，并报道了此处最近爆发的霍乱。当水保持着它身为酿造啤酒关键原料的地位之时，对人的需求，还有对排水系统、污水和空气的关心明显不够（Franklin，1989）。几乎在所有方面，贝德明斯特都与"焦煤城"一致。

> 一群丧失本性的人聚集在一起，采用这种方式不是为了生活所需，而是为了所谓的"斗争"和"生存"；这样一种腐化堕落的环境证明了这种斗争的全面和无情。在这个城市，城市布局的规划是没有空间的。而混乱并不需要被规划出来。（Mumford，1961：515）

贝德明斯特，布里斯托

贝德明斯特是几个能被布里斯托统计学会注意的区域之一，也是少数因为城市中英国工人阶级所处的棘手状态而被关注的城市之一。

这些早期研究提供了十分罕见的“焦煤城”的生活快照。1835 年，他们在贝德明斯特最糟糕的地区抽查了 166 栋房子，发现有 275 个家庭居住其中，但只有 31 户是单身家庭。调查机构对 54%的家庭居住状况的评价是“紧密且狭窄”（我们可能会说是拥挤）。大多数人（66%）被认为是“干净而健康的”，只有 4%的人是“脏而不健康的”。然而，贫困的程度显而易见，有 1/3 的家庭“处于困境之中，亟需食物、寝具和家具”。280 个超过 7 岁的孩子都与他们的父母或同性兄弟姐妹睡在同一个房间。35%的房子没有下水道或下水道已经堵塞，只有 67%的家庭有厕所，有一半的房屋没有供水。除了这项调查以外，还要求机构对其中一个房屋样本的状况进行简略勾画。某些状况已经明显地跌至谷底：

> E. F，一名劳工——鳏夫，有一个 24 岁的女儿，由于只能承担 10 美元一周的房租，他不得不与女儿共居一室。他识字，但女儿不能。女儿的工作是打杂女佣。屋子是干净的，但在十分贫困的情形下很难描述。屋内几乎没有家具。在房间角落里有两堆权充床铺的东西，但却没有毯子或其他可盖的物品。
>
> K. L 和妻子——小承包商的劳工，6 个孩子……全睡在同一个房间的两张床上——其中一个睡地上，他们身上几乎没有可盖的物品，这是一个衣不蔽体、饥寒贫困的家庭。
>
> （Franklin，1989：124）

1841 年的人口普查计划证明几乎每一户处于这个地区的房子，即使是那些条件很好的，也会把多余的铺位转租出去赚钱。很少有房主会把楼上的房间留给自己，他们情愿挤在底层房间并把多余的租出去。这样一来，贫困的、赤贫的以及体面的工人阶层都住在同样拥挤的环境中。20 世纪 70 年代，贝德明斯特的人均住房是 2.6 人一间，而在

19世纪40年代，这个数字是6人。这样一种拥挤程度不会只是一个简单的贫困问题，因为每所住房里的很多人都有工作。房屋短缺也是乡村和爱尔兰移民出乎预料的大量涌入所造成的结果。统计学会的案例中25%都是来自爱尔兰。这样史无前例的自由迁徙是不断发展的劳工自由市场的产物。

机械文化

但这并不仅仅是个人主义新价值在新的无政府状态中找到了表达方式。好像新的机器本身也参与其中，是这种生活的动因，并把机械的逻辑和伦理延伸到了“焦煤城”，取代了此前城市生活的人类属性。个体，就像引擎的零件，仿效着机器，可以随意与城市生活附着或分离，但他们却被招募进入一个机械城市，在这里，机器本身就提供了一种隐喻和与生活的关系。

我们可以认为这个新的、由机器驱动的社会的部分权力是对第一代人类契约询唤与怂恿的延伸。保罗·约翰逊（Paul Johnson）记录了对于机器的“公众热情”（1991：577）。机器的巨大能量引导着生活和变化的步伐，拥有全面革新的能力，这种强有力的机器似乎能决定一种新的美学秩序，而与此同时又给以前的审美观念涂上“传统的”或“历史的”的色彩，从而使其贬值。人类的价值与分量似乎只能用机械术语和原生的劳动力来衡量；人的需要被降至新低，似乎只是维持需求，这类投入（简陋的取暖、酒的需求、遮风避雨的需要）可以保证它们短期内与更广的机械秩序之间的约定。我不完全确信我们需要一直关注我们所觉察到的无情。我们得唤起它全部的兴奋感，它的承诺，它对劳动的神秘取代，严格地说，还有劳（Law，1998）所说的机械快感。虽然劳专门调查了喷气式飞机所带来的机械快感，他仍用了人与蒸汽引擎之间的关系来形成他的论点，并且为了使我的意图从这一案例中得到进一步强化，这里有他写的关于当代对于蒸汽动力的狂热（这种狂热仍在继续，尽管它的神秘早已让位给其他事物）。

> 一年一次的燕鸥谷蒸汽节（The Tern Valley Steam Festival）在我居住的小镇之外那片田野里举行。它使得旧机械的狂热爱好者聚在了一起……
>
> 完美的掌控。如此完美的机器梦想不再取决于由其他事物构成的外界环境；如此完美，换句话说，它是自主的；如此完美，因为它一直是它自己。这里有如此多的比喻。控制论；卡琳·诺尔-塞蒂纳（Karin Knorr-Cetina [33]）所描述的高能物理学中的认知体制；庞大的技术体系、计算中心及其转化（34）；一般来说，人们会考虑到基础性的制度；制度，是可以藐视时间、公然对抗无序状态的，也可以顽固地、真实地表现自己，永远。
>
> 那么，乐趣便是控制的乐趣。通过调节，自我调节，教化，接纳之前可能会使其瓦解的任何制度，以及通对“他者”的占有来控制。（Law，1998：35）

换句话说，这些现在正实实在在地驱动着城市的机器，也是对城市生活本身令人惊奇的新秩序的隐喻。

因此，我认为关于“焦煤城”中工人异化和退化的旧概念，即便重要，在许多方面也漏掉了一种至关重要的成分，即 19 世纪早期的机械环境，蒸汽驱动的都市风光，为明显的无序和混乱时期提供了新秩序，并保证了完美的调节。这也许与纯粹的主导地位无关，而与询唤、教化以及泛审美化有关。我们，也许和他们一样多，对这些不可思议的机器满怀着敬畏，我们目瞪口呆且欣喜不已。保罗·约翰逊（1991）在充分把握这些的同时，也常常怀念蒸汽时代的面貌，例如他写到一部分从 1815 至 1830 年间留存至今的优质引擎，“往往有着醒目而华丽的外形”；由费尔本（Fairburn）和肯尼迪（Kennedy）所建造的液压机器是“美得令人肃然起敬”（Johnson，1991：584）。“你只要看看南肯辛顿的科学博物馆里的火箭（*Rocket*），便能明白罗伯特·史蒂芬孙（Robert Stephenson）是如此深爱着他所设计、建造的东西，在他眼中，它们皆有生命（1991：585）。”这些新机器给“身陷其中”的人们留下的印象有多深？还有那些新近从外省来的呢？

一种通过其吸引人群的发展方式可以判定出来的观念，仅凭自身便可成为奇观；因此它成了“焦煤城”城市生活中最主要的奇观。1825年，为了亲眼看到第一辆火车，超过4万人守候在斯托克顿（Stockton），而在1829年，一万名观众观看了新建的利物浦-曼彻斯特铁路上的引擎试验（Johnson，1991：582）。这种情况并不仅仅存在于英格兰。据丽莎·罗伯茨（Lissa Roberts，2004）说，在荷兰，蒸汽引擎大受游客欢迎，被认为是他们水力学景观的一部分，与风车并立：

> 许多旅游指南都将南肯内默兰国家公园（Zuid Kennemerland）作为特色来介绍。经过约翰·霍普（John Hope）的故居，里面陈列的蒸汽引擎也常常被推荐。旅游指南并不仅仅是把葛罗耐道尔（Groenendaal）的蒸汽引擎当作一种科技新事物来介绍，而是把它当作景观的一个有机组成部分，一种因保持了“自然”美而受到赞誉的机器。我们也许认为这种建构出来的连续性是技术的“自然化。”（2004：254）

机器美学？

刘易斯·芒福德对“焦煤城”诸如“噗噗声、叮当声、发动机呼啸声，并且乌烟瘴气”的负面描写，只有从未来当下读者的视角来看，才可被视为是负面的，当然，我们被叮嘱过（也许是错误地）要将我们的情感延伸到那些亲自体会这类状况的人身上。新的证据似乎表明，这类状况曾被广泛认可，它们是蒸汽时代工人阶级文化和审美的组成部分，所以它们迅速地被标准化并被接受了。无疑，新的蒸汽科技询唤了一个新的发明者——工程师的工人阶层；也许是工人阶层崭新而更加光辉未来的新偶像？

充满煤尘、排放和噪音的城市机械形象铭刻在工人们的身上，铭刻在他们的皮肤、衣物和家园上——也铭刻在他们的思维上。对工人阶层来说，煤烟标志着成功的家庭生活。在斯蒂芬·莫斯利（Stephen Mosley，2001）分析受烟尘污染最严重的城市之一——曼彻斯特的历史时，他对维多利亚时期小说的分析得出结论：烟雾缭绕的煤火已被稳固地确立为家庭温暖、安全感和幸福感的象征，与此同时它的反面，即一个无烟火气的屋子，则象征着毁灭和家庭危机。在他看来，这种关联的力量，是禁烟团体在工人阶层中没有赢得心悦诚服的原因之一，虽然禁烟团体警告煤烟会引发呼吸道疾病。煤火与无处不在的煤烟不仅不是“焦煤城”抱怨和愁苦的来源，反而被看做一种“生活必需品”（2001：113）。不过对煤烟的正面评价大体上也扩大到了烟雾。1882年，曼彻斯特的“消除有害烟雾联盟”这个中产阶级的改革组织惹恼了一群工人阶级，这些人无疑是把“冒着烟的烟囱”当作健康劳工市场的象征，而没有烟的烟囱却会激起“苦难、失业、缩短工时和薪水降低”的感受（Mosley，2001：72）。莫斯利引用了1862年一首通俗的（无名氏）诗歌，这首诗很好地把握到了这一点：

北方铁路上的旅人啊！
观察体悟，趁你前行如飞；
看看那上百根不冒烟的烟囱吧，
它们的故事里无精打采的需求值得好好体会。

再次强调，我们不应该允许自己像评判自己的城市一样来评判这些城市。纵观整个19世纪，贸易萧条对多数人来说是最大的威胁之一。工业的机械化，对大型蒸汽驱动的工厂的投资，生产出比对手便宜许多的高质量产品的能力，被视为是好运和幸福的基石，而不是相反。烟雾和噪音构成了工人阶层渴望稳定、舒适与进步的诗学。他们所怀有的一点点同情和浪漫与黑暗的撒旦般的磨坊所形成的对立不足为奇，因为现在他们已回归家园。

就像矿工并不一定讨厌变得污黑，因为这能区分出他的身份等，我认为机械工通过身上的灰垢、油迹和工业秽物向外所传达的，是一种机器美学。那是确定个人与其角色、与机器（如果不是特殊的机械）的关系的一种外观，但不仅如此，它还标志着他们与机器的联系和对机器的赞美，他们处于一种新的半机器人文化之中的机械化过程。正像一位带着机械快感的波音 747 乘客放弃了控制权并依赖机器一样，早期的蒸汽工业工人也已被询唤到了机器对迄今为止人类世界的突出其来且充满戏剧性的征服之中。

他们被纳入机器美学的程度已经被大多数（不是全部）早期工业领域的普遍模式所证明，所依据的是工人的居住和生活环境事实上是建筑和基础设施的一部分；是机器密不可分的一部分。身为工人和一家之主，没有什么空间或象征从他们的生活中分离出来，他们的生活世界现在也是由机器所构成的。那么，如果世界被它的废弃物污染了；这又与仅仅几年之前在前工业时期的农业社会中标出了他们自己的位置的黏土、泥土和肥料印迹有什么不同呢？

依照芒福德（1961）的说法，现代个人主义借鉴了关于权力与奢华的巴洛克式幻梦，但是由于奢华囊括了感官上的发泄（例如骑马、打猎之类），因此不存在任何与之相随的感性、任何在工业化城市之中加以实现的驱动力。早期“焦煤城”的工业文化被呈现为一维的、单调的和没有灵魂的，然而这只是按照先于它的巴洛克标准和作为对它的批判而出现的浪漫主义美学对它进行的评价。无论如何，理想地说，我们应该试图从它所处的时代设身处地地去观察它，按照事物本身的样子去观察它；按它自己的世界观去观察它，而不是按那些造出来就是为了取代它的世界观去观察它。

由于过去的许多东西都被分离、遗弃或损毁，到现在我们还不能完全明白这些事物是如何发展的，过去是令人困惑、不可捉摸的时代。当然，作为一种原型，“焦煤城”代表了一个异常混乱的时期，在这一时期中，摆脱秩序、约束、传统或文化被表述为一种理想。由于没有筹划任何特别的未来，唯一引人注目的轨迹便是创造财富、消费期待甚至富有。尽管贫困和衰落无所不在，但对巨大期望的潜在指望也还是构成了它的条件。两个极端成为了这一时期的写作特征。在狄更斯那里，既有期望化为现实的巨大激动，也有对它所创造出来的环境的谴责。虽然许多人很失落，但有更多处于不同生活状态的人，仍不失为满怀希望的梦想家。不断有新的工作职位出现，有新的商品在全世界投入使用，有新的机遇供移民和企业展现自我，还有新的市场拓展了贸易和工业的范围。

在城市，能量、兴奋和希望找到了它的最佳表达场所，其中的缘由不难看出。1800 年，像布里斯托这样的城市，相对孤立于英国其他城市，的确，它的航运公司过分致力于西印度集团。19 世纪 20 年代，后来成为超大的伍荷威尔士（WD&HO Wills）烟草集团的前身——处于萌芽期的威尔士迪奇烟草公司（Wills, Ditchet and Co.），仅仅雇了四人作为旅行推销员，而他们的英国市场最好时也是区域性的。从 19 世纪 60 年代左右开始，这种相对的孤立发生了改变，公司也开始四处扩张，到处建立联系。这给布里斯托的城市生活带来了戏剧性影响。首先，由于新型的高效、综合的蒸汽动力工厂代替了蓬头垢面的原始操作，劳动力的需求大幅增长。其次，越来越多的利润和对有技术含量的工厂产品的需求，加上贵格会教义（Quaker）与一些非常规的温情主义的资本主义制度，带来了工人涨薪，也促使人们更多地关注他们的生活条件——包括精神和健康方面的状况。第三，新的大规模工业为了消耗品的生产开始投入运行；对妇女和姑娘们灵巧的手工的需求与一个更加清洁的工作环境以及有利可图的产品等因素结合在一起，产生了富裕的工厂工人中的新一代精英。这些妇女有钱花，有身份要保持：她们通过精美的衣物来炫耀自己的财富，身着华服，在艾汶河畔新建的城市步行区中漫步，穿行在新的园艺和新的林荫大道上。这些人带来了零售部门的大规模扩展，零售部门成了一个奇妙的购物场所，而很久以前，它已经是城市中心的一个流光溢彩的展览场地。从19世纪60年代往后，伴随着工业发展，大规模的住房建设开始兴旺起来，但不再不受到控制。的确，对房地产的控制引发了令人瞩目的转变，这一转变仍然主导着大多数英国维多利亚时代的城市。

地方法庭，2009年

我刚刚渡过布里斯托的艾汶河，来到了工人阶层的贝德明斯特这一侧。我行走时，在我的左边可以看见壮观的新建的豪华公寓——目前这儿正有一套带停车位的宽敞顶层公寓待售。这种建筑建立在曾经十分肮脏（像1841年人口普查所描述的那样，见上文）的地方法庭上面。原来处于贝德明斯特大桥主干道一条窄而黑的小巷的法庭，可能已在第二次世界大战期间被布里斯托所遭受的空袭所毁，也有可能在此之前它就已被拆除。事实上，我找不到这些法庭存在过或被至少用作寓所的任何一个证据。它们大多数建得非常糟糕；是第一波城市发展的急就章。但这条主干道的边上到处是它们的身影，特别是从工业区域向左一直到那条被污染的马拉戈河（River Malago）流动的地方。右手边地势较高处在1840年已被乳牛场占据，其实，在人们到达煤矿和阿什顿门啤酒厂之前，前方几英里就有很空旷的原野。

格维镇

从工业中心边缘地带乃至数英里以外，目力可及的所有景观都是以1860年以后的全新城市形式所建，这种建设开始时相当缓慢，但在1875至1900年间却快速发展。新的建筑形式是带平台的别墅，尽管它的大小、质量极为不同，纳入了受尊敬的工人阶层和大多数城市中产阶级，它还给人以一种外观和风格单一的印象。外观规则，道路笔直，排列标准，排水和排污设施齐全，但通过使用蓝色珀南碎石的外立面和巴斯岩铺设过梁和基石，它们已被软化、美化了，至少在布里斯托是这样。工业化的布里斯托正孕育着熟练的技术工人阶层与下层中产阶级新的融合重组，他们一起在最近全球化的公司如伍荷威尔士烟草集团里工作。新的开发区被分隔开来，并且永远不会成为狄更斯小说的素材了，因为在这里生活变得可以预见而且安全无忧；人物性格清醒、单调并乏味，而这，却是此时的人都想要的。

从19世纪80年代往后，这里的哪怕是最不起眼的人都有了房前花园，有着装饰性铁铸栏杆的石墙保护着它们，其中也有许多人小心却自信地坚守着哥特式风格。双凸窗上面，被威尔士板岩覆盖的小型哥特式尖顶形成了一种精致甚至是豪华的建筑风格：一个明显的设计特点是它赋予整个发展历史以巨大转变的面貌。然而，支撑这种发展的，根本不是这么多的用来吸引更好阶层房东的新外观，而是新的法律。1875年《公共卫生法案》之后，确定最低标准的公民条例按要求由所有地方议会颁布实施，虽然这些房子的风格和外观（以及细节）按城市和地区来说多有改变，这些法律却大部分被一丝不苟地落实了。

我正看着一份幸存的房地产图，它原属于本地地主格维·史麦斯爵士（Sir Greville Smyth），即1852至1880年间阿什顿法院的任职者，也是此地的开发人。我可以看出之前的农场有些地方被重新设计过，道路的路线被画过、命名过。现在属于南威利（Southville）地区的一整块区域在图上被标为格维镇（Grevilletown）。在房产账目上，能看到付给承包人铺设排水系统和建造公路的费用，也能看到每条街是如何被划分成符合本地法律细则的小块土地的，以及这些是如何拆零卖给二十多个本地建筑商的，随后是以同一种方式建造，以确保所有特定的街上的每一座房子符合标准化的规格（例如窗户高度、墙高等）和设计。

虽然这些屋子离工厂和铸造厂不算很远，但它们曾经是一个分离的世界。与到处都是苹果酒和麦酒的贝德明斯特不同，这里一个酒馆也没有。这里有的是富丽堂皇，有对小礼堂、教堂以及它们的大厅的全景式监控。公平地说，这里明显是供居住的，是一个与真正的城市里的商业和工业区分离开来的地方。人们只会在回家或拜访一个家庭时才会进入这一空间；它是一个目的地的空间而不是中转的空间。换言之，这些地方是宁静、休憩和改善之所，是与城市有关却仍然对立的地方。它们不太像郊区，而且它们的经济基础也仍然是工厂。尽管如此，它们已经从道德、象征和物质等方面与机器城市决裂开来了。

图 2.1　格维镇的秩序。（photo Adrian Franklin）

虽然这令人印象深刻，但困扰这一时代城市生活的，并不仅仅是道德、美学或卫生方面的改良。同时改变的，是人与城市空间本身的关系以及随之而来的调节城市空间的方式。

本地法规之下的住房

20 世纪初，英格兰占主导地位的空间类型是一种封闭的庭院，一个小型的、私人化的小格子状布置，围绕着半公共的非花园地带建造。在本地法规之下的住房，有三个关键的变化发生在唐顿（Daunton，1983）所说的安居系统之内：

> 首先，私人房产从混乱的设施共享转变为密封或自足的类型。其次，城市的公共地产失去了分格式的特性，这种特性导致对半公共和半私人空间的使用模糊不清，呈现出一种更开放的结构。人们的住所变得越来越封闭隐密，与此同时外部空间则变成了浪费的空间或是连接的结构，这种空间必须用于通行而不是使用。第三个变化暗含在对私人或公共领域的发展所做的这些评论之中。这两个领域的边界线或者说临界点变得不那么模糊而是更加确定了，不那么易于渗透而是更加密不透风了。(Daunton，1983：12)

在分格式的城市之中，事事都紧密联系着，然而，正如我们所看到的，本地法规之下的住房是一个分离的世界。唐顿可能夸大了新的城市结构对城市生活的抑制程度①，毕竟不能简单地从建筑风格中解读出行为（见 Burnett，1978）。不过，19 世纪中叶英国城市街道生活的特质发生剧烈的变化，存在着其他缘由。

除了意义重大的空间差异，大多数城市中紧张不安的统治阶层忌惮穷困工人阶层的政治潜力，工人阶层占据了城市中心自发的甚至是令人恐怖的空间。1831 年，布里斯托经历了暴乱，这场暴乱对城市而言可谓是出其不意，城市的军队用了长达数天的军事行动来平息它。结果，布里斯托和巴斯在 1835 年成立了警卫队。1848 年发生在欧洲大陆上的重大事件锐化了这种焦虑感，导致了对更优秩序、更严监控和街头法律执行的呼唤。虽然安全措施往往在普通的联排式住房和网状格局中不是最重要的，但据观察所见，这肯定是一个明智的措施。这也更有利于此类区域的警察步行巡逻，并且除了对失序保持一般的警

① 参见阿德里安·富兰克林，《利己主义，家庭与工人阶级文化》(*Privatism, the Home and Working Class Culture*)，布里斯托大学 1989 年博士论文，该文讨论了地方法规之下另一住宅区的街道生活。结论大致为，社会网络和街区的建立十分迅速。

戒之外，还要求新的警力执行更大范围内的新地方法规。

引进新地方法规的目的是考虑到各种街头活动，这些活动从多方面而言是不健康而且危险的，它们是件麻烦事，违法乱纪，伤风败俗，扰乱社会。许多城市限制了小商小贩、在公共场合饮酒以及不少“骚扰行为”，诸如街道赛跑和赌博这种街头运动，饲养牲畜，扔垃圾（哪怕是敲打地毯的清洁方式）和卖淫等等亦被禁止。其直接效果便是大大减少了街头的生活和色彩。在通过警察制度来执行地方法规的同时，英国的城市还创立了控制与监视的形式。在布里斯托的地方法规中，甚至会有必须在上午 8 点 30 分之前清扫好前门的规定。

唐顿在寻求一个答案，为什么新地方法规之下的别墅风格平台的样式会如此受欢迎。毕竟，庭院结构本身没有取缔，而假若他们支持新的建筑立法，那么，似乎更为明显的是，这种“传统的”城市生活方式将会延续。唐顿认为，需要对法律的推动因素和文化的牵引因素加以权衡比较。很多住在过度拥挤的庭院式结构房子中的都是来自英格兰乡下的移民，而乡下的房屋规格都是村舍，典型情况下总是被单一核心家庭所占据（Burnett，1978）。在 19 世纪 80 年代至 90 年代的建筑大潮之前，全国各地的建筑商也注意到了新的别墅式房屋更利于销售和出租，这表明了消费者对这类房子的喜爱，而且不少工人现已负担得起更好的住房了。“工薪的上涨超过了租金的上涨，可以承担更优质的产品了。”（Daunton，1983：36）

伯明翰的地方法规之下的别墅在它们建成之后不久，便遭受到极大的需求压力，同时庭院式结构几近废弃。从消费者的角度来看，提供更为流通的空气作为一个议题的吸引力，可能少于一座花园所具有的切实的收益、审美的诉求和潜在的地位的吸引力。这些消费者有着饥饿与失业以及恐怖的住房条件交织在一起的体验和记忆；他们经历过坏时光。在一个由改良和进步的理念来驱动的社会里，提供更多的空间和更多的隐私，为园艺和孩子游玩提供潜在的休闲空间，都被看作是一种改善。然而，在一个等级分明的贫困社会中，一个被社会广泛接受的概念——受人尊敬生成了。因此，拥有一幢房子，配以精心打造的花园，可以成为体面的外在标识，其中包含着辛勤工作、井然有序、干净整洁和审美情趣的理念。

也有一些证据可以表明，以前的手工业精英利用住房和住所的象征含义来重新确认他们在工人阶级里的更高地位（Crossick，1978），通过对 19 世纪制鞋业的调查，这一观点得到认可（Rose，1980）。英格兰的地位等级制透过有形的划界和效仿实践传达出来（见 Elias，1990），而格维镇的新住宅也是由这两者来定性的。除了拥有建筑上的全部的整一和外观，人们容易迅速地注意到品质之间以及房屋之间的差异的准确无误的界限。这一点在将大街和家分开的房前花园的大小和特色中表现得尤其突出。在格维镇，它们全都受到国家标准所挤压，但几乎从不占用任何其他地方的空间里的最不起眼的单行树篱，直至灌木和小树组成的小花园，也许还有瓷砖铺就的小径和陶瓦的边缘，它们便多有变化。这一被极端关心和注意的对象，这些前阶的空间，在围起来的叶兰和紧闭的窗帘之前展开，成了一个家庭的地位和声誉的展示场所。但是此类小型化的自然景观，也被以一种赞同的方式被提及，并且加以仿效，19 世纪中叶园艺、花园和自然品质成为了普遍的精英时尚。它表明，19 世纪上半叶第一波污浊的工业化已让位给了更明智的、更干净的工厂，并在 19 世纪下半叶全球化的发展中得以持续，一种新的城市生活方式出现了。这是一种基于发展和进步的观念之上的方式，但是它更大的可能性是基于一个家庭的预算盈余已超出了基本的物质追求，同时，它还基于一种更敏锐的消费观和景观出现。

除了用于看和被看的房前花园（与隐藏在庭院后面的生活形成对照），那些迁移到格维镇的人开始关注作为景观的小镇正在上升的自我感觉。除了预算盈余能够买得起更好的衣服，周日漫步能够锻炼一个好的身体，像布里斯托一类的小镇正在以一种令人兴奋的方式成长。异国情调的事物登陆它的港口已经超过一个世纪，在 19 世纪中叶这段时期，这种登陆的速度加快。1827 年，布鲁奈尔（Brunel）建造了克利夫顿悬索桥，这是一个具有重要的科学和视觉意义的事件，因为它是桥梁建筑史上一个时代的开端，准确说来如同12、13世纪是欧洲大教堂的建筑时代一样。这些更多的是橱窗陈列式的发展，而不是可行的经济规划，其影响严重地有利于——人，合适的人，聚集到像布里斯托这样的地方，这里的城市生活通过艺术、建筑和经过规划的城市景观得到了提升，并被审美化了。

两年以后，离大桥不到一箭之遥，一个古老的碾鼻烟器被艺术家威廉·韦斯特（William West）变成了暗箱（*camera obscura*）。图像投射到凹面上供公众消费，消费的图像即城市景观，现在被认为是值得一看的东西。不仅新的大桥和艾汶峡谷（Avon Gorge）清晰可见（巧妙地以一种浪漫主义的愉悦姿态与自然结合在一起），而且新建的克利夫顿·唐郡（Clifton Down）的公共场地，一个可供漫步和游玩的地方也清晰可见。在这里允许观察者去看，而不被看见，这种设计常常和偷窥癖联系在一起——就安置在马恩岛（the Isle of Man）悬崖上（正好在一个因热恋情侣而著名的海滩上方）的装置来说，明显就是如此。

1841年，布里斯托和伦敦间还有一条高速铁轨连接线，三年以后，它和北部与西部的很多站点都连接起来了。1845年，它的造船厂还生产出了第一艘铁壳的、蒸汽驱动的横渡大西洋的轮船，“大不列颠号”（SS *Great Britain*）。

新布里斯托这种开放式设计的特点意味着，街道，尤其是它的新建筑奇观，将那些以前也许在空间上更为隔离的人聚到了一起。尽管克利夫顿·唐郡是在克利夫顿的高级郊区，在1861年却由商业冒险家协会通过“议会法案”（Act of Parliament）交给了布里斯托人民，它一直是一个开放性的社会空间。1893年，随着克利夫顿岩区铁路（索道缆车）开通，格维镇与克里斯顿连接起来了，而跨越了标志着巨大阶层划分的艾汶河和码头，使这个漫步长廊的扩展延伸也有了可能。

到了20世纪的世纪之交，英国的城镇不仅获得了一种新的更有序的外观，也有了一种基于公共秩序和公共景观双重理想之上的极为不同的城市生活。围绕公园、漫步长廊和建筑融合到一起的新的公共空间，受到了住宅隔离和对社会区分观察的抗衡。那种工作场所和住家的联系或多或少地消失了，而一种休闲的第三领域开始向城市中心区域以及边缘的公共场地提出了要求。令所有人高兴的是，他们用高度华丽的瓷砖装饰，建造了新颖奇特、色彩斑斓的游泳池。然而，似乎是，几乎所有的城市生活体验都不能只用结构性变化的描述来把握。布里斯托的例子证明了城市生活本质变化中的一个重要元素就是变化本身。除了在这类地方许多问题一如既往，也存在着更多的希望和刺激，以及更多的对人们生活具有积极影响的变迁。

住房，显然是其中之一。尽管19世纪早期由改革派的土地所有者建造的示范住宅生产了风景如画的哥特式乡村风格的别墅（它更多地重视花园以及与自然界的无缝连接），但这种观念被确立为城市的规范，却花了一些时间。维多利亚时期地方法规下的那些乡村别墅，是迈向这一方向的一个中间步骤。它还需要更多的经济、社会和政治条件方面的改变，而且，在这成为现实之前，还需要更多的想象城市生活的方式。

第三章　固态的现代城市(1)

工业化的或现代工业早期的城市在技术和政治上对现代城市的政治秩序做出了回应。一方面，它在技术上回应了欧洲和美国正在扩大的城市是新的风险问题（新的生物威胁，如水污染；疾病对众多人口的影响，高密度居住区形成的新的生态环境，空气污染产生的雾霾；新的工业复合物和废物给了细菌生长的机会，来自全球疾病的传播所带来的新威胁，在新地方扎根的外来侵袭物种，等等），但另一方面，它也从政治秩序对过时的传统秩序做出了回应，并力图取代它，就如鲍曼（2000）所提出的，用一种固态的现代秩序，例如，一种试图以或多或少永恒的、完美的方式取代传统的持久秩序。

资本主义坚持清除自由贸易和工业增长的障碍，而鉴于在18世纪和19世纪早期，大多数工业是以城市为基础的，而且也是通过传统的组织和习惯建立起来的，城市成为最早现代化的事物之一也就不奇怪了。

行会的老秩序、贸易垄断、市政公债、教区和特权，特别是阶层和出身的秩序化过程，在事物的现代秩序中没有任何立足之地，也没有“老团体所支持的习惯”（Bauman，1992：64），所有这些东西缓慢但确定无疑地以不同的方式被清除了。这种挑战首先并且突如其来地出现在法国，在法国，传统秩序明确地被视为正在阻碍亟需的经济改革和“进步”。“法国革命”向传统的社会精英征税，并且实施不同形式的统治——可以实验新的体系，但也将老秩序的许多表现形式抛诸身后，在记忆、日常文化和实践中凝结起来，特别是在老城区及其产业界。正如我们在第一章里看到的，旧秩序基于归属感的秩序化和具体的城市文化与空间的同化。在老工业区，工作场所和居住区稍稍分开，传统习惯支配着家庭生活，工作和生产互相促进，并由此定义了城市文化。在大量移民涌进工业大城市的那几十年里，新来者不再被同化进当地的社会结构之中——他们势不可挡，因为“这些陌生人有司空见惯的、个性化的超人感受力和记忆力”（Bauman，2003a：8）。同时，这也破坏了前现代城市的自我修复和自我平衡的自平衡机制，尤其是它应对社会不确定因素以及因此而抵抗社会变化的能力，它不能立即打破强大的、根深蒂固的、由来已久的习惯势力。

城市生活依然基于既定的利益集团，归属感，对城市团体的感觉，它们总能发出自己的声音，并在政治上表达出自己的意愿。一旦这些存在的理由以及城镇的力量出现，现有的既定利益集团就会对正夺取它们权力和财富的民族国家的外在权力结构形成威胁，并对漠视它们的一种全球化资本主义形成威胁。古代城市已经开发出了基于这些高度复杂和相对固定的社会关系之上的曲折道路和简图，其物质结构也可能被视为事物和人的自由流动的障碍，特别是在贸易和工业的激增方面，更是如此。

因此，城市自身在物质上和文化上成为主要的重新秩序化的对象就不足为奇了。和其他所有的风险与保护一样，它吸引了一个新的社会技术行动者阶层——建筑设计师。像这类专家所遇到的大多数其他问题一样，解决方案被认为涉及两个革命性的步骤。首先，清除、消灭、移出，并解决问题；第二，设计一个规划更好的蓝图，一个以合理的方式使一种形式趋于完美并与更广泛的系统协调一致的蓝图。

所有传统秩序的证明随后都可能会被消除、粉碎、分散，或按自己的方式，摆脱旧的责任、规则、义务，实际上是社会联系，无论采取何种形式。因为最终的设计简图的第一原则，是摆脱旧的枷锁和联系。一个古老的教堂是一个地区的中心，一个当地行会的基地和家庭生活的焦点——换句话说，一个当地文化的圣地——有可能并且将会被更新兴的现代民族国家更强有力的力量所摧毁。在这样的黑暗空间里，在环绕他们的大街小巷里，构成归属感和伦理社区的无所不包的社会纽带，极其容易反抗一个不受欢迎的王子，或隐藏一支入侵的军队。如果“焦煤城”的原型是布里斯托，那么，固态的现代城市的原型就是法国的巴黎。

巴黎的现代化和文明

我坐在巴黎的非常惬意的孚日广场，在勃艮第（Ma Bourgogne）品尝非常美味的咖啡和蛋糕。这是巴黎最古老的广场，被一些人认为是欧洲及欧洲以外很多城市公共空间和广场的榜样。也有人说这一小小角落是巴黎或者其他任何城市最美丽的地方。不管怎样，今天它依然极其与众不同。很多穿着美丽衣服的孩子在（几乎是）田园一般的绿草地上玩耍；阳光明媚，四周弥漫着咖啡和美食的芳香；一对初恋的情侣正专注地瞧着彼此；我能在那些严肃的艺术画廊前感受到每个参观者浓厚的兴趣。我从内心深深地感谢丹尼斯·维达尔（Denis Vidal），他第一次送我来到这里。有人无意间发现了孚日广场这个地方，于是互联网的聊天室挤

图 3.1　勃艮第，巴黎最好的咖啡馆。(photo Denis Vidal)

满了像我一样沉醉其中的人。我想，在这里，不仅可以很认真地了解城市的现代化，还有城市生活本身。

事实上，它不像大多传统城市空间只是建设得很漂亮，而是建得适合生活，特别是令人享受。最重要的是，它受到17世纪一位法国国王的启发，他希望创建一个具有皇家风格的城市空间，在这里，休闲和娱乐就是生活的准则。这也许是这种现代观念的第一个例证：城市能从有教养的、富足的、趋向享乐的宫廷文化中有所借鉴，在城市的日常生活中重新嵌入一种亲切、唯美和仪式化的生活方式。

与那些没有规划的有着土气的建筑和奇怪的线条及组合的城市不同，孚日广场的39座完美排列的房子以红砖砌成，有砌石护面，老虎窗，还有高高的中世纪风格的长廊。由于中央有作为安静休息或游玩之所的花园，这个空间是为聚集周围的生活而设计的，是一个供享受生活的地方。当它开始建造时就是一个奇迹，到今天依然是。当我坐在这里，宁静地工作，环绕在我周围的一切，就是明晃晃的证明。这是一个邂逅的地方。

图3.2　在巴黎孚日广场约会、休息、社交。(photo Denis Vidal)

今天，这里不仅能发现顶尖时装设计师的店铺，首相和杰出作家住过的公寓，而且你可能不经意间就闯入了世界级的艺术画廊——这是三宅一生（Issey Miyake）开设专卖店的地方，这是红衣主教黎塞留

（Cardinal Richelieu）住过的地方，这是维克多·雨果（Victor Hugo）写作过的地方，这是威望迪画廊（Gallery Vivendi）向巴黎的收藏家们出售艺术品的地方。但人们发现它充满魅力，不是因为它浸泡在历史之中，或是名流的栖息地，有各种精美物品的供应商。都不是。与大多数试图吸引游客（以饰板、足迹等等）的城市空间相比，它那名人堂式的昔日居民名单零散四处、不事张扬。恰恰相反，真正有吸引力的，正是它所生成的社会氛围和情调，其社会变迁、娱乐和仪式的种种可能性。换言之，它也是“迷人的”。

人类所有仪式的首要组成部分是一个界限明确的空间，这个空间在某些方面本身是独特的。尽管身处众多事物之中，具有讽刺意味的是，广场却是一个隔离空间，它准允其他更开放的空间不能提供的隐私、个性和诚实。从本义上看，它提供的是一个“地方”——在那儿——事情可能发生，人们可以前往，一种氛围可以营造出来（可以消磨时光，并“沉浸其中”）。人们过于容易地忘记了一个事实：广场扮演了将人们聚在一起的角色——没有广场，城市居民们也许会以种种方式不聚到一起。广场是人们集会的场所，在这里，不仅现存的关系可以得到维系，而且新的关系和组合也可能起作用。

人生的改变或者生命的肯定是广场行为的第二个组成部分。不同于人来人往的街道上的世俗行为（它主要关注的是社会再生产），乎口广场一类广场所提供的是近似的但提升了的社会行为（即使只是稍稍提升）。所以，咖啡馆、酒吧和餐厅不仅是提供食物，而且是提供社交盛宴的空间，在这里，可能会发生相会或转型。它们可能是经过选择的场所，以确保一桩生意，一份秘密的约会，一次周年纪念活动，巧遇一个朋友，和客人一起午餐，或者仅仅只是希望一个人有一段安静的时光遐想（名曰：二度创作）。个人或团体也许选择高度认同这些空间，使他们的认同和文化显得独特或神圣。在这种环境里，这些人会变得“有范儿”，并在这类地方创造出鲍曼所称的欲望（Bauman，2000）。

大街上行人的交通是不规则的，随意的，人们在视野里出现然后消失，但广场不一样，广场的社会生活更有界限，更确定，节奏也更缓慢。广场在更大程度上提供的是浪荡子的体验：观察和感受城市里正在发生的多样化的人和事；它具有的形状和秩序，色彩和声音。换言之，这也是认识和研究城市人类学的一个机会。人们安坐在广场上，以多种姿势交谈：躺在草地上，坐在公园的长凳上，或者在咖啡厅用餐。走在大街上时，即使是成群结对，人们也很少表露想法，似乎他们在大街上的存在无法构成值得他们表现的社会事件。但在广场中，一旦停下来并被更强大的社会领域加以限定，建筑、人群、集会、运动、戏剧和感性的信息、个人，便会受到询唤，纳入到需要它们关心、表演和表达的某些事情之中。

广场是公共空间而不是私人空间，在这里，一个人的行为会受到关注，同时你也会关注他人的行为，这是广场的第三个组成部分。不能高估其他人在场的重要性。全世界的社会仪式在集会之前都是在大庭广众之下举行的，而尽管社会的构成多有变化——并且在现代城市里，超出了像人群这样的融合甚至就无法得到详细的说明——但依然至关重要的是，一些类型的活动仍然是在公众的注视之下、在共同体之前、在证人之前、在那些聚集到这一场合中来的人旁边展开的。当城镇变得比低头不见抬头见的社区更大，当陌生人成为街道上更醒目的面孔时，社会生活并没有萎缩或消亡，恰恰相反：它发展了定居下来的陌生人中的社会介入形式。那就是在一群旁观者之前采取了公开展示或公开表演的形式。比如，周末散步，就是一次机会：以公开方式向一般意义的人群显摆一个人最好的衣服、一个人的亲戚或朋友，以达到给公众留下此人身份和地位的印象。一般的地方，有目的地建造的走廊本身，当然还有超市、拱廊街、咖啡馆、酒吧和公园，都以这样一种方式划分了空间：社会融合没有丧失其定义，但与此同时却处于公众的视野之中。这样的空间还拥有一种仪式上的重要能力，能生成甚至鼓励融合，在那些只是紧随其后的步行者之间生成甚至鼓励一种社会校平和群体形成的社会交际能力。这通常在度假的人、宴会上饮酒狂欢的人、运动的人群中可以看到，在火车、飞机、轮船上和度假胜地可以看到。首先是对仪式和朝圣之旅有兴趣的作家和人类学家把这些现象和地方联系了起来。不过它是现代城市一个定义性的特征，特别是那些所谓“作品”的特征。

总而言之，这样的地方会产生罗伯·希尔兹（Rob Shields，1991）所说的那种活力，一种涂尔干（Durkheim）也将其与仪式和宗教体验联系起来的社会活力形式。这种活力是一种人工产物，它产生于自发的社会集合发生之时，在这种社会集合中，社会变革和社会再造的可能性变得显而易见或可以预期。建筑和城市空间设计对现代城市的创造意义非常重要，尽管它也可能非常复杂。至少，建筑必须创建出这些特定地方、城市的略图或城市空间。设计中必须允许或鼓励公共场所的社会集合，无论是商场，饭馆，或者酒吧，公园等。（参见 William White 在著作《小空间的社会生活》［*The Social Life of Small Spaces*，2001］中所做的实证工作。）

不管怎样，也许可能是真的，为了使这些元素起作用，建筑不得不通过将自身的景观具体化以对人们发出询唤。似乎，它不得不努力实现这种不可能性：必须说服人们，他们想置身其空间之中，参与其社会生活，提前真正知道它的所有事情。它不得不去迎合他们，用各种方式与他们关联起来，或者使用已经存在的符码。

尽管孚日广场本身从来不是皇家的居所，但它明显是以皇家风格——宫廷社会的风格——建造的。就如诺伯特·埃利亚斯（Norbert Elias，1990）所说的，这种风格对中产阶级以下阶层有吸引力，并受到他们的追捧和仿效。换句话说，孚日广场作为一个皇家和社会精英与城市景观之间转换的一个符码，它提供了社会升级的体验，当然，这对“过渡仪式”相当关键。在一个更直接的、感性的层次上，皇宫建筑确实奢华，给人印象强烈，引人入胜，美轮美奂。但只有置身它的墙内，被它的高度、涂层、修剪所震撼，才是令人兴奋的。孚日广场创造出的这个社会奇迹，使那些不属于尊贵的人们也过起了某些类似皇家的生活，它使不同凡响融入了日常平庸，把世俗带入了神圣。由亨利四世（Henry Ⅳ）建造孚日广场一点也不足为奇，这位信奉新教的国王恢复了复兴规划，这一规划始于弗朗西斯一世（Francis Ⅰ），直至后来的巴黎城。很显然，亨利四世想在这一发展过程中做一些完全不同的新事情。这种环绕着广场建造联排房屋的新设计，给贵族的向内开的老式独立公馆涂抹上了过时落伍的色彩，这些公馆坚持提出高墙大门，背朝巴黎易变的公共区域。它附近的卡纳瓦雷官邸（Hôtel Carnavalet）就是最后保留着这种风格的一个十分明显的例子。国王和王后在广场保留了一个住处，但是他们的邻居实际上并不是一个庭院，而只是一个处于萌芽期的时尚住所，这一住所小心地与巴黎城市生活的脉动联系在一起，而不是远离这种城市生活。

孚日广场给了伦敦灵感?

在路易·拿破仑和奥斯曼男爵（Baron Georges-Eugène Haussmann）统治下的19世纪后半叶，巴黎现代化之前，孚日广场成为欧洲其他城市广场建设的原型。特别是伦敦，尤其偏爱这种风格，到1850年建了600个左右的广场。伦敦的这些广场，配有中心花园，另有或大或小的成片绿地与更大的公园和花园相连。到19世纪，当巴黎等城市因城市增长和交通开始拥堵时，伦敦作为一个拥有开放空间、清新空气、工业基础建设暂缓的城市脱颖而出。当19世纪40年代被法国流放的路易·拿破仑在海德公园漫步时，伦敦内在发展的独具匠心让他相当羡慕。这和巴黎中心大部分地区所具有的那种老朽但“传统的”特质不可同日而语。

在许多方面，1848年的巴黎不过是一个扩大了的中世纪都城。根据大的传统规则和小规模的私人开发标准，其街道布局已经发展；它仍然大部分由一群有影响力的、其权力独立于国家的土地所有者所控制，拥有少量在大多数罗马城市可获得的城市服务技术和生活质量标准。按社会组织来说，巴黎是排它的，按物质结构或建筑来说，巴黎是分格式的。大多数邻里街区的城市生活都是与世隔绝和隐蔽的。这让巴尔扎克受到启发，把它和非洲的丛林相比较，欧仁·苏（Eugene Sue）则将它描写为“巴黎的秘密”（Berman，1988：153）。巴黎历史学家路易斯·雪佛兰（Louis Chevalier）描述19世纪中叶这些地方的痛苦令人毛骨悚然：健康恶化、疾病流行、长期失业、拥挤不堪并绝望无助。在这里除了成堆的问题，看不到其他任何东西。

另一方面，巴黎处于正在工业化国家的中心之一，在法国大革命期间及其后的那些年，已亲眼见证实施了许多社会改革。巴黎因此拥有通常的现代外观，在面积和人口上经历了与伦敦和布里斯托同样快速的增长。它也体验了其增长与技术滞后所引起的令人担心的后果。水的质量骇人听闻（1832年，霍乱夺走了16万5千巴黎市民中两万人的生命）；没有排污系统；部分地区的人满为患，即使按巴黎人的标准也成了一桩丑闻，持续的恶臭一直让人担心这个社会是否认识到了污秽空气的危险。最后，到19世纪40年代末，巴黎走到了这一步——交通拥堵已经造成严重的功能失调。自1848年的社会和政治巨变之后，法国又一次确立了一个强硬的统治者和秩序，而不是用革命性的变化进行进一步的实验。利用这些条件，路易·拿破仑回到法国并通过军事行动让自己坐到了皇帝的位置上，在1852年12月成为拿破仑三世，几乎拥有不受限制的权力。虽然他本质上是一个保守的人，但他将巴黎变成一个现代城市的决心却激动人心。

从大革命开始，他把对伦敦的羡慕和长时间尝试使巴黎成为现代化城市的兴趣结合在一起。他特别受到了巴黎地方长官朗布托（Rambuteau）以前雄心的启发，朗布托试图建立这样一种政策：拆除那些拥堵的角落和狭窄的街道，代之以宽阔的、笔直的林荫大道，这将使城市宽敞明亮，空气清新，城市交通得到疏通，不过他失败了。很明显，使路易·拿破仑兴致勃勃的不仅是用新的科学原则致力于解决城市发展中的问题，而且还有这样一种理念：可以重新思考城市，重新建设城市，使城市变得更好。在许多评论家看来，这是城镇规划和城市设计的一个转折点以及源头之一。很多人，包括瓦尔特·本雅明（Walter Benjamin），将这解读为一种干预——迁移城市中作为一种政治力量的工人阶级，或者至少，居民想通过设置障碍和凭借优越的有关传统的生活空间知识来控制城市生活空间变得不那么容易了。它也被看成是拿破仑三世新的集权的、极权主义国家的不可避免的人工产品，这个国家因为皇帝对圣西门社会主义的信仰而被迷住了双眼，碾碎了具有差异和自主性的巴黎，以有益于一个国家单一的秩序和单一的美学——这一国家的奴役统治将会通过完整的技术力量来获得（Buck-Morss,2002：222）。所有这些当然都是以一定的事实为依据的，但与此同时，在许多方面，这位新皇帝和他的塞纳地方长官奥斯曼男爵（任命于1853年）能够实现的东西，正是那些在拿破仑三世到来之前就已经被预见到、被渴求的东西，而且从头至尾都是革命的、反传统的和现代化的产物。这样一种重要的重构，只有当一个例外的强权政府和大部分无人反对的秩序得到恢复时——即引向阿甘本（Agamben，2005）所称的“例外状态”（State of Exception）时，才可能从社会上、经济上和政治上在这些危机之后的环境中化为现实。拿破仑三世的“例外状态”只从1852年持续到1870年，但在这一时期，巴黎发生了永久的变化，后来许多别的城市都受到被称之为“奥斯曼式改建”（Haussmannism）的影响。

很容易得出这样一个结论：孚日广场影响了他们的计划，因为新的设计融入了许多最早出现在孚日广场的特点。例如，奥斯曼所引入的重建过程中细节的标准化，甚至很少寻求孚日广场之外的发展。沿新的林荫大道网络悄然前行的巴黎的道路两侧，所有的建筑都遵循着严格的外观设计标准，标准化的石头、楼层的数量和排列，还有屋顶的设计。同时，也如孚日广场，它的建筑是豪华而庄严的，给人的印象是，这不是一个城市而是一个巨大的宫殿。在这一次冲击中，古老的巴黎城丧失了它数世纪以来本地建筑风格和地位分层所表现出的地方文化的历史多样性，而被一种单一的、统一的力量所取代，在这一情况下，一个民族国家隐匿进了一个现代规划之内。

瓦尔特·本雅明强调了巴黎工人阶级的解体和将他们迁移到相对贫困的城市边缘，但是国家能够传递或至少引导和鼓励的，也就是对传统的革命性的、现代性的拒绝，以及现代进程通过各种技术改进阔步前行。据路易斯·雪佛兰的研究，在19世纪的许多条战线苦苦战斗的巴黎工人阶级，对拆毁他们东倒西歪的房子没有进行任何抵抗，甚至可能还非常愿意接受这个世界（Berman，1988：151）。本雅明将城市中心的新火车站视为城市的大门。第一次表明中心区域现在是实现新的象征和践行功能的重要地点，同时也是主要的商业团体场所。虽然以前城市的外缘，其围墙和防御设施命运堪忧，因此也强化了它的象征意义（人们经常从这一视角来描绘城市），从此以后，其空间和时间的边缘性将它们导向衰落。原来主要的大部分是未加组织的制造中心的城市，现在成了分化的空间；不久，在竞争主要的、关键的城市空间过程中，政治权力、商业和消费将战胜生产和工作（这些景观将成为艺术家和作家灵感的新源泉，并通过他们呈现给公众）。

城市的节律随“奥斯曼式改建”转向了新的城市中心，这里被特别加以建设，变成了一个陈列馆和游乐场。这更多是一个娱乐空间而不是制造空间的看法困扰着本雅明，他感到它只不过是一种社会平等的虚饰。假如它是美化，那么它也只是“战略性的美化”，是为了保证“城市抵御内战”的一点小手腕（Buck-Morss，2002：222）。但是，很清楚，“奥斯曼式改建”远比这更为野心勃勃：它预见到了一种城市生活的新方式，一种新的城市生活，巴黎人的生活。正如伯曼（Berman）所说的，“拿破仑-奥斯曼的林荫大道创立了一个新基础——经济的、社会的、美学的——它把众多的人聚在一起了”（1988：151）。

林荫大道的形成及所有其他有计划的改进——供水、排污系统、市场、桥梁、剧院和其他艺术中心、地方政府中心、公园、花园和豪华的民族纪念碑——创造了史无前例的生意和就业机会，这与它得到强化的商业和零售活动结合起来，给该规划的金融化过程注入了力量。“各种各样的小生意和小商店沿街排列，每一街角被划出作为餐馆，还有沿斜坡而建的人行道旁的咖啡馆。这些咖啡馆，就像波德莱尔的情人和他衣衫褴褛的家人会去的那种咖啡馆，作为巴黎人的生活的象征，不久将在满世界看到（Berman，1988：151）。”

但这不仅仅是为了城市赢得经济上的新希望。它的部分成功，依赖于人们来到这里的巨大渴望，以及与这里不断出现的事物有一种必然的经济与文化生活之间的连结。这是构成孚日广场社会成功强有力的美学风格基础。

如果说奥斯曼之前的巴黎在结构上主要是分格式的，带有自足的住房和选区，那么，现在这种新设计则是开放的，并且鼓励公众随意聚集在一起。从邻居和亲戚构成的城市到陌生人构成的城市，巴黎的人类学从基于自认理所当然、熟门熟路的世界转向了一个差异和变化常态化的世界。它鼓励与城市形成一种全新的身体力行的具体化的参与：从规范的、可预见的常规化参与到灵活的、变幻莫测的参与。投身于开放的环境，服从于随意的悠闲的象征的城市空间，使每个人都置身于公众的注视之下，很长一段时间内扮演前一阶段的角色，并因此接受苛刻的评估和新的影响。这样一个潜在的社会变化状态促成了一种仪式化的参与形式，这种形式同时具备群体的兴奋和情感沟通的特点。被新的城市所询唤（经过大脑有意识的深思熟虑）所导致的社会参与感的提升，产生了相当明显的效果，人们感到与完全陌生的人在社会交往上更密切了。仿佛和朝圣者与旅游者一起走上了一条同样的变革之路，追随旅行者的后果是打破了通常向陌生人表达时的那种沉默寡言和有所保留，即使没有直接承认或表达，它也仍然留有一种“潜力和梦想”，它致力并综合了所有的对充满变革可能性的兴奋感。这在对巴黎早期的观察中得到了最佳表现，而这是它成功的根本所在：人们感到能自由地看他人，也被他人所看。这是一种亲密的形式，在众多现代城市可能是独一无二的，而生成它的，是巴黎的特定品质。

奥斯曼的新巴黎，是一个有着长而宽、树木成行、利于行人和步行者的街道的城市。在很多地方，步行者会遇到几个高度美化了的视角。首先闯入视线的，是一个整齐摆放着世界各地产品的高品质零售商店，不断地变换着陈列方式。它对人行道上的消费者充满了诱惑力，发出了致意和召唤；它创造出了鲍曼（2005）所说的“欲望”（建立了一个审美诉求的焦点），同时为他所称的“愿望”设置了陷阱——所谓“愿望”，就是不可知的欲望，它用各种充满新的诱惑的符号吸引路人。

第二，还有一些其他的行人，川流不息，这时候的人们，既有互相喜欢的，也有互相不喜欢的，通过镜子、反射和窗户进入到彼此的世界。伯曼问道，“林荫大道对挤到这儿来的人们意味着什么呢?”我们应该注意到，尽管不很明确，但他似乎承认了林荫大道的某些能动作用。他的答案，通过引用波德莱尔，借助情人的主体性做了这样的表达：

> 对像《穷人的眼睛》中一类的情人来说，林荫大道创造了一种重要的景观：一个在公共场合的隐密空间，亲密的在一起，没有身体上的孤独感。沿着林荫大道漫步，追随着无限的看不到头的人流，他们可以感觉到自己的爱甚至比旋转的世界中一个静止的点更为生动活泼。他们可以把自己的情感呈现在些成群结队的陌生人面前——实际上，这一代巴黎人以表现多情闻名于世——并且从中获得不同形式的欢乐。他们可以在众多的路人前面笼罩着神秘的面纱：这些人是谁？他们从哪里来又要到哪里去？他们想要什么？他们爱谁？他们看别人越多，向别人展示得就越多——他们参与到这个扩展了的“眼睛家族”之中越多——他们有关自己的视像也就更丰富。

第三，行人的视线分散，有些在看最近的商店和其他路人，有些遥望远方的空间，沿着一排排的树行走，一路上有很多纪念碑，人们在每一座面前都要逗留。这些不仅仅是路标，不仅仅是偶然打破统一行程的物体，同时也是一个新兴国家的纪念品，是神圣的中心和朝圣地。在这里纪念英雄和领袖人物，他们在大的战争里为国家流血牺牲，被庄严隆重地铭记；在那个时刻形成的政治国家，现在从历史书里来到了这个中心的公共空间，被永久地安放。

公共表演的空间

这是一个流动的世界，大多数人都很容易忘却，巴黎的与众不同是它使这种流动变得舒缓、停止或稍息，去享受这个城市带来的片刻欢愉。在伦敦广场和孚日广场，情侣、朋友、孤独的人，都能栖居在巴黎，寻找到各种空间，去享受这种欢愉。在林荫大道巨大的十字路口，广场的社会空间被刻意营造出这种社会效果。奥斯曼的大部分广场，如戴高乐广场、里昂广场、歌剧院广场、共和国广场和阿尔玛桥广场，都是如此。而且，巴黎的每一个区域还有它自己的广场。广场是人们集会和休息的地方，在这里，城市商业上的那种快速时间被放慢了，甚至停止了。

大街上鳞次栉比的咖啡馆、酒吧、饭店既为人们提供了社会参照点，也提供了一个隐蔽的地方，虽然它不可能成为一个能摆脱城市嘈杂的地方。新巴黎城里典型的巴黎人，以一种新的形式参与公众生活，波德莱尔称之为浪荡子，或漫游者。当漫游的速度表明他已经放慢了步伐，可以允许他仔细地审视和研究周围的事物时，这些浪荡子不管是走在大街上，长廊里，或安坐在咖啡馆里，他都是自然出现的消费文化的一个非常出色的纯粹的观察者。

波德莱尔认为，巴黎提供了一种极为新奇的体验，提供了可以专心享受物质文化和现代城市人类文化的可能性，这在以前从没有过，每个时刻都需要去认识，去评价。对波德莱尔来说，大街是这种地方，知识分子和艺术家必须通过浪荡子作为一种设身处地观察的手段，创造一种背反的方式，将现代生活描绘为本质上是城市生活。如他所说，他们应该是“变形的沥青”（botanise the asphalt）。浪荡子的观念被瓦尔特·本雅明用在他的“拱廊街计划”（Arcades Project）中（Benjamin et al.，2002），但他受到了格奥尔格·齐美尔研究它的社会学著作的影响。齐美尔感受到了一系列全新的现代和都市环境，尤其是在奥斯曼的巴黎所启动的东西，形成了一种新的现代城市感性和文化。巴黎远远不是那些随波逐流没有个性的城市，它重塑了新的个人，将新感受到的自由、个人主义和权利与加强的新形式的关联感和依赖感结合到一起。厌倦的感觉和强烈的相互吸引与移情彼此共存。

过于强调巴黎是个陌生人的城市也许是个错误，因为尽管众多的人混迹于个人的社会网络，甚至很多人是访客、旅行者和游客，但还有很多人只是生活在这里的巴黎市民。奥斯曼的五层楼的公寓街区，后来变成八层，确保了巴黎不仅仅是日常的，而且它还由“活色生香”的邻里街区所构成：人们可以在自己的当下环境里吃饭、购物、约会、求爱、闲逛和工作。巴黎没有产生一种特别不同的城市生活，实际上是以一种透明的、物质的和公开的方式过生活。英美游客到同样具有这种特色的城市，例如爱丁堡，就会被这种相同的活泼温暖所打动。

同样，推定拆除老城区会消除城市的地方色彩，也是错误的。很多人要在这种紧邻的空间里宴请、畅饮、购物、闲逛，对他们来说，很熟悉也很方便，在此过程中，建立起一种其他人也许无法理解的场所感。

感性的空间

经常有人认为，这些改变城市感觉的再设计都发生在视觉和感官方面；它主要是一种视觉关系和交流。这也是格雷厄姆·麦克菲（Graham MacPhee）将城市设计描绘为19世纪一种新的视觉艺术时所提出的观点。他说，在波德莱尔看来，古老的城市街道和建筑形成了一个文化记忆和意义的资源库，一种在时空中进行自我定位的手段。新巴黎，由于被剥离了这一特点，将人们从其过去中分离了出来，将他们遗弃在了永恒的现在之中，“在这里，表象不再能如此轻易地通过主题与框架匹配，框架本身变得清楚明了，尽管它确实迷惑、扭曲、失落”（2002：34～35）。这一分析没有把握到那些置身变化之中的观察者们所描述的兴奋和愉快，而人们怀疑的是，依赖于视觉感受是否足以描述他们的体验。然而，当视觉上的丰富多彩以一种新的、令人困惑的复杂的符号学方式表达出来时，它不也是一个由新的质地、声音和味道组成的世界？

当然，城市里新的空间安置和卫生设施被设计出来，为城市创造出了更甜蜜的嗅觉标识，有人一定会想到，咖啡馆、香水店、面包店和餐厅的香味现在更加浓郁可辨。但是，有那么多的公园和花园将城市打碎，作为一个纯粹的人类空间，这些公园和花园的建设真的增加了一个新的感知维度吗？除了沿林荫大道和广场大规模栽种树木之外，巴黎一开始还有大量绿色空间，而当它们开放时，它们就是新的感觉。在拿破仑三世任命工程师让-查尔斯·阿尔封德（Jean-Charles Alphand）策划布洛涅森林和文生尼绿地、柏特休蒙公园、蒙梭公园和蒙苏里公园之前，著名的“巴黎春天”作为一个浪漫的概念不可能简单地出现。这些空间不仅是一个可以感受和体验到自然本身的地方，它们也是一个因其喧嚣而著名的城市中一个更安静的所在。

新巴黎很明显也是以一种更具体的方式来体验的，因为步行成了接近新巴黎的一种主导性的、令人愉悦的方式，但又一次，行人的体验私下里充满了一系列在商店、咖啡馆、拱廊街、酒吧和餐厅等地的其他具体化的公共表演。

建设新巴黎的主要动力，并不源于想展望或发明一种全新的城市生活，而是想在从事工作、贸易和社会再生产之外添加更多的生活。这一类奥斯曼式改建的隐含模式是度假胜地（见 Franklin，2003）。在海边成为长久流行的度假胜地之前，在一些城市对它们的经济基础做出调整和扩充、从度假胜地转向成功的商业城市之前，已经探索了在日常生活中拥有更多的观光、休闲和丰富多彩的娱乐生活方式的可能性。作为著名的巴斯泉的设计策划者，理查德·纳什（Richard ‘Beau’ Nash）负责把巴斯泉这个破烂的中世纪小镇变成了18世纪典雅气派的中心，他也因此闻名欧洲，因为很少有其他岛屿城市能以这种完整的方式重建。我们在很多英国城市可以看到纳什的强大影响，比如，布里斯托、哈罗盖特（Harrogate）以及伦敦的一部分，我们已经看到，伦敦的这些直接经验推动了巴黎的奥斯曼式改建进程。

引起人们对新巴黎浓厚兴趣的另一秘密，是承认它已经被提升为一个娱乐之地，沿继的是旅游胜地的风格，但区别在于，从今往后，欢乐气氛作为目的本身将取之不尽，它是生活在巴黎或者参观巴黎的一部分。这的确也是为什么表面上看起来是都市的、技术的和现代化的改善包括了新剧院和歌剧院的建设，加上风格自然的游乐场建筑、纪念馆和艺术气息浓厚的规模宏大的新火车站建成的原因。

奥斯曼的批评者们提出，巴黎已经变成仅仅只是一个小资产阶级的游乐场，但这从来不完全是真的，因为巴黎首先是一个开放的、公共的且民族的空间。如果它的建设基于奇观的理念，并且在1855和1889的世博会及埃菲尔铁塔的建造之后，它获得了盛誉，那么，它就是一种使每年来参观的人数不断增加的奇观。托马斯·库克（Thomas Cook）甚至带英国游客进入了1855年世博会的巴黎中心，这也许是世界上第一个国际旅行团。假如组织者决定采用提议的计划建一座300米高的断头台而不是一座塔，巴黎的命运可能就完全不会以这样一种浪漫旅游的方式一路走来，但是，正如已经证明的，铁塔——当它建造出来时非常不受欢迎——却保存了下来，而不是在事后被拆除。

批评者还指出，在奥斯曼以前的巴黎，每一栋房子都是巴黎稳定的人口统计学的缩影。资产阶级住在高于大街水平面的第二层，公务员和雇员住在三到四层，低收入者住在第五层，学生和佣人在第六层。新的奥斯曼风格的建筑，以及一般意义上的中心巴黎，有着更充分的人口统计学上的意义，尽管它也是分层的。那些典型的五层建筑，带有阳台能提升社会地位的公寓，常常在第二层和第五层。当然，第二层，住着传统意义上的精英，他们既想少爬楼梯，又想减少大街上的噪音。第五层也不再被认为只适合低收入的人了，因为从这个高度能获得很好的观察城市的视野，特别是装了电梯之后（parisnotes，2007）。在改建和重建地区的租金调整以后，市中心和巴黎西部变成了商业区和富人居住区，而工业区和贫穷的巴黎人大多在中东部通向城市边缘的地区。

尽管奥斯曼于 1870 年被解雇，但他作为“第二帝国”著称的风格，还是继续盛行到 20 世纪 20 年代，甚至当这个体系被打破、被新的立法取代时，巴黎的很多地方看上去仍然坚持着他的外观。唯一重要挑战出现在 1945 年以后，其时，诸如现代建筑设计师勒·柯布西耶（Le Corbusier）等现代建筑家出现，柯布西耶把建筑物从街面移走，打破街上围墙的外观。尽管如此，巴黎大部分还是保留着这种外观，其他法国城市随之开始广泛采用，到现在它已经被广泛采用为主流的法国“遗产”风格。风格和实际是一回事，城市规划的政治学却完全是另一件事，奥斯曼式改建的主要力量开始式微：它或多或少地依赖一位统治者的绝对权力，在这一方面，它和芒福德所称的巴洛克城市共有许多东西。在这里，城市规划是独断专行的，这也是 19 世纪民主政府无论在什么地方自我标榜却最终不受信任的原因（1966：442）。

事实上，奥斯曼的影响已经超出了法国，这种影响在 19 世纪许多（如果不是大多数）正在现代化的城市里随处可见。当然，它是一种中心城市和首都城市的风格，这种风格并没有主宰西方现代世界的面貌。确实，在那些还没有建立城镇和城市的国家和文化中，这种影响也就无从谈起。在美国、加拿大、英国和澳大利亚，城市受到了另一种风格的统御：尤其是，郊区花园，如果你运气不够好，那就只有郊区。

第四章　固态的现代城市(2)

2007 年 11 月，我在悉尼的彭里斯市（Penrith），澳大利亚一个温暖的夜晚，如天堂般美好。但是，对任何动机和任何目的来说，这里只是巨大的悉尼的延伸，是千篇一律的郊区，是复制美国中产阶级的“中产的”澳大利亚。不久以前，这里只是一些各种各样的丑陋旅馆、赌场、高尔夫练习场、夜总会和体育馆（如“彭里斯老虎橄榄球俱乐部”）。但现在，它成了很多人在他们生活的某一阶段想居住或向往的地方。我沿着蜿蜒的小路漫步，这里的房子有长长的连绵一片的花园，没有遮拦地直抵路边。木麻黄属植物和柔软如羽毛的金合欢树营造了遮蔽效果，使里面的花园区域若隐或现，我可以看到大约八九个成年人围着桌子喝酒，等着烧烤的食物，气氛轻松愉快。烧烤的味道和其他味道一起散发出来，鲜花的芬芳随风飘散。灯光打在左边游泳池上，反射出微弱的光线，映照着晚会。我路过时，注意到每座房屋都不一样，但它们都很宽大，舒适，设计得很漂亮，用宜居这个词来形容是最恰如其分的。而且这里不是专门给一个富人居住的郊区；这是很多澳大利亚人在当他们选择要孩子、想买一个宁静、安全、生活缓慢的空间时，都能负担得起。这里很多人还是在悉尼或靠近悉尼的地方工作，尽管这儿有段时间也曾有花园城市的轻工业的发展。总之，这些人没有割断与悉尼生活的联系，而只是它的一部分。悉尼形成了吸引力，把他们拉回去工作、接受教育、休息、运动、购物、找对象和开展其他活动。这种生活不是决定退出大城市的生活，它只是众多选择之一，这是一个两全其美的办法，这也正是20世纪早期少数的改革家提出的花园城市和郊区生活的设想，它又一次唤醒了在自然和文化之间达成和谐的梦想。

超越巴黎重建

由奥斯曼所激发、许多新兴的世界城市（包括纽约和费城）所采用的拆—建策略，与另一种最终将导致城市生活去中心化的策略形成了杂交。城市将会继续简单扩展的想法，向很多人提出了人类可能会感到一定程度的压抑、沉沦、窒息；尽管像巴黎这一类的城市，可能会很美丽，很有灵气，生活也有意义，但也有大多数城市不是这样，或大多数人不愿意这样。社会学家从没注意到巴黎中心的重建是普通工人阶级城市和生活空间的一个榜样。很清楚，不需要为工人们提供一个像宫殿一样的城市或大本营。那么，能为他们设计的固态现代城市的蓝图是什么样的？

许多人脑中形成了这样的观点，这些人体验过冷酷的工业化城市，目睹了一系列大城市生活引起的社会、政治、经济以及健康方面的问题。即使在英雄般的19世纪“维多利亚时代”之后，当巴扎尔吉特（Bazalgette）为伦敦设计第一个大都市供水、管道和排污系统时，大量的工业化景观和居民的生活取暖用煤的燃烧也意味着空气质量将成为一个问题，当狄更斯来到著名的雾都时，他的文字没有犹疑，在《我们共同的朋友》（*Our Mutual Friend*）里他写道：

> 这是伦敦的一个雾天，雾很重，很暗。有生命的伦敦有着刺痛的眼睛和火烧火燎的肺部，它的眼在拼命地眨，气喘不已，接近窒息；

没有生命的伦敦则是个被煤烟熏黑了的幽灵，被人为地弄得模糊不清，若隐若现。店铺里的煤气灯摇摇曳曳，一副没精打采而又满身晦气的样子，仿佛知道它们是太阳下无所事事的夜游生物。而太阳本身，当它时不时地穿过漩涡般的重重迷雾，好像就已经熄灭，变得扁平而冰凉。即使在周围的乡村也一样是雾天，只不过那里的雾是灰蒙蒙的，而伦敦的雾，在城市边缘一带是暗黄色的，再加点儿棕色，然后越往里变得越深，直到伦敦城的中心——这里叫做圣玛丽·艾克斯——变成了赭黑色的。如果从北面山脊的任何一点望过去，都能看到那些最高的建筑物时不时地似乎挣扎着从一片雾海之中冒出头来，特别是圣保罗教堂巨大的圆顶看上去尤其顽固；但这一切在它们脚下的大街小巷中是无法看到的，在那里，整个大都会就是一团充满着车轮声的厚重蒸汽，它包裹着一场规模巨大的黏膜炎。(Dickens，1993：3)

《荒凉山庄》(*Bleak House*) 以一段对伦敦非人环境的令人难忘的评论开头：

烟雾从烟囱顶帽处飘下来，成了柔软的黑色的毛毛雨，混合着雪片般大小的烟灰——陷入哀伤，你可以想象，为死去的太阳哀伤。(Dickens，1993：1)

狄更斯使用雾的比喻旨在对伦敦做出道德上的判断，尽可能地描述伦敦的环境，而可争议的是，正是可疑的道德以及令人厌恶的环境，产生了一种普遍的愿望：离开它，早点去别的地方生活。如果有可能，应该尽量避免把现代性的城市体验和生活作为一种基本的城市生活经验，这是19世纪晚期和20早期一个不断重复出现的主题。而且，不论如何，只有富人阶层才有条件选择居住环境（至少不在伦敦西区[the West Ends]，著名的恶臭上风口）。对城市、厂区和资本主义的厌恶，开始普遍推进浪漫主义对自然和人类世界边缘地方的热爱。在英国发现的越来越受青睐的解决方案是增建，不是在劣质空气里把住宅建得更高——而是建在绿色的原野和空气新鲜的地点。

在这里，城市的设计者和建筑者可以不受约束地去构想一个全新的现代城市蓝图，一个未来的城市，可以尝试它所想要的一切。这一上帝般的创造物，紧随在工业诸神的复活之后，如威廉·欧文（William Owen），便参与并体验了示范工业社区。

这种面向未来的城市应该避免一些陷阱，用同样坚实呆板的现代结构取代传统结实的立体结构，有很好的理由说明他们为什么正好这样做。首先，他们开始只是运用科学和技术以实现工业梦想，但对无限的大自然没有任何想法。按照建筑者和立法者的观点，社会可能会完善，而不像冲洗式厕所或蒸汽引擎一样已经完善——而且宜早不宜迟。机械论的原理和正在使工业发生革命性变化的系统，正被应用到城市所产生的问题，没有任何理由阻碍承诺全面持久检修的想法。无论怎样，所需要的将是一个非常大的方案。因此，一劳永逸搞定的想法似乎是基本的。比如巴扎尔吉特为伦敦设计的巨大供水网、排水网和污水处理系统，就是如此。

其次，永远变动不居的社会这种观念将是一种特异的、令人不安的观念。稳定性和持续性在这段时间内被认为是至关重要的，真正的原因是因为有如此多的搅扰和变化。事实上，现代思想中的一个分支（反启蒙思想），消极地应对了变化并寻求一个进步的现代未来，其中最重要的传统方面，比如家庭和宗教，并不是不假思索地抛弃。很多郊区住宅开发的第一批先驱者，像巴里·帕克（Barry Parker）和雷蒙德·安文（Raymond Unwin），受到了“工艺美术运动”（Arts and Crafts Movement）的启发（这一运动将手工艺的、家庭的、小规模的，换言之将“前现代的”东西浪漫化了）。例如在英国一些地方，这类议题涉及广泛，并且共有广泛的政治光谱。现代新蓝图带来的变化总是带着传统的稳固性的光泽被呈现出来：信奉社区价值的示范村庄；

声称提供乡村生活的城市花园；把传统材料如瓷砖、木头、石板、砖头和中世纪的怀旧融合在一起，回避标准化的单调统一。

第三，当资本主义看上去要求无拘无束的自由以便最有效地运转时，它还要求政治上的立法，于是支持平等和人类进步的现代民主福利国家出现了。政治上的竞争，往往有利于产生一种或另一种稳固的改革方案，这种方案随后会导致各种政策，并且在走向城市的建设和现代化时，会导致蓝图和宏伟计划的草拟。事实上，如果感觉没有取得一种新秩序，那么便以为无法获得一种有效的、正当的、平等、进步的秩序，这种想法几乎是可笑的。

一个新的固态的现代秩序

虽然资本主义的逻辑可能断言完全自由是其组织（或无组织）的第一原则——这一观点马克思在他的观察中“一切固定的东西都烟消云散了”（见 Berman，1988）没有错过——但现代性的这一时代仍是英雄的时代而不是感性的时代，是理想主义的时代而不是现实主义的时代。最重要的是，这是相信将科学当作打破传统的工具之一的种种好处的时代。毕竟，科学在这里提供了真实的知识，用以取代宗教和灵性的繁文缛节以及传统风俗的奴性。于是，在正走向现代化的社会中，社会科学成长起来，以传播产生出一个完美、稳定、合理、高效的现代社会秩序与经济秩序必不可少的知识。其他科学也被运用于这个目标：建筑学、城镇规划、环境科学、人类地理学、经济学、交通科学，等等。正如生产和分配只要给予足够的时间和调研，就可能会趋于完美一样，社会服务、健康、住房、城市和国家基础设施的提供也会趋于完美。西方的福利国家曾寻找一种新的社会类型，基于充分就业，提供现代化的服务，食品和产品、药品和技术的逐步改善，更精细的教育系统和福利，健康及长寿的保障系统。当商业贸易扫清了很多传统障碍时，它还需要一个使它的角色和行为合法化的政治框架，对如何绘制固态的现代性的新蓝图做出准确决策（Bauman，2003b）。

这一固态的现代性也部分地来自于对社会民主、进步和福利国家的信仰。现代性的政治特色和它对等级森严、不平等与不变的传统社会结构的矫正方法的寻找，导致了法国大革命的口号“自由，平等，博爱”的诸多变化。清除传统，一片清明，会出现什么样的世界？理论上来说，是令人不安的。这些乌托邦式的理论如何实施也没有完全弄明白，所有试图加以实施的尝试，都可能是实验性的，并且为其设计和评估引入了新的抽象标准。尝试支持是现代政治学的领域，它是大争论的主题，也是决定走哪条道路的主要手段。这样说来，现代城市的设计和本质，既不是技术的也不是政治或社会的，而是两者兼有。现代城市一直是社会—技术秩序化的混合品。

在这个实验性的时代，是什么决定了城市所采取的形式，无论怎样都与人们以何种方式喜欢与其他人生活在一起无关，与要对前现代城市承担的微妙关系、风俗、力量无关；而人们会不断地回想起所有勇敢面对未来新世界的人脸上那稍稍不知所措的表情。

进步、变革和平等都是难以实施的理念，在设计任务可能来到之前，它们都需要措施、标准和目标。城市是坚固的现代蓝图的政治实现能够达成的最明显方式，只是因为它们被断定不能再生传统的已知特征，而期望它们以全新的方式方法开山辟路，达成政治目标——他们要求一种特殊的新形象：富有远见的设计师。这样一个杰出人物小组负责想象或幻想如何可能将一个新的社会安置在空间中（假如不是在思想中的话）。整个20世纪，他们的设计将会在固定的现代蓝图的关键图标和模型中具体化。

在多大程度上能给人们提供家园、食品、就业和医疗服务，对发现问题和改善现状至关重要。另一个主导价值观——平等——也运用了抽象的分类标准，并设立了排行榜、年度统计表和进度报告。有多少人有上学机会、优质的水供应、家庭卫生间，等等；这些东西变成现代政治和政策表演的记分板。这些测试和评估一旦通过新的政策实施，就会像他们所追捧的科学模式一样，喜欢用数字来表述。每一千人中，有多少死于官方所列举的疾病或风险？有多少家庭医生、现代化的医院、图书馆和学校可用？多少开放性的空间被闲置？一般的指定的休闲设施和娱乐活动又有多少可用？有多少公共交通？工人们出行有多远？这些问题，是新成立的统计学会高度关注的问题。比如，1837年，布里斯托统计学会举行了首次会议，其间讨论了他们第一次对城市贫困问题的调查发现。有趣的是，他们对生活方式的兴趣和对资源的粗略估计一样多。他们想了解人们生活环境的道德本质（例如，和谁一起分享卧室）以及他们的生活机遇和经验（每个家庭有多少本书，墙上挂着多少艺术品）。（Franklin，1989）

有关进步和平等的大事是，它能够被测量；然而，问题在于，可测量性过分决定了这一新的固态的现代性能提供什么。这种标准将是衡量更好城市生活的代理标准的看法，它是假定的，而不是通过持续的方式深思熟虑或交叉检验得出来的。我应该提醒你们，比如，从20世纪20年代到20世纪80年代的大部分时间里，没有一种单一的社会科学实践去建立起这类社会中的幸福度和幸福分布图。足够反讽的是，到20世纪90年代，这一实践才姗姗来迟，其时，“逐渐深化的‘后物质主义’，兴起了对福利国家之后生活的关注”（Inglehart，1997）。悖谬的是，这是一段自由和选择从来没有如此占主导地位的时间。

即使城市被中产阶级和统治阶层攻击为是人类衰退的空间，他们的思想在维多利亚时代末期和20世纪初期还不是特别现代的。“工艺美术运动”的影响，对工业机器时代的普遍批判，对更高贵的中世纪的崇拜，创造出了一种极端化的对抗美学。如果工业化城市的典范是机器，那就用自然来调节它；如果工业化城市基于标准化和直线条，那就用变化和曲线来中和它；如果工业化城市的栖息地是街道和街道生活，那么它的解药将是花园；而如果要避免工业城市，解决办法是将其迁出。

为了花园郊区成功幻想的信誉，他们没有推荐那些他们自己都不羡慕、都不愿意生活在其中的生活。在他们看来，城市生活就是与空间的混杂性完美地和谐共处。工厂工人也能像建筑师一样，回到家里在自己的花园里喝茶。因此花园给了城市空间改变的灵感：它不仅在美学上与工业化景观相对立，而且能平衡工业化的工作体验。园艺在坚持标准和价值观上是一种富有表现力的实践，它的重要性无法忽略，而且它在这次运动中惊人的成功，为 20 世纪后期的很多当代城市创造了更多的生态敏感性。问题是，对园艺和花园郊区这种压倒一切、司空见惯的狂热源自何处？它不是不可避免的，因为在法国和欧洲大陆，并没有发生到像它在英国和美国那样的程度。

通往花园城市

16 世纪到 18 世纪英格兰的园艺革命不仅产生了抽象的花卉栽培美学，它还有更广泛的社会意义。特别值得注意的是它接受并赞同作为理性的、文明的、有教育意义的休闲，培养一种美感，也培养一种秩序感。其次，园艺对市民有特别的吸引力，调和并修复 19 世纪上半叶英国社会城市化形成的与古代那种和自然界紧密联系的断裂。第三，园艺成为时尚和风格的媒介，整个国家都能在或大或小的程度上参与其中。大量的英国小镇那种田园生活和半田园生活，在现代化国家内都能保持着一种差不多独一无二的审美吸引力。从“无所不能的布朗”（Capability Brown）荒野般的景观到工人住宅小型化的草坪和镶边，国家对园艺和花园的情感以及所伴随的人类—自然的交融性超越了阶级文化和地位群体。尽管花园经常是英国围绕家庭空间营造隐私感的一种手段，但也有一种花园是公共空间的感觉，大部分是开放给公众的视野的，甚至是用于公众参观的。英国住户的公共外观，最重要的，在最前面的，就是花园，不同的阶层彼此熟悉是通过花园而不是房屋内部，通过充实园艺美学，社会效仿成为可能。

园艺与社会地位、道德礼仪之间的联系很早就建立了。我强烈推荐的是约翰·劳伦斯（John Lawrence）1714 年的书《神职人员的消遣》（*The Clergy-man's Recreation*）。这本书花了大量时间用于园艺休闲而不是灌输一种内疚感，劳伦斯说：

> 一点也不羞愧地说出而且承认，我可以从对大教区的关心和事务中，从我的其他研究中抽出大部分时间，花在我的花园上，这样可以为以后的改善做一些观察。感谢上帝，这种分散注意力往往能极大地使我的大脑轻松而宁静；在这里我通过散步和冥想，找到了隐居的感觉，这有助于我对更神圣的主题提出许多有用的思想。（Sinclair et al.，1939：254）

尽管对作为一种休闲的园艺的热情，对现代早期的英格兰来说是新的，但花园是一个圣洁或神圣的地方的观念却有其古代根源，不只是限于伊甸园是一个原始完美的地方的观念。把作为休闲活动的园艺和道德以及精神完善联系在一起，至少到 17 世纪晚期就被提出来了。比如，威廉·休斯（William Hughes）提出，尽管“我们很少会有来自神的恩典，并失去了上帝赐予我们的用于居住的美好花园，但毫无疑问，通过勤勉和努力，用热爱、忠诚和愉快的耕耘，我们也许还得到一点失去的辉煌所遗留的微光，尽管”，他为好的措施补充道，“有很多困难”（Sinclair et al.，1939：233）。

> 到 18 世纪，花卉园艺已经成为卑微之人能够证明其值得尊敬的一种手段。园艺被认为能给贫困的人们以文明的影响。它与一个人及他的家庭进而扩展到他对整洁和优雅的品味联系在一起。因此，地主们的村舍建筑典型，就是在门前有整个大花园，以便能够得到路人的检视。（1983：234）

像查德威克（Chadwick）、埃比尼泽·霍华德（Ebenezer Howard）

和布斯（Booth）这样的改革家，赞扬了园艺作为酒吧的可替代选择所具有的优点，到了20世纪之交，提供花园和分配土地被认为是一个好老板的标志，其原因如同一个好园丁被认为是一个好雇员一样（Williamson，1982：104）。

威廉·莫里斯（William Morris）促成了英格兰第一个花园郊区，伦敦西区的福德公园（Bedford Park），该区始建于1875年。"茂盛的枝叶笼罩着街道，有着山墙和挂瓦的红砖房子，是古老的英伦风格的象征……在福德公园这个地方（根据这一时期的看法）'人们可以引导一种贞洁的正确的审美'（Quiney，1986：132）。"温情主义的首都和进步的土地所有人领导了英国工人阶级住房的改革，正是他们建成了第一个小型化的示范郊区住宅。在这些改革中，布里斯托的布莱斯·哈姆雷特（Blaise Hamlet，开始于1811年），依然是模范样本。

19世纪早期，改革派的土地所有者建造的示范住宅，造出了如风景画般的哥特式田园小屋，那里的重点更多是花园以及它与作为房屋本身一部分的与自然界的那种无缝连接，但是想在城市中将这一观念确立为一种规范，则要花一些时间。这些和中产阶级的联排别墅同时出现，在19世纪20年代（比如，伦敦的布鲁姆斯伯里［Bloomsbury］），没有私人花园，但和别人分享半公共的社区广场花园空间，所提供的华丽的植物和宽大的比例也只是为了突出他们隐居小屋的品质，如一个浪漫的城市绿洲——这种观点被一个电影制作人开发出来，电影《诺丁山》（*Notting Hill*）和小说（及电影）《美丽曲线》（*Line of Beauty*，Hollinghurst，2004）。唐顿（1983）追溯了在19世纪40年代从布鲁姆斯伯里的联排别墅到立博地产（Ladbroke Estate）的房子、到第一个别墅（独立或半独立的）、再到1850年后越来越多的封闭的私家花园成为规范的转变过程。

由于工人们有了更多的建筑项目，伦敦及它的地方政府带了头：

LCC[①] 的房屋建筑处（Housing Branch）开始设计郊区庄园，他们想起福德公园和莫里斯写的《地球的艺术与美》（*Art and Beauty of the Earth*），关于把英格兰从“作坊般的可怕的后院变成一个花园”的必要性。19 世纪 90 年代，LCC 的少数几个乡村庄园从平淡的、统一的没有装饰的阳台，渐渐变成有各种变化的、排成短短一排的一组房子。(Quiney，1986：132～133)

一战以后，花园成为国家住房建设的一个重要特征。20 世纪 20 年代，针对住房严重短缺，重点提出了“适合英雄的家园”政策，但不是用低标准建造一些廉价的房屋，甚至要用比地方法规更高的标准来建造：

通过建造新的住房达到一个以前为中产阶级所保留的标准，政府要对人们说明的是他们将来的生活将是多么不同……住房方案要说服人们，他们的愿望在现存秩序之下将得到满足，从而断掉他们闹革命的念头。新的住房由政府承建——每一家都有独立的花园、绿树和篱笆环绕，而且为中产阶级之家内部配备了便利设施——可以看到的这些东西都与革命毫不相关。(Swenerton，*Homes，Fit for Heroes*，1981：81，转引自 Daunton，1982：293～294)

这样的住房明显好于新的花园城市的理想，是以新的花园城市为范本的。像爱德华·吉百利（Edward Cadbury）这样的温情主义者和他的博那维尔花园城，其目的是培养出一种更幸福、更满足，因此也更忠诚、更有生产力的劳动大军。花园在一定意义上是这种规划的一个关键因素，无论就所有房屋的环境是一个开放的、蜿蜒的、空旷的和枝繁叶茂的乡村村庄式布局而言，还是就它的地段、形式、结构和

① “伦敦郡议会”(London County Council) ——译者注

广度更像中产阶级乡村住宅区的漫步场地而言，都是如此。那种依据地方法规建造的无装饰的、受管制的、有着阴郁性质的房屋不久就被废弃了，转而被开放的、明亮的、受到城市花园启迪的枝叶茂盛的开发区所包围。整个开发区都种植着树木、草坪和灌木丛，而不是那种规划得很紧密的公园；每座房子周围延伸的植物软化并消除了建筑物之间的界线，这恰与地方法规之下的前花园相反——房屋门前的花园种着简陋微末、有气无力的植物（通常落脚到一个狭窄的树篱所占用的小空间）；花园郊区的占有者较少被英国维多利亚时代的冰冷的公共空间所包围，更多是被一种半公共的、半田园的自然空间所围绕，在其中，占有者本身被自然化了，这是一个回眸世外桃源的社会空间。

将现代英国的建筑环境（主要由小别墅风格房屋所组成）的兴起，解释为是卫生和政治的改革及其利益同关键的经济因素如土地价格与租金等结合在一起的结果，是不无诱惑力的。以这种方式，城市花园可能被认为是城市改革运动的附带现象。然而，这些因素还不能充分解释为什么欧洲和苏格兰的住房（公寓街区）没有流行这种新建的合理的英国现代城市。总之，公寓提供了比单元别墅更好的土地租金回报和各种经济规模的建筑。如唐顿（1982：58）所讨论的，英国风格是与众不同的，它保留了一个未解之谜。比如，有可能，是花园和花园生活在英国城市文化中的重要的（而且相对与众不同的）地位影响了正在现代化的城市格局？

唐顿有关依地方法规建筑的房屋和随老式分格庭院模式的消失而出现的城市花园风格的兴起的分析，认识到并找到了需要所有纯粹基于租金、收入和土地所有权模式基础之上的解释。他认为，地方法规被用于在某些情况下保护一般的房屋形式，尤其是分格形式的庭院和背靠背的房子，并且在另一些情况下“冻结开发的形式，并使后续的变化更加困难。地方法规也许将一种给定的住宅形式当作理所当然的，而力图削除最糟糕的滥用，而不是要求它消失”（Daunton，1983：84）。两种策略——对分格庭院形式的回避和对乡村别墅风格的维护——都坚持了一种观点，英国建筑环境的兴起，涉及到一些文化与美学因素。正如唐顿所说，“任何物质环境都会创造一种特别的生活方式，一种有关住房形式的文化定义。因此必须在争论中重新插入文化变量……”（Daunton，1983：88）。据此，他调查了英国工人阶级的住房文化，描绘了亲属关系、家庭和社区因素对房间和空间的使用和偏好。不幸的是，这个调查仅限于考虑内部空间和公共空间。工人阶级小花园的半公共、半私密的空间被忽略了，未加探索。然而，因为是花园而不是其他任何东西，将那些按照地方法规建立起来的住房及后来的英国城市住房，与从前的住房区别开来了，并且与其他现代国家所建的住房区别开来了，所以，在表面上，它似乎是引人注目的。那么，是什么文化因素推动了花园成为设计的一个关键特征呢？

首先，必须推定，形成房屋的地方法规的委员会确实包括各种各样的人——家长式人物、宗教领袖和改革家——他们强调，对工人阶级来说，园艺和花园是一种合适的、合理的休闲娱乐。英国中产阶级对园艺的热情及其价值的衡量，被强烈推荐给所有人。他们做委员的能力不亚于做家长式资本家的能力，他们主张建设更多的花园，将其当作城市生活梦想的组成部分。花园往往把人们带回家而不是去大街上，回到以家庭为基础的爱好及自给自足的生活而不是去酒吧和运动场所。

第二，正像我们所看到的，19世纪以前，园艺革命已经在各个社会阶层建立了一种园艺美学，尽管19世纪工人阶级的迁移和置房事业复杂多变，但的确是这样：19世纪早期的城市化，没能根除将自然美当作生活方式的一个元素的渴望。也正是这种渴望，提供了新的住房形式的部分需求，而且，它是一种健康的需求——坚持并详述花园是英国城市生活的一个特征。必须记住的是，几乎所有这些房子都被私人租用了，而从中我们得知，房客们是易变无常的，他们搬进来是为了改善生活条件。像花园这种供应品所具有的可欲求特征能导致高需求，花园这种人们所渴望拥有的特征，成了建筑者和投资者最关心的特征。

第三，尽管依地方法规建造的住宅和城市花园别墅都是新的住宅形式，但它们都还是会引起对传统乡村工人阶级房屋或小屋的怀旧式（但是已经改良了）模仿。这样，与自然亲密接触的田园风格和乡村生活，被输入到了城镇。历史地看，英国城镇是贸易管理的中心，主要由富人和社会地位高的人们来塑造。城镇和城市的房屋突出了它们与乡村的不同；在筑有城墙的受到严格限制的城市空间里，沿着街前空地开发出来的精致的、多层的门廊；中世纪时期的房前花园也往往被建筑的扩建部分和新建筑所吸收。19 世纪早期工人阶级的庭院是一个相同进程的结果：一组原来的带门廊的房子，围绕它们房前的花园区域加以扩建，在中间留一个庭院，后面一条过道通向街道。也就是说，这种新的地方法规建的房子和花园城市别墅对维多利亚时代的城市来说是完全新奇的，但以先于 19 世纪之前的住宅文化为基础。不过重要的是，维多利亚时代及后来，打破了城镇和乡村的差异。这种贯穿全国的风格变化，可以参照内陆地区乡村小屋的本地建筑加以说明，这种乡村小屋现在变成了地方法规创立者们喜爱的建筑，原因很简单，他们是本地人。这些小屋的共同点是郊区的开放性与日俱增，这是一种城市现象——当它变得更古老，会变得更绿意盎然，更枝繁叶茂，同时也是园艺、园艺师、园艺文化的出场：“其最忠诚的形式，英国皇家园艺学会的会员，从 1894 年的 2500 人上升到了 1914 年的 1.45 万人（Lowerson，1995：13）。”

城市花园及其他

园艺革命可能是比“城市花园”本身更大的遗产。自然美学的革命和流行文化，生活方式与自然之间紧密关系的具体化，变得如此引人注目，以致它塑造了直到 20 世纪末的现代城市生活方式。花园城市在早期的、实验的伯恩维尔（Bourneville）时期是古怪反常的，但正如我们所看到的，他们逐渐地主导了英国和美国的建筑和规划运动。1918 到 1939 年间英国第一次国家住宅建设时期，几乎全都染上了这种风格；私人房地产和花园郊区都追求时尚，街道的名字发生了变化，从维多利亚时代地方法规严格控制的街、道、路变成了大道、小巷、新月形地带、路——甚至花园——还有其他有机的或者田园的参照义（农庄、草地、教区、种植园、绿地），花园城市新出现的城镇在二战之前及之后格式化了。如果地方法规下的小别墅和农庄把乡村移到了城镇，花园城市则更往前走了一步，产生了自然和文化的混合体。英国的花园城市米尔顿凯恩斯（Milton Keynes），展示了一幅田园牧歌式的画面：一个人在树阴下的池塘垂钓，穿过藤架，可瞥见唯一的建筑物，一架古老的风车。下面的图注是："在米尔顿凯恩斯，树的数量比人多。"（Finnegan，1998：37）

图 4.1　伦敦汉普斯特德花园郊区。(photo Adrian Franklin)

埃比尼泽·霍华德是城市花园概念的奠基人。他的《明天：和平的改革之路》（*Tomorrow: A Peaceful Path to Real Reform*，曾于

1920年出版，书名是《明天的城市花园》，*Garden Cities of To-Morrow*）一书中，霍华德树立了他的核心观念——主要是城市改革。人们记住了他倡导的生活空间规划和社群主义，作为一个规划者、建筑师和城市理论家，他在专业领域里的贡献，掩盖了在他工作中已经彻底实施和扩展的园艺革命。在和他的规划和观念有关的文献里，有大量关于城市社会学中花园城市概念的描述，城市花园观念的源头被掩盖了，现在似乎是，渴望花园空间、接近自然、自然与城市杂交融合等观念来自于卓越的幻想家霍华德，但事实上，在霍华德时代，这类渴望已经存在了。霍华德的贡献是把园艺美学和社会乌托邦融为一体。尽管他被认为是一个革命家，不仅倡导有计划的城市而且还倡导一种有区别的城市，相当明显的是，他的想法，来自于戏剧化的城市增长的消极经验，与来自于地方法规之下住宅运动的积极方面一样多。19世纪后期的城市绿化及其重要的新气象——公园和花园，被霍华德用一种社会化的乌托邦扭曲形式得到了扩展和详述（这种社会乌托邦的扭曲形式又一次唤起了伊甸园的观念）。格雷（Grey，1983）很好地总结了花园城市的概念：

> 花园城市……将结合城镇和乡村的所有好处，去其所有糟粕。它们可以有现代的工业和住宅，为现代城镇或城市提供安全就业和所有服务，而且还能享受乡村背景的健康氛围。建筑区将包含相当比例的公园和绿地；所有的房子都有花园，在一小段林地和开阔地之内。这种环境里，结核病、斑疹伤寒症和其他地方流行病，在大城市容易引起瘟疫的境况可以被根除。城镇居民第一次可以加入一些健康的追求：园艺、运动和乡村漫步。与此同时，花园城市将会有足够的规模提供所有形式的司空见惯的城市娱乐活动。（Grey，1983：20）

相当多的人期望有自己的花园，一种观点没有被正在萌发的园艺出版物所忽视："随着现代建筑进程的推进，有越来越多的迹象表明，差不多每一个家庭都想要自己的花园，也很高兴地注意到，老式的后院，也就是为了洗衣晒衣准备的、寸草不生的经过铺垫的空间，已经从这一世纪的新城镇中消失了（James，1940：Ⅸ～Ⅹ）。"

霍华德的花园城市在一定程度上是乌托邦式的，因为它们规划为各个单独的居住区创造出一种社区和共同体——这是一种还从来没有真正实施过的抱负。部分原因是需要大量的资金来建造，但只有当地或中央政府才有办法去执行。霍华德的成功得到了英国大批热爱他理论的人的支持，这批人成立了"花园城市和城镇规划协会"，随之建了两个示范城市，1914 年前的莱奇沃思（Letchworth）和 20 世纪 20 年代的韦林（Welwyn）。花园城市的概念还跨过了大西洋：

> 在美国，一个建筑家团体，尤其是克拉伦斯·斯坦因（Clarence Stein），普及了霍华德的方法。与地方机构和开发商协作，他们在全国建了好几个地方，包括加登城（Garden City）、纽约、曼哈顿郊外和加利福尼亚的鲍德温山（Baldwin Hills），坐落在洛杉矶。1928 年，埃比尼泽·霍华德见证了纽约社区的开幕。(Gottdiener，1994：302)

戈特迪纳（Gottdiener）认为，霍华德与勒·柯布西耶和弗兰克·劳埃德·怀特（Frank Lloyd Wright）一起，形成了 20 世纪新的城市环境的概念，尽管北美受霍华德影响的例子既缺少乌托邦也缺少工业竞争，但他的理念仍然被开发商在大型的郊区住宅项目中运用（Gottdiener，1994：303）。霍华德概念的永恒遗产，而且与今日密切相关的遗产，是人类与自然的融合，而不是人类通过合理规划臻于完善——事实上却是使人类脱离自然，它变成了一种文化上的馈赠，一种理所当然的现象，以致现在已经很难找到它特殊的文化原因了。

在当代英国，从二战后期直到 20 世纪 80 年代同样如此。但也许不足为奇的是，英国政府运用霍华德的原理建造了数百个花园城市项目。通过1946年各党派对“新城法案（New Towns Act）”的一致支持，花园城市理念成了战后重建的基石。这些城镇被专门规划出来，以减少大都市中心的压力，伦敦尤其被这类城镇所环绕。到20世纪70年代，当批评开始出现时，标志性的花园城市如米尔顿凯恩斯成了反面教材被弃之不顾了：它们被冠以诸多告别词——城市规划盲目、如混凝土一般的丛林、是失根的郊区和失范的小镇。芬尼根（Finnegan，1998）使用城市的叙事性方法探讨了这种矛盾，梳理出其多元故事的叙述惯例和文化内涵。在此过程中，他采取了一种我们不常见的角度，不仅关注霍华德在“发展合作”中热情洋溢的理想主义，也关注那些居住者离开伦敦成为新城镇的新移民的几次潮流。他们的故事提供了城市花园概念持久性的一种重要检验标准，而且走到了这样的地步：花园和花园城市作为人类—自然的结合体，在英国具有持久的美学价值。在芬尼根的描述里，它是相当明显的。

遗失的天堂？来自米尔顿凯恩斯的传说

伦敦白金汉郡北面的延伸小镇米尔顿凯恩斯的规划项目开始于1967年，1992年完成了大部分。居民和雇员加起来超过15万人，它是英国迄今为止进行的城市开发的最大项目。为纪念米尔顿凯恩斯25周年，《泰晤士报》（*The Times*）给这个项目冠之以“遗失的天堂”。从读者们的舆论感觉到这是一个失败的项目——读者们所得出的批评，要么如约翰·奥斯本（John Osborne）所称的，米尔顿凯恩斯是“正好扔在英国中部的闪闪发光的嚼过的口香糖”，要么如戴夫·里默（Dave Rimmer）所描绘的，是“令人难以忍受的新和令人沮丧的荒凉”——《泰晤士报》总结道：

> 米尔顿凯恩斯是一代英国规划师最后绝望的一掷，这一代规

划师讨厌传统的英国城镇和城市，拥有政治权力和公共资金，并随心所欲地塑造环境。（1992 年 1 月 24 日）

这样的观点很难和开发者们对上号，开发者们 1990 年的新闻简报将米尔顿凯恩斯描绘为一个迷人的城市：

坐落在起伏的伦敦白金汉郡北面的原野，有两条河流护佑，还有一条运河、多条小溪和很多小村庄，古老的道路网络和有沧桑感的公路把它们连在了一起，在“划定区域”所提供的丰富基础上建设的城市，人们会以愉快的心情来回应它。（Finnegan，1998：29）

表面上，米尔顿凯恩斯听上去像是在英国文化中影响深远的田园美学和城市有必要解决难以解决的拥挤之间的妥协。此外，在城市和乡村、人类和自然的融合上，它比霍华德走得更远：“米尔顿凯恩斯是一个低密度的城市，比较分散，而不是呈放射状的，像都市里的村庄，而不是村庄包围都市。”（Finnegan，1998：39）就如芬尼根解读它的叙事传说一样，相当明显，米尔顿凯恩斯成了玩笑和批判的话头，不是因为它是一个生活的恐怖之地——哪位评论家生活在那里？——而是因为规划和现代建筑的理念在严肃报刊产生了放言无忌、广有影响的批评的循环。米尔顿凯恩斯只不过是发泄他们怒气的最后的也是最大的项目。20 世纪 70 年代中期到 20 世纪 80 年代早期，反现代主义者对所有中世纪的和古老的事物都充满了怀旧之情：手工代替了设计；自然染织的衣物取代了高科技的时装，甚至用木制猎装车的风格生产出了称为“迷你乡下人”的迷你小汽车。在将主宰 20 世纪 80 年代和 90 年代的英国建筑界的后现代新传统风格诞生之前，米尔顿凯恩斯成了被喧嚣的流言嘲讽的对象：它是循规蹈矩的，但令人绝望地太不时尚了。

当然，部分地，在自然美学方面，时尚正在开始发生变化。米尔顿凯恩斯的评论家们拈出“环境”，作为受到混合花园城市威胁的一种具有特权的自然。从20世纪70年代早期开始，环境作为一种有关自然的美学话语开始出现（理想地说，自然是独立于人类的）。由于被伦敦那套时髦的框架和田园精英（他们有一种传统的诉求——生活在“环境中”）所厌恶，米尔顿凯恩斯最终找到了支持者——在自己的居民中。他们在那里生活得越长，他们越根植在那里，那些树木花草长得越来越茂盛，他们就变得越来越喜欢那里。面对全国上下批评家接二连三的批评，当地居民的反驳也同样酣畅淋漓。有这样一些观点，“远离了没有灵魂的混凝土，米尔顿凯恩斯现在是一个著名的‘绿’城……当地关于米尔顿凯恩斯风光的描写，庆祝他们野生动物般的生活，阳光、天空、种种奇异的景色，都显示了这里的美丽”(Finnegan，1998：50)。但是当地的文人们是怎么表达他们观点的呢？芬尼根感到相当惊讶，那些受访者强调关于米尔顿凯恩斯的自然美学，而实际上，这正是他们的解释里两个主要理论中的一个。米尔顿凯恩斯是作为一个“绿色城市”“融入自然”出现的，而不是反城市的(1998：164)。芬尼根为了这个结论整理了一连串的资料。典型的是，采访者为这个混合城市大吃一惊，并且为之欣喜。

到1986年，米尔顿凯恩斯激发了一个浪漫主义诗人的创作灵感，当地的诗人安妮塔·帕克伍德（Anita Packwood）把这种混合性定义为一个美学概念。诗里提到“点”（the point），读者可能会想到是灯塔或者是一个高角，但芬尼根告诉我们是一个多屏幕电影院和夜总会。以一种真正混合的风格，帕克伍德使“无数的水仙花，在轻柔的晚风中摇曳”与人类的一个新夜总会并置在一起。(1998：163)

这首诗很单纯，但还是很感人。人们可以直接联想到在一个薄暮天空的背景下，作者对熟悉的建筑和植物的欣喜之情。甚至可以领悟这样一种甜美的、微小的风景是如何透过天空和星辰，渲染了这块土地，以及它所蕴含的季节和时序。它借用了一种乡村田园的风格描述一个新的有规划的城市，就是为了形成一个观点，推测起来，任何建筑的设计和植物的布置都能带来美学上的愉悦，而且，重要的是，所有的田园风景都是“人”为的。有人怀疑“点”是很丑的建筑，有点像奥斯本所说的那种嚼过的口香糖，但是这种看法又有多少可靠性和必然性？这种评价在接近性、熟悉度和经验上有多少偶然性？如J. B. 杰克逊（J. B. Jackson）、海德格尔（Heidegger）和英戈尔德（Ingold）所讨论的，风景化的自然是一种文化的人工产物，整体上卷入了它的设计和生成之中，而不是与其设计和生成截然对立。

在后面的章节里（第六章“生态城市”）我会有一个论证，诸如原始、维多利亚时代和当代的一类情感，为环保主义的议题和生命政治学提供了坚固的基础和一个家园，重塑了作为一种特殊的惯习的城市本质。可能对局外人来说，这一和特定城市有关的诗和诗论，不总是能恰到好处；我们发现它难以中止我们的怀疑；我们既不能形成一种事后之见——这种事后得知也许可以给像米尔顿凯恩斯这样的地方一点年代感和遗迹感；也不能以魔法召唤出必要的亲近感，进而创造出玫瑰色的家一般的形象。我们不能与那里的居民们对立，他们自一开始就住在那里，有着长久的居住体验或者习惯和期待。我们没能将米尔顿凯恩斯的这一面视为自然，它多年来一直是一个一般的“新”城或风景上的一个备受指责的“污点”；但在一个相当短的时期之后，它的居民们创造了一种可以得到欣赏的自然，他们观察它在成长，看鸟儿们在其中筑巢，在其中啄花，他们也让自己的孩子观察花的蓓蕾一尘不染。

这首诗非常有用，指出了要抓住现代的“普通”小城的意义和美，或要进入普通的城市生活的美学世界，困难重重。仅在百年以前，人们普通的环境和生活方式直接倾向于一种浪漫的方式，而尽管普通房子、花园和围绕小区的环境还有待一代诗人和作家美化，但我们不能因此推论其居民保持着美学上的中立，并且岿然不动。幸运的是，所有的证据都恰好相反：在后院和花园这样微型的自然景观里，人们创造了一种背景，这种背景对拥有一种美好的城市生活意味着什么极其重要。

第五章　功能失调的城市？

我们对城市和城市生活的看法最有趣的转变之一，出现在20世纪70年代和80年代初期之间，其时，对找到产生迄今为止更好的城市对策的乐观主义和信心，让位于焦虑和悲观主义；新的想法是，许多（如果不是所有）城市都变得功能失调、不可持续而且内在问题丛生。功能失调的城市，带着维多利亚时代基础设施的腐烂破败气息，散乱的郊区，难以出租的住宅，警察难于管理的房地产和邻里街区，流氓成群，街上充斥着吸毒的人，市民畏缩地生活在设有门禁的社区后面，构成了现代化规划崩溃的普遍象征（参见 Atkinson and Helms, 2007）。作为一种人类的科学技术，其宗旨就是防卫，当代城市是最近的显著的被攻击目标，对无法确定的敌人（人类的和非人类的）来说，城市引人注目地脆弱不堪，敌人渗透城市防卫的能力实际上依赖的是同样的自由与机动，这种自由与机动是城市财富创造和适应优势的前提。作为一种建立在接近性、易于联络而且功能互相依赖基础之上的社会形态，当代城市在自身的规模上得到了扩展，与此同时，地面因依赖自移动的陷入堵塞的系统而走向停滞不前。同样的，现代城市作为反抗掠夺自然的志得意满的人文主义的大本营，一个安全有效的风险管理之地，也成了人类环境功能失调最有力的象征之一。不仅它的居民处于来自自然的“风险”之中（已经破坏了那些无形的、没有规则的防御），而且以一种超级浓缩的形式经历了风险社会的所有危机：污染空前绝后，有毒的资源成千上万，对细菌的杀伤和化学恐怖主义毫无抵抗能力，医院和防疫机构受到新型传染病的烦忧，这些传染病在受到管控的现代建筑里找到了良好的、可供生长的环境（如超级病毒、金色葡萄球菌和军团病等等）。而且，这些风险因素非常明显地和成功的城市所在地的优势联系在一起，它们被多变的气候条件扩大了，管制了（洪水、野火、地震、海啸，美国的火灾和澳大利亚的丛林大火等，更多的细节见第九章，并参见 Nigel Clark，2000）。

现在，为现代城市构想新蓝图的那些人的信心，在 20 世纪 70 年代之前“城市应当”如何一类的看法，似乎是一场令人激动、危险重重的欺骗，但同样的，如此快地放弃和批评这种规划也是令人困惑的。在更仔细地观察它们所创造的城市环境是如何变得“功能失调”之前，更重要的是去理解他们信心的社会基础以及产生这类严酷变化的机会。只有通过理解他们都市传奇的社会学的特殊件，我们才能完整地理解为什么他们似乎已经失败，他们是如何失败的，他们是什么时候失败的。

对于弄清如何为现代城市设计蓝图及其终结的情况，齐格蒙特·鲍曼已经提供了有价值的方式。从 19 世纪中期直到 20 世纪前半叶，崛起的现代国家受到了一群被鲍曼（1992）称为“立法者”的思想鼓动者和动摇者的控制。他们正在协商一种文化意识形态的相对新颖的形式，这种文化意识形态形成于新的条件之下，这些条件首先流行于绝对主义的国家，然后更引人注目地流行于 18、19 世纪出现的现代民族国家。在这些条件之下，统领高级文化的知识阶层获得了大量的权力和影响，以及对他们作为社会变化和改良的领导者角色的巨大信心。正如鲍曼所说：

隐喻地说，这种权威——这种世界愿景所确立的知识人——可以描述为“立法的”。这一权威涉及有权发号施令，社会界应予以执行；而且按照其产生的正当方法所保证的更好的判断、更高级的知识来说，它是合法的。由于社会及其他成员有需要（例如，可塑的，然而迄今为止，依然在以一种错误的方法加以塑造），知识人新的立法权威确立了自身的必要性权利。（Bauman，1992：11）

历史上从未有过这样自信的新的立法者阶层，不受约束地创造新条件，也摧毁旧条件，其热情通过成员们的*共和国的意志或社团的思想*被展示出来，其中包括城市空想主义者奥斯曼、勒·柯布西耶和埃比尼泽·霍华德，这种热情今天看来都有点粗鲁和自大了。

我们习惯性地认为文化必然是*相对的*，但文化的形式提示立法者不是这样的；它是绝对的，完美的。找到一种完美的文化形式，因此成了这个阶层的人势在必行、义不容辞的责任；这是对他们能力的一次考验：

知识分子的文化意识形态对社会组织和个人行为的普遍约束规则释放出好战、不妥协而且自负的声明。它不仅表达出对时间富有活力的管理激情，同时也对预期的社会变化方向作出不容怀疑的回应。的确，被认为是变化障碍而因此被谴责为破坏的生活形式，被相对化了；然而，被呼唤取代它们的生活形式，被视为是普适的，铭刻于作为一个整体的人类物种的本质和命运之上。（Bauman，1992：21）

只有现在，我们才可能考虑到建筑学家勒·柯布西耶在20世纪20年代无畏的自信，他和他同样的人所赢得的尊敬：

今天的城市（1922）已经没有了活力，因为它不是几何学的。我们户外的建筑可能会取代现在这些无规划的安排，现在所有的都应该被统一规划。除非我们做到这一点没有任何益处……真正几何学规划的结果是重复……重复的结果是一种标准的、完美的形式……（Le Corbusier，*The City of Tomorrow and Its Planning*，1929；引自 Bridge and Watson，2002：25；强调部分是作者原文）

20世纪30年代，在一个更小的规模上，当建筑师们处于形式服从需要（或功能）的咒语之下时，“有一种信仰，如果不信仰完美，那么至少信仰完美的可能性”（Glendinning and Muthesius，1994：308）。在涉及现代的平面设计时，建筑师约克（Yorke）和吉伯德（Gibberd）写道：“如果现代建筑技术本身足够的话，一个完美的家园是可以建成的（1938：8）。”格兰丁尼（Glendinning）和穆特休斯（Muthesius）提醒我们，1944年，一个“科学上正确”的小平房在泰特展览馆（Tate Gallery）之外安装并展出（1994：308）。对当代那些善变的、需求个性化的消费者来说，这一切都不是灵活的造型形式，但却是对能满足人类普遍的、大规模需要的通用标准的探索。

但是，设计师和建筑师们并不孤单。在20世纪50年代的论述中，社会学家唐纳德·鲍格（Donald Bogue）仍然自信社会科学家有能力实现一个合理的、社会秩序井然的城市：

城市环境是一系列社会问题的一个背景，比如犯罪或者少年违法和敌对的种族关系……当前的物质结构将形成2050年城市的一小部分。对这种建设和重建以及建立在科学研究基础上的长期社会工作的规划，应该能够降低当前城市环境的不足。更新后的对城市社区的社会研究，从一个客观的视角看，使用代表性的数据样本和现代的研究技术，应该可以生产出社会工程学家所需要

的用以处理社会问题的许多知识，按这里的性质来说，这里的社会问题大部分是城市问题。(Bogue，1955：101)

尽管规划者们从没有取得更根深蒂固的知识界的合法性，但他们作为“改革专家”的崛起，对城市最终采用的形式有着深远的影响，并且他们还开始想要更多的普遍的应用。所以，1951年美国的“国家资源会员会”赞成为规划师争取更大的权力和更广泛的影响也就不足为奇了：

通常，为了实施与城市社区发展相关的各种事物的管辖权，当地规划机构需要更强大和更广泛的权威，而这些地方，县和地区的规划机构还不存在，不仅在城市界线之内，而且在整个地区，现在都城市化了，或者即将城市化。如此众多的地区要支撑起城市社区自身关系的合理发展。(引自 Hatt 和 Reiss，1957)

《城市生活模式》（*Patterns of Urban Life*，1970）一书中，雷伊·帕尔（Ray Pahl）所持的观点是，像刘易斯·芒福德和“国家资源委员会”这样的人和机构，发现他们自己在影响1945年以后城市发展的方式上处于一个强有力的位置，他们常常将自己坚决支持的理论建立在极为靠不住的证据之上。在这个时期，正如帕尔所说的，“好的生活被直接和物质环境联系在一起”（1970：118）。在涉及雷德朋（Radburn）的人车分流运动时，芒福德认为，新创的走道促进了社会互动，“沿着一条突起的绿化带形成了小镇的核心，通过其构成，增进了面对面熟悉的机会”。帕尔正确地指出，这种方式和其他社会效果（政治凝聚力、“邻里关系”的构成、社区的混合、共同体的认同）“是声称的而不是已经被证明的”（1970：106，119），他还点出了他所称的“建筑决定论”的谬误。1950年费斯廷格、沙赫特和拜克（Festinger，Schachter and Back）有影响力的研究对此进行了高度的概括。

他们写到：

> 建一座房子或做一个平面设计的建筑师，他决定哪里是否有条路、房子的朝向如何、住房的密度怎样，在很大程度上，他们是在决定生活在这些房子里的人们的社会生活模式。（引自 Pahl，1970：105）①

这种观念的大范围运用，在帕尔看来无非是“对时尚的迷恋”（1970：118）。有一种无可争辩的时尚美学，其典型特征是在城市中实施现代设计，这种现代设计削弱了那种声称需要专门知识的自我宣称。作为 20 世纪 70 年代早期抛弃英国城市现代设计的原因的一个前奏，格兰丁尼和穆特休斯提出，一个核心问题是时尚和实验的表象，而不是传递由科学来保证的对生活空间的置换：“假如建筑家的研究和喜好存在一种基本的、简单的特征，那么，事实就是保持变化，快速而极端的变化。”（1994：123）糟糕的是，通过对知识的主张和偏好，建筑师和城镇规划师们在社会科学研究应该适当地给城市设计和建筑以启示上短路了。实际上，在这段时期，社会学家不仅没有与规划师和建筑家上进行常规协作，而且他们还互相驳斥彼此对专业知识的自我声称。在他们中间，没有创造出“立法者”的信心，而是恰恰相反，开发了从头培育“民意”制造者的可能性——如爱丽丝·科尔曼（Alice Coleman）、克里斯托弗·布鲁克（Christopher Brooker）和奥斯卡·纽曼（Oscar Newman），使现代城市规划发生了动摇。对社会学家雷伊·帕尔来说，这一切都是清楚的，例如，为了策划“传统的”乡村

① 有趣的是，尽管帕尔批评建筑决定论，他书中的“一个实际建议”却涉及棚式建筑对本地承租人根据不同群体的生活和需要非正式地使用和变动所带来的好处。他说，提供“一些额外的社区空间”“十分有利于”聚集在一起的 8 至 12 户家庭（引自 Pahl，1970：119～120）。尽管对这种好处的不可避免更为谨慎，帕尔的建议还是受制于那个时代的论争。

式的社会团结，接受和偏爱乡村式的结构，便是以信仰和黄金时代的幻想为基础的。这样一种信仰尤为真实：缩小民众之间的物理距离（比如不同阶级之间的物理距离），会在社会差距之上将人们聚在一起。早在1948年，鲁思·格拉斯（Ruth Glass）便告诫过这种差距的缩小：

> 不太明白为什么在城市社区中复兴乡村生活应当被认为是如此令人兴奋和如此进步，也不清楚如何达到复兴……仅仅缩短不同社会群体之间的物理距离很难将他们凝聚在一起，除非与此同时，缩短他们之间的社会差距。（Glass，1948：18，190；引自Pahl，1970：119）

对帕尔来说，城市规划和城市建设开始变得功能失调了，因为，按照格拉斯猜测，20世纪50年代的研究证据开始成为反驳建筑决定论/理论的关键要素。库珀（Kuper，1953）发现，缩小社会差距可能会像增加社会团结一样增加社会敌对；米切尔（Mitchel，1954）未能找到家庭的物理定位和发展友好关系之间存在任何联系；而对曼恩（Mann，1965）来说，试图辨明并策划一种合适的物理街区的邻里实体，不如思考社会关系本身来得重要（Pahl，1970：119）。

忽略这些讨论和争吵，还有本应当成为跨学科间合作的运用，这里面出现的关键问题是立法者自身的信心危机。他们已经获得更大范围和程度的机会去证明自己主张的真实性，甚至斤斤计较的议会还对他们的原初规划做出严重的退让。越来越清楚的是，他们介入的理论基础还相当缺乏，尤其是实现它的方法还相当缺乏。正如鲍曼所提出的，遵循正确的方法论，对立法者的卓越知识的合法性和证明至关重要。如果对这种知识的信心出现危机，他们占据优势和握有霸权的日子也就屈指可数了。帕尔的《城市生活模式》出版于1970年，但它最早暗示了不断出现的对现代城市蓝图的批评和不满；暗示了从一开始它是如何变得功能失调并出现立法危机的。当然，城市功能失调的现实远不止于此，正如我们将要看到的，当创造出进一步调研、怀疑和焦虑的可能性时，它可能会认可这样一种裂痕。

社区研究

在研究小规模面对面社区的社会结构和社会关系上非常有效的社会人类学学科，已成为一种主要方法，采用这种方法，那些忧心到现代城市动荡本质的人试图解决这些争端。通常，正如杨（Young）和威尔莫特（Willmott，1957 年）对工人阶级从“传统的”内城邻里街区到新建的外城现代小区转移的经典研究一样，使用了综合方法，其中包括大量的社会观察。的确，约 16 年以后，杨和威尔莫特使用同样方法研究伦敦更普遍的家庭和社区生活所受到的影响。

与广有影响的建筑学家爱丽丝和彼得·史密森（Peter Smithson）的观点完全不同（见 Glendinning and Muthesius，1994：122，对他们的领域及其有影响的追随者的讨论），杨和威尔莫特认为社区不再是城市规划和城市生活中一个被人热爱、切实可行并且有价值的对象了。这些研究准确地表明，在很多情况下，城市更新和现代化的出发点，是丰富多彩、紧密联系的社区，在社区之中，工作、休闲和亲属关系重重叠叠，提供了有价值的社会支持、合作、生活机会，也许最重要的是，提供了归属感和价值感。甚至在不那么传统的城镇，像英国的达格南（Dagenham）汽车城，新的社区结构从其居民的文化库存中产生的速度，也是令人吃惊的。（Willmott，1963）

在美国，社会学家和人类学家在主要大都市（例如洛杉矶）以及工业城市得出了一致的结论（Berger，1960；Keller，1968；Seeley et al.，1956）。另外，有关郊区的议题也被证明稍有夸张。作为设计的众多社会因素的结果（死胡同、游玩场所、社区基础设施等等），许多的确变成了村庄式的，甚至在新城米尔顿凯恩斯居民的心中，变成了田园村庄和城市邻里街区之间一个令人愉悦的交叉地带。（Finnegan，

1998)。

还有一些其他研究描绘了现代城市的各种新情感——从产生于前所未有的丰富性和流动性的全新的、充满活力的青春文化（见Cohen，2002），到更贫困的人、较少流动性的老人的孤独、排外情绪（见Townsend，1973）。事实上，对城市里社会隔绝的第一次认真研究便出现于社区研究文献之中，该项研究确立了有必要在社会关怀上进行更进一步的国家干预，并需要社区发展工作（Seabrooke，1973；Sheldon，1948；Tunstall，1963；Weiss，1973）。

但这些社会学家远不只为过度草率的政策倡议和变化提供一种实证性的矫正。他们还创造了一个空间，可以暂时停下脚步，思考一个属于人类历史的所谓“启蒙”之路的变化进程——在这一进程中，“个人”将摆脱传统的约束并发挥他们真正的潜力。尽管他们与政治上的左派有明显的隶属关系，这些社会学家们还是采用了社会学在过去经常扮演的反启蒙角色。他们指出，在有序的现代化社会里，现代性不必是去传统化（de-traditionalise）的城市文化；传统实际上给许多人提供了他们在新环境中所需要给他们以帮助的东西，而许多所谓传统文化（比如美国和英国的工人阶级文化）实际上也适应了变化本身（如果不是以变化为基础的话）。

尽管如此，正如这些研究中的一些所指出的，城市的事物从来不可能只留给机会和传统。城市是机构、文化和邻里能够推陈出新和一头扎进未知领地的地方。许多人仍然经常从新的、隐秘的危险中感受到现代城市的一种不祥预感。

功能失调的现代城市

城市功能失调可以在全世界几乎所有1945年后扩张起来的城市中看到，特别是那些大规模的中心城市和区域中心。所谓功能失调相当于：首先，用以建设和管理中心城市地区更大的人口密度的方法（尤其在那些与对低收入邻里街区的住房和日常空间进行现代化的地区）；其次，更自由放任的策略，允许郊区为那些更流动、富裕、有自己住房的中产阶级不加约束地增长。这两个策略建立在前期成功的经验之上，在这种前期经验中，正如我们已经看到的，其建筑和规划形式本身被称赞为长期的解决方案。科布森式（Corbusian）空中城市的发展从空中看起来至少可能比较富丽奢华，令人兴奋，对从美国各州首府的富有精英到英国工业城市居住于贫民区的穷人，都是如此。

图 5.1　伦敦汉普斯特德的 Erno Goldfinger 房子。(photo Adrian Franklin)

公平地说，高度成功的花园郊区，建筑家的家园（如伦敦汉普斯特德的 Erno Goldfinger），似乎是一种完美合理的观念，这种观念扩展到了技术工人或中产阶层职员——技术工人想离开拥挤的中心城区，寻找一个模范的工业村，而中产阶级职员则在寻求创造出乡村中的绿树成荫的通勤社区（commuter-communities）。

空中城市

空中城市和乡村城市在很多案例里都变得非常糟糕，尽管原因多种多样。一个在城市的正中心造成了一种社会不适和不安感，而另一个则损害了它试图融入的环境。20 世纪 70 年代及以后，现代城市吸引来了一个更高声、更喧嚣的批评家“乐队”。

图 5.2 霍格劳 66 号，伦敦汉普斯特德（1938），由 Connell，Ward and Lucas 设计。(photo Adrian Franklin)

> 我们已经看到我们这个时代的巨大幻想从少数几个空想家的脑袋里萌芽，为千百万人造了一个人间地狱。现在，都结束了，留给我们的是萎靡、颓败、形象丑陋不堪的城市遗迹。（Christopher Booker，*Spectator*，1977 年 4 月 2 日）

> 记住这些没有条理的东西——拥挤不堪的街道，拥塞到令人

窒息，被快车道开膛破肚的邻里街区，像打碎了的玩具房子，塔楼设计的比例超出了人类所有的尺度和感觉，水泥和沥青路的荒原，那些文化艺术破坏者们砍掉树木和重新种树的速度一样快，“开放的空间”异常空虚，到处是漂浮的垃圾，一多半的等待拆除的地方街区充斥着污秽、疲惫以及悲惨人类的陈年遗物，依恋着它们曾经可居住的家园留下来的东西。这不是完整的画面，但却是它的一部分，而且它肯定可以给人留下一种令人恐怖的惊奇：这样富裕的社会竟留给自己如此多的败坏和腐朽的印记。（Ward，1976：52）

当奥斯曼设计的新巴黎中心成为资产阶级的大本营和国家的展示品时，很多其他城市的中心保留了它们的港口和工业功能，还有它们的劳动人口和文化。它们对移民的吸引力，意味着除了自身技能较低的穷人之外，大城市还有着大的移民社区，这些移民试图在社会流动的阶梯上得到立足之地。到二战末期，现代城市不仅面临许多地区的重建，而且面临住房危机：绝对的住房短缺和大面积的不达标的贫民窟。这样的危机成为主要的政治问题，在英国很快进入了议事日程。每一个人，包括 1945 年以后英国住房危机的立法者，开始相信这种贫民窟和破败不堪的维多利亚式露台的肮脏、下流、不健康的环境要为居住者的环境、文化和行为不端负责。如果这些居民极度渴望被重新安置住处，从过度拥挤、污秽不堪而且缺少道德感的贫民窟搬走，给他们时髦的、新的住处，有全套的现代化生活设备，那么他们就可能被改造成理想的市民，被完全接纳到现代城市生活的怀抱。一组组塔式大楼或作为综合开发计划的一部分，可能将它们快速、有效、体面地交付给有意愿的城市。

1945 到 1969 年间，整个英国有 400 万公共建筑和私有住房被建造起来，大约有 60%的新住房以景观为主，特别是市中心，有那么多政府再开发和贫民窟拆除计划的课题。在这一时期，没有任何一个东欧国家建有这样高比例的新房屋。尽管只有40%左右的新住房是在成栋的公寓之内（它们通常是具有其他形式的大型开发的一部分，尤其是联排和半独立别墅），但将它们与居民分离开来的，正是这些开发中占主导地位的地方。

奥古斯汀的“上帝之城”是一个乌托邦的城市，意在重新确定城市的罪人，使他们回到展现自己精神的一面，回到富有创造性的才能和道德价值上来。与“上帝之城”不同，在柯布西耶、戈德斯（Geddes）和芒福德所预见到的城市中，关键的实施者及其性能本身是技术上的：“答案要在技术中找，它们为技术熔铸了一种准进化论的词汇，……‘生态技术’（ecotechnic），‘古老技术’（paleotechnic），‘新技术’（neotechnic）。个人的爱好和动机已经使城市落败，所以他们求助于自产的科学、社会学和官僚主义的管理大杂烩。”（Raban，1974：16）20世纪70年代末，除了极少数，几乎所有的超高层计划，都被判定为一场灾难。楼宇、建筑和这个大杂烩的所有其他组成部分都得为失败负责。拉班（Raban）正确地将英国的实验描述为一种自制的杂烩，是一系列事物的集合体，物质的、社会的、官僚体制的、理论的、空间的，因为从格兰丁尼和穆特休斯对高楼大厦表示歉意的哀伤的语调中得知，在别的地方，建筑学本身能够很好地运转。但它之所以失败，不是因为它是一种独断专行的大杂烩。它之所以失败，是因为它最终对它计划加以帮助的城市人没有同情之心；看上去像英雄的、集体主义社会成员的愿景，实际上则要求他们，城市必须移动、变化、改善。这些计划证明了对城市杂乱状态的反感，这种反感可能总是想抛弃贫困和过渡地区，这些计划证明对城市的特征——自由地允许和鼓励大范围的行为和文化差异也是反感的。

按照拉班的观点，我们误读了立法者的动机：“正像如此经常地在现代主义的宣言中所看到的，乍一看，像是一种勇往直前的精力充沛的要摆脱老的思想习惯的奴役，显示自己是一种尖锐的新教徒式的反击。”（1974：20）拉班认为，许多乌托邦式的新城市都受到了拒绝和绝望的驱使。康帕内拉（Campanella）17世纪的乌托邦《太阳城》（*Civitas Solis*，*Sun City*）也以建筑开头："《太阳城》和柯布西耶的'光辉城市'（Radiant City）——其实是一个地方——都是表达一种忧虑、厌恶和绝望，我们不应当听信这样一种假设——乌托邦通常是乐观主义者的作品——更多的时候，它们是毫不掩饰的愤怒和绝望的呼喊。"（1974：22）

图5.3　高点Ⅰ，伦敦海格特，由Berthold Luberkin于1935年设计。(photo Adrian Franklin)

传统城市最根本的多样性和混合性被这样的计划净化了；坚持标准和标准化的生活，既是推进不宽容，也是推进平等。城市生活的许多其他方面从新的生活空间中被净化出去了：街道（其社会生活、生活循环和监视中的作用是深刻的），酒馆（另一个同样深刻的网络），封闭的亲属网络，花园，与宠物甚至自家后园畜牧生产的关系，邻近繁忙的市场，通信网络，商场和城市制度，等等。拆除这些地区是一种违背，重建新计划是另一种违背。它付出了多少物质利益，就排斥和摧毁了多少文化、传统和城市生活。新的生活世界对所有的意图和目的来说都是它所取代的东西的文化对立面，这证实了它潜在的反击。在这些城市空间里，留给人们表现、创造、娱乐、仪式性地改变的空间微乎其微。它们的表演已经事先决定；这里生活不是完成的而是预先形成的设定。更像生活的具体结构。

在法国的莱日和佩萨克

这一进程准确地说发生在靠近波尔多（Bordeaux）的莱日（Lege）和佩萨克（ Pessac），其时，一位工厂老板亨利·福胡让（Henry Fruges）委托年轻的尚未广为人知的勒·柯布西耶为他的手工工人建一个综合居住区。在审查他为这些工人的住处所做的设计时，他反对那些伤感的传统主义（他称之为“民俗军团”），控诉法国对现代化世界的抵抗。柯布西耶建了一些简单混凝土盒子，有长长的、平平的、无装饰的墙，长方形的窗户，平顶，直线形的露台。它们是现代主义的光辉呈现，并且如阿兰·德波顿（Alain de Botton）所注意到的，它在美学上表达了建筑学家对工业和技术的崇拜，他对城市和城市生活本身的看法，在其相似性中，他将这些化为了现实。而且，没有为个人在生产线上的操作留下任何空间，或者，与之相对应，没有为在一个践行性的家庭世界中的表达留下任何空间。离工人阶级所喜欢的建筑是如此之远，建筑家明确地拒绝了工人的文化、工人的品味和工人的生活方式，并试图用自己的建筑去改变工人。现代主义运动中的建筑家“想要他们的房子说话。不仅诉说19世纪，或诉说特权和贵族生活，或诉说中世纪和古罗马。他们希望他们的房子诉说未来，用它的速度和技术、民主和科学的承诺”（de Botton，2006：62）。德波顿震惊于勒·柯布西耶的狂妄与自大，但事实是，在20世纪20年代，建筑学家明显是鲍曼立法者一词意义上的立法者，是行使权力的专家。在莱日和佩萨克工人住宅的个案中，占支配地位的是工厂老板而不是工人。工人们完全不能分享同一个梦想。

> 但这些新的房客对美有着完全不同的理解。这种理解既不能用传统和奢华来填充，也不能用他们已经厌倦了的地方风格或老建筑的精雕细刻来满足。在混凝土机库里，他们穿上统一的蓝色工装裤，整天为糖果商装备松木包装盒。工作时间很长，假期很少。很多人被迫从边远村庄来到福胡让先生的工厂上班，他们非常想念从前的家园和土地。在工厂变化的尽头，他们将来能够回忆起的现代工业的活力，并不是一种迫切的心理上的优势。（de Botton，2006：164）

随着时间的流逝，房客们唯一的求助途径是一条危险的毁灭之路——一条如此经常地被称为破坏性拆迁、怠工、污损或涂鸦的道路。他们使勒·柯布西耶的杰作软化和传统化了。他们加上一个斜屋顶，用瓷砖来改变屋顶平台的直线条。他们给窗户安上百叶窗，给花园周围围上木栅栏，以营造出乡村生活氛围，他们在花园里安放上小矮人和喷泉以破坏单调的形式。遗憾的是，不是每个人都能这样做，特别是当建筑和开发是大规模的并受到繁文缛节的管理时，更是如此。

净化城市的尝试经常从创造新的地方开始，典型的做法是，或者远离新居民曾经居住过的地方，或者以一种难以辨认的方式加以改变。大多数时候是一个与市区分开的空间，或者隔开一段距离，或者是在网络空闲的地方。无论它们在哪里与现有的城市连接，它们在公园而不是街道之上的特殊外观和定位将它们置于了一边，其方式与一些非日常机构——医院、收容所，监狱和警察所——通常所采用的方式一样。

英国布里斯托的哈特克里弗

布里斯托的哈特克里弗（Hartcliffe）住宅区建在城中心南边五英里，那里以前是几个农场，被地方议会动用强制购买令征用。利用中央政府对贫民窟清除计划的补贴，1951年，布里斯托市议会在道路、人行道和服务设施完成之前，经常从市中心和东部的工人阶级区迁移人口，重新安置住房。这些被重新安置的人大部分来自建于19世纪的连栋房屋，这种地方的亲属关系网络和邻里街区的关系的密度相当高(Madge Dresser，1983)。贫民窟的清除规模，利用高层建筑作为一种廉价的替代品，事实上不是对城市深思熟虑的、有计划的决定，而是中央政府补贴体系的人为结果。

作为这种开发的典型，哈特克里弗坐落在它自己的公用场地之上，便道切断了与城市其他地方的联系。尽管只有1/3的住房是高层建筑，但它们是主要景观，而且，悖谬的是，它们还相互被那些毫无感觉的大片草地隔离开来。今天，烧坏的汽车、日常家用电器的残骸形成了一种超现实风格的雕塑公园，一片混沌。设计者们总是想着在维多利亚公园风格之后，开放的空间应该鼓励混合而放松的休闲，但这不应当是带有私人区域、小径并具有鼓励人散步、约会、聚会特征的繁华的植物园。这些极简主义的、无特征的空地，只需通过创造，就可作为建筑学的范本，塔楼形成的最大的视觉冲击给了潜在的客户很深的印象。同样，从承包人和市政土地所有者的角度来看，这种开发是针对穷人的补贴房，其费用，包括维护费用都应当最小化。在这样一个被风雨剥蚀、现在裸露荒凉的山岗之地，这种开放的空间在一年中大部分时间也是压抑沉闷的。

哈特克里弗有着惨淡的记录。当地的一所高级中学已经关闭，另外两所也存在严重的问题（*Education Guardian*，2005年10月25日）；它经历了1992年的暴动，暴动持续了无比糟糕的三天，它有严重的吸毒、犯罪和反社会行为的记录。经历连年的打砸和非法闯入之后，许多商店依然关闭着。

这个地区的反常事物和它与城市的空间隔离混合在一起。一万居民只有很小规模的公共交通服务，当时，几乎没有房客能支付得起买车的费用。尽管如此，布里斯托对这些重新安置的居民的规划初衷还是很明确的，那就是让哈特克里弗自成一体。为了做到这点，最初提

图 5.4　并不真的在世界之巅：高层塔楼——布里斯托的哈特克里弗住宅区。(photo Paul Burton)

出了一个市政设施完善的小镇，但在建造过程中，钱用光了，建设仍然继续，完成时没有了市政设施。其最终结果就是大部分的配套离城市有太大的距离，以致设施不能有助于住宅区并维持其先前的社会联系，大部分有助于邻里街区社会秩序的社会机构，在这里也严重缺乏。约翰·莫蒂默（1982：90）对此做出过冷静观察："进入特许之地被无限期推迟了，带着与日俱增的烦恼，我们被告知，'正义之城'会被证明是过于昂贵、难于建造。"哈特克里弗过去是、现在也仍然是一个难以理解的而且是"无情的"方案。

有许多这类开发，房客最开始十分高兴被重新安置到一个全新的、现代的家园。几乎所有第一代房客都来自于受尊敬的工人阶级和下层中产阶级背景，都赚取城市的平均工资。事实上，这些地区的租金相对比较高，即使他们在空间上被边缘化了，被流放到了一个畸形的城市地方，也很难得出他们被社会边缘化了的结论，这是同一类故事的经典开端。格兰丁尼和穆特休斯（1994）讨论到安德鲁·鲍尔德斯通

(Andrew Balderstone) 的体验，这个从爱丁堡来的薄板金属加工工人，是他们研究塔式大楼时所听到的故事的“典型代表”。安德鲁于 1964 年搬到一栋 20 层的塔楼——约翰罗素大院：

> “在刚开始的 5 年或 20 年时间里，事事都非常美好。每个人都保持着大厦的一尘不染……你会真正为之自豪。但当他们开始搬进不同类型的房客时，问题出现了……那些来自最烂的贫民窟里的真正的粗人。”夜复一夜，楼上四层的夫妻们暴力互殴，或从夜店里酩酊大醉归来，将音乐放得震天响，从窗户往外扔东西……然后很快地就有四五个家庭像他们一样。“他们有这样一种疯狂的想法：通过将坏的东西扔到正常房客中间，你就会把他们拉到你的层次，但是，所发生的事是……他们拉低了我们。就像癌症一样。”(Glendinning and Muthesius，1994：323)

英国南安普敦的米尔布鲁克

拉班也有他的塔楼故事，这次是来自他南安普敦故乡的故事。他描述的米尔布鲁克 (Millbrook)，建于 20 世纪 50 到 60 年代，是“一个很大、很廉价的容纳近两万人的街区”。米尔布鲁克有着和约翰罗素大院一样的人类学变迁史。20 世纪 60 年代后期，拉班访谈了约 50 户居民：大多都抱怨小偷和乱涂乱画，邻里之间的善意和信任消失殆尽，取而代之的是“楼道里人们邪恶的习惯性的初期妄想症……这里，社会界正在退缩”(Raban，1974：21)。

和哈特克里弗一样，这里给人留下的印象并不是理论和现代主义的失败，更多的甚至会涉及完整实现其更开明的、社会进步的意图的失败。哈特克里弗既不是一个现代城市，也不是旧城市的扩大，而是介于两者之间，但两边的优势都没有。因为它既不是城市也不是城市的一部分，就如拉班所称的，它是反城市 (anti-city)。它没有城市生活。

我想得出的论点是，在理论家、改革家之中，实际上存在着一种对城市生活的不宽容，就城市立法者而言，也许是对一种更特殊群体的人的不宽容。理论家们希望扫除一个生活世界而代之以一种更好的生活；城市立法者们自己却无法完全使社会底层的人们完整地拥有更好的生活。

> 如果把〔米尔布鲁克〕当作小说来看，有人可能会说这个作者读过并复制了所有的时尚图书却并没有理解它们，做了一些典型的不起眼的工作，在其中，时下的杰作中所有的激情和偏见，都无意识地、毫无艺术感地得到了反映。它充满了无情的天真，是一个可怕的生活之地，只是因为，它的结果都不是真正想要的。(Raban，1974：22)

格兰丁尼和穆特休斯认为这种高楼开发的真正萎缩在20世纪60年代后期到来了，反讽的是，是在住房危机已经大部分得到解决以后。到此时，英国也可以说有点住房过剩，在等待名单上的人对他们去的地方和搬进的房屋类型变得更为挑剔。毫不意外的是，乡村别墅风格的住房远比塔式大楼受欢迎。而且，作为成功安置这么多穷人和贫民窟居民的产物，地方议会的住房丧失了它作为“新的和现代的”吸引力，反而获得了和贫困之间的联系。这不是一种错觉：与1955年或1960年相比，到1970年，地方议会住房里那些没有技术的人和“没有赚钱糊口之人的家庭”，比例相当之高。结合起来看，这两个结果损害了塔式大楼的社会生存能力，所以，想让他们成为受尊敬的工人阶级，有良好的住房记录，已经变得更为困难，所以出现了更高比例的问题家庭和个人。于是，下行的螺旋运动开始了。

最终，对当地选民来说，其中许多事情已经变成了老大难，难以管治，也很难判定，从20世纪80年代往后，塔式大楼可怕的物质和社会状况已经足以与战前贫民窟所有有记录的事情相抗衡。除了1968年的Ronan Point公寓倒塌事件，塔楼的人们还经常受到密集、潮湿问题和设备故障的折磨。到20世纪80年代，它们到了最低点，有许多被判定为破坏或“吹倒”，这种判决通常转变为一种奇观，而不是一种公共执行。[①] 根据Church and Gale 2000年的报告《空中的街道》（*Streets in the Sky*）的数据，大约有40%的塔式大楼在1980到2000年间被拆除。[②] 格兰丁尼和穆特休斯谈到“据说有数以千计的塔楼被疯狂拆除”，肯特郡的罗切斯特市“采取了完全不可思议的决定，因为纯粹审美的原因，完全拆除了多层建筑——消除高层公寓的轮廓线！”（Glendinning and Muthesius，1994：322）

撇开罗切斯特市（毕竟，罗切斯特市是下了一个赌注，以“查尔斯·狄更斯故乡”[③] 之名建了遗产旅游观光之路），来自那些支持者们的愤怒并不总是有正当理由的。很清楚，它们可以是不错的住房，很多问题被有敌意的媒体夸大了，还有很多问题可以得到补救，历史地

---

① 见Glendinning and Stefan Muthesius 1994，327. 其中包括一张进入“观景台”的媒体通行证的图片：1993年9月12日，格拉斯哥戈尔巴斯的伊丽莎白女王广场的观景台被吹倒，坠落的残骸造成一人死亡，四人以上受伤。

② 根据Chris Church and Toby Gale 2000的报告，总共建有6544栋塔楼，留下来的大约是4000栋；因此有近2544栋或者39%消失了。

③ 一个旅游信息网站用以下措辞描述了罗切斯特，丝毫没有用高层塔楼的天际线来强化其效果：

当我还是个小孩子的时候，我便带着浓厚的兴趣和好奇心偷看那些古老的角落。（狄更斯）

罗切斯特坐落在离伦敦大约50千米的地方，俯瞰着麦德威河。这是一个历史悠久的小镇，由于位居伦敦到多佛的路上，有着重要的战略地位。围绕着这个小镇走一圈，立即就会明白狄更斯为什么会如此喜欢上这个地方。这是一个活力四射、友善有加的小镇，建筑都是那种古老的、斜顶的、半木结构的房子。大多数可以追溯到18世纪，而其余的，差不多有600年的历史。一条长长的街道连同它中世纪的城墙排列在维多利亚式的路灯旁，小小的阳台外面都悬挂着花篮，各种咖啡馆和迷人的纪念品商店，都是引起游人注意的东西，还有罗切斯特大教堂和诺曼罗切斯特城堡。http：//www. itraveluk co. uk/content/162. html（链接：2007年8月12日）.

看，它们是环境的牺牲品，而与此同时，实际上，它们所带来的许多痛苦从来没有真正浮出水面，因为除非作为一个问题找到自己的表达，它们很少得到研究。

比如，拉班，他点明了城市生活里房客种族隔离的暴政。甚至当塔式大楼还被当作新事物时，它就已经是痛苦的一种新奇形式了；已经是一种利己主义论（Privatism）了，它不可能拥有一套词汇，不可能得到表达或执行，因此被安静地体验而不能被听到。当问题在一个街区开始并被极端地放大时，在缺乏罗伯特·罗伯兹（Robert Roberts）在他的《经典贫民窟》（*Classic Slum*）所描述的那种正常的社会控制时，它们就是如此——这些地方的一种罕见的文化人种学。罗伯兹借助他母亲在索尔福德（Salford）贫民窟附近的小店构成的社会中心的有利写作视角，他回忆起女性家长是“保护……我们的社区的”，严格地说，她们拥有日常的、家务以外的空间，在其中，社会秩序的工作可能会出台/实施，街角小店显然非常重要：

> 他们从早上到午夜前一小时，进进出出，小群人聚了又散，带着友好、坦率或灵敏进行着交易，追踪着这个封闭社会的点点滴滴。（Roberts，1974：42）

罗伯兹痛苦地指出了贫民窟里道德和社会的混乱，好的和坏的是如何交织在一起的，极像塔式大楼。然而，塔式大楼缺少像贫民窟女性家长那种社会活力和权威，她们监督的范围和她们集体社会控制的领域也只能令人赞叹称奇：

> 一段时间，邻里街区中的每个人的健康状况、忠诚度、行为、历史和联系，都会受到检验。每一个都会受到公开的或暗示的批评、表扬或指责，并最终通过默许在社会范围内分派一个位置。卑鄙、残忍或淫荡的邻居的越轨行为，都会被仔细考虑，都会无

意识地被定罪。其变化范围，从冷漠的怠慢到打碎犯罪当事人的窗户，或者甚至来一次公开的鞭打。(1974：42)

这些绝非少见，就像伊丽莎白·罗伯兹（Elizabeth Roberts）在她有关1890到1940年巴罗（Barrow）、兰卡斯特（Lancaster）和普勒斯顿（Preston）的工人阶级口述历史一书中所发现的。迁移到安德鲁·鲍尔德斯通的爱丁堡塔式大楼里的殴打妻子的丈夫，不会得到容忍，还有可能被其他当地人“修理”，当然，毫无疑问要征求他们妻子的意见。(Roberts，1984：194)

按照拉班的说法，罗伯特·罗伯兹贫民窟社会遭遇的密度在战后的南安普敦减少到“在市中心每周拜访父母或接受来自父母的探访”。但是，社会学家衡量社会相互作用的另一（隐晦的）方面是具有其新密度形式的新孤独经验（Franklin，2009）。据我所知，20世纪60年代到70年代，有极少数的社会学家试图洞察人们在塔式大楼处理新时代、空间和日常生活常规路线的方法。然而，很明显，拉班简单的突袭干扰了他：“待在塔式大楼公寓家里的母亲可能就像一个困在空间中的星球一样孤立无援：实际上，她所进入的社会空间差不多完全是未知的。”(Raban，1974：21)

20世纪60年代早期杨和威尔莫特论述伦敦东区的著作以及简·雅各布斯（Jane Jacobs）那本攻击现代住房设计的广有影响的书建立了一种观点：在老的城市生活体验和现代城市生活体验之间，存在着一条绝对的鸿沟（Jacobs，1961，Young and Willmott，1957）。然而，认为建筑家们试图重新创造或改善贫民窟和老的工人阶级区的城市生活的想法是错误的。记住以下一点很有指导意义：在20世纪50年代形成期工作的广有影响的建筑学家，常常处于勒·柯布西耶的咒语之下，不仅拒绝他们试图取代的建筑形式，而且反对其混乱不堪、自给自足的社会性，认为其过时落伍。明确拒绝社会学家朝后看的浪漫观点，有影响的建筑学家例如艾莉森（Alison）和彼得·史密森写到：

“平衡的概念，自足的社区，既在理论上站不住脚，也在实践上很浪费”，“在现代城市社会，不存在高于家庭层次之上的任何自然归类。”但他们相信他们的建筑可以启动新的、更流动的现代文化的新的创造性联系，他们的建筑草图常常包括说明“一系列拼贴而成的民众群体，介入强烈的（尽管未加特别说明）沟通交流”（Glendinning and Muthesius，1994：122）。

1992 年夏天，年轻人和警察之间发生了骚乱，起因是一辆被偷的警察自行车被带回充当战利品的事件。其时，哈特克里弗是一个被捣毁的住宅区和生活世界。哈特克里弗不是那个夏天的一个孤立的事件，相同的骚乱在伯恩利（Burnley）的 Stoops 和 Hargher Clough 住宅区、哈德斯菲尔德（Huddersfield）的 Bracknenhall 住宅区、索尔福德的 Ordsall 住宅区、考文垂（Coventry）的 Wood End 住宅区、斯托克顿提斯（Stockton-on-Tees）的 Ragworth 住宅区和卢顿（Luton）的 Marsh Farm 住宅区也爆发过。

接下来的几年里，在哈特克里弗，其中心的辛梅斯路（Symes Road）几乎没有几家商店在交易过程中没有遭遇过非法闯入、故意破坏和抢劫。2003 至 2004 年，当地警察局记录了 1704 件反社会行为事件，其中包括 886 桩刑事伤害事件、156 桩喧哗事件和 363 桩丢车事件。这种行为每天耗费警察 40%的时间（Safer Bristol Partnership Executive，2006）。

城郊功能失调

郊区最初的理念是一个小小的乌托邦，一个令人愉快的空间，进入到边远地区不是过于不方便，与闹市的节奏和脏乱也不是过于密切，而是介于两者之间，调和得正好，除了物品投递之外。伦敦交通 1908 年的招贴画所计划的图案就是如此，它产生了将伦敦往北扩展到高特格林（Golders Green）、艾奇韦尔（Edgeware）、亨顿（Hendon）和芬奇利（Finchley）等村庄的想法。今天，亨顿是中到低端城郊开发及代替品的一个荒原，一个十字路口的交通恶梦——以前的北环路和 M1 在此相交，深陷于城郊往各个方向杂乱无章蔓延好几公里的地区。

在那些未加管控的城市里，特别是“新世界”（New World）的城市里（这些城市以一种完全不同的经济和社会状况为主），郊区的大规模蔓延成了典型特征。马克·派尔（Mark Peel，2005）称它们为“边疆城市”，它们产生了一种旋涡般的反城市情感，这种情感既存在于与自己特定未来的关系之中，也存在于一般意义上世界各地城市的关系中。例如，洛杉矶、奥克兰、克里斯特切奇和墨尔本，在 19 世纪人口密度扩展到了每英亩 5 人，而同时的英国和美国东部的城市差不多在 8 至 93 人之间。相较于伦敦的 363 人、芝加哥的 273 人和波士顿的 184 人，墨尔本最密集的菲茨罗伊（Fitzroy）郊区大约每英亩 37 人。到 1900 年，相对的新来者——西澳大利亚的佩斯市（Perth），像伦敦有一条南—北轴线一样，它有一条穿越南北—东西的轴线。根据派尔所说，这种令人吃惊的增长的原因，不是因为他们在文化上与郊区生活更为和谐，或者土地价格必然更为便宜，而是因为同时期欧洲的郊区化运动只是中产阶级人士能够支付得起的某种东西，但在这些边疆城市里，由于它们自己的增长活力和工人阶级更高的工资，搬到郊区是人人能够而且确实在做的，只要他们愿意。

富有的移民满面通红、怀揣着建新房的现金来到了澳大利亚和新西兰。城市的增长活力因他们的到来更上层楼。而这些城市发展了与城市建设高度协调的强有力的服务。原来的精英们放弃了中心城区，搬到山上的优雅郊区，而市中心的空间，却被最先来自欧洲后来来自亚洲的潮水般的更穷的居民所占领。在美国，相似的种族-空间模式流行，除了白人和黑人之间强烈的种族隔离常常被描述为“白人逃亡”之外。

不太可能的是，没有庞然大物洛杉矶，反郊区扩张运动作为一个问题可能已经获得对全球的控制。按照迈克·戴维斯（Mike Davis）所说，这种社会焦虑经常归因于对变化所做的错误调整，但他问道：

"谁预见或调整了南加州过去十五年的变化规模?"关于20世纪以前时期的这种扩张，我们最多也只能说同样的话（1998：6）。洛杉矶现在占有的整个地区，面积差不多是爱尔兰的两倍，但生产总值却堪比印度。它有1500万人口聚居在两个"超级核心"，下一代的增长预计达800万（1998：6）。

我们可以将反对郊区扩张的案例组织到三个相关的问题之中：

1. 环境和生态问题；
2. 中心城市生活的破坏和无计划发展的代价；
3. 健康影响。

环境问题

20世纪郊区的增长中，环境敏感性从"明智运用"转向"可持续性"，前者坚持经济增长，后者关注经济增长的后果。郊区人的许多诉求关系到从城市搬到郊区乡村边缘地带的推动力，他们的童年和家庭生活如何与具体的风景紧密结合在一起，自然和居住结构没有为人们面对建筑潮做好准备，这种建筑潮将赋予他们"百尺竿头，更进一步"的色彩，而他们自己的私人伊甸园遭到了破坏。在亚当·罗姆（Adam Rome）的《乡村里的推土机》（*The Bulldozer in the Countryside*，2001）里，他认为，保卫荒野之后的大本营主要来自富裕的郊区，生活在郊区的体验使其居民更为敏感，站到了失去农场和自然环境的前沿：

> 战后的郊区居民，生活在国家历史上最深远的一种环境变化中。每年，都有一块和罗德岛差不多大小的土地会因城市的发展而被推土机夷平。森林、沼泽、溪流、山峦、麦田和果园，都因为区域再划分而遭到破坏。尽管郊区发展的一些环境后果对未经训练的观察者来说是不易觉察的，但另一些是明显的。一次又一

次，邻近的开放空间的破坏，夺走了孩子们喜欢游玩的地方，这种丧失对家的致命打击超过遥远的回声波站的威胁。(2001：8)

按照布鲁格曼（Bruegmann，2004）和戴维森（Davison，2003）的说法，澳大利亚和美国的郊区人特别容易接受像巴里·康芒纳（Barry Commoner）的《封闭的圈子》（*The Closing Circle*，1971）一类的书，到1976年，芭芭拉·沃德（Barbara Ward）把郊区扩张、污染、自然区域的破坏、水与空气的问题有力地联系了起来，并且描述了美国一些城市最早的抑制郊区扩张的社区行动潮流。1972年旧金山北面四十英里的帕塔洛玛（Pataluma），以四比一投票通过了一个条例，该条例将限制城市的增长，在未来五年的每一年不超过500个单元（Ward，1976：95）。重读这些20世纪70年代的书得到一种感受，即人类的发展，特别是郊区化的凝聚力和越来越大型城市的建造，是失去控制的人类活动之一，管控的主流、自我耽溺和社区行为都要求恢复某种秩序。就像我下面将要提出的，很多这样的秩序，现在都以新近感受到的需要达成人类和自然的平衡为基础，而不仅基于不受约束的人类进步的坚定不移的前行。

城市中心的破坏

到20世纪70年代早期，在美国，郊区增长的功能失调达到一个划时代的比例，其中最早出现的一种功能失调是对城市中心的消极影响：

到战后那些快速发展之年的末期，纽瓦克、底特律、圣路易斯及其他一些城市，都到了危机阶段。由于失去工作和住所，许多业主只能离开这些建筑。有些建筑物被废弃；另一些被蓄意纵火烧掉了……美国城市中心和“战后的德累斯顿”相比较开始变得很平常，而且让人感到惊异的是，一个富裕到足以把一个人送

上月球的国家居然能让这样的事情发生。(Bruegmann，2004：47)

这是当米歇尔·戈登（Mitchell Gordon）出版《病态城市》（*Sick City*，1963）、珍妮·罗（Jeanne Low）出版《与时间赛跑的城市》（*Cities in a Race with Time*，1967），以及查尔斯·琼斯（Charles Jones）和莱恩·霍普（Layne Hoppe）出版《美国的城市危机》（*The Urban Crisis in America*，1969）时，为城市功能失调引起的普遍惊恐而定的调子。城市出新项目经常基于这一时期清理出的大型空间之上，但自从他们为许多穷人和弱势的黑人以及移民社区建造房屋时，却很少取得类似的复兴结果。简单地说，投资者不能看见投资的潜力，只想从宿舍建设中快速获利。这也激发了一种重要的如潮水般的中产阶级化的机会主义热情，尽管可能遇到城市批评家五味杂陈的反应。就如布鲁格曼指出的，它可以起到在这一地区减少人口密度的效果。迈克·戴维斯（1998）在《石英城市》（*City of Quartz*）里长篇大论地写到富裕的中产阶级的外向运动，他们吵吵嚷嚷的对支付较低税率的权利的辩护，以及赞成/提高房产价格，脱离了更穷困郊区的生活，使之更接近于中心，而与此同时，建立起了较多象征性的、迫切的对领土的担心和惊恐。

这样一种论点总是被制造出来：郊区的扩张远比更密集、更紧缩的城市更为昂贵，因为将额外的住房纳入城市系统所必需的所有服务的成本，随着离开现存网络距离的增加而增加。这反过来将资金带离了城市中心，带往了远距离的边缘。1974 年，一份联邦基金报告《扩张的成本》（*Costs of Sprawl*）沿着这些线索得出了结论。按布鲁格曼（2004：123）的研究，该文献综述由来自美国学术界的反扩张观点和研究所主导。这份报告试图模拟有计划的、密集的开发与没有计划的、低密度的开发的相对成本，最后当然发现，后者要更为昂贵。尽管郊区扩张的成本一效益分析远比这里的复杂，但是，“这一报告的结论，不管如何不可靠……却充当了一个统计学的基石，在这一基石之上，反扩张的游说团已经建立起了一座观点日益增长的大厦，这一观点认为，扩张是天生无效的，所以必须加以限制”（Bruegmann，2004：125）。现在，有关郊区扩张的辩论有细微的差别，金融成本和生态成本被更精细地计算出来并加以分类。有些人（其中包括布鲁格曼）提出，不扩张的成本更大——这也是为什么扩张快速地继续进行，尽管是以一种修正的形式，具有更适中的增长以及更扩大的针对新郊区的核心服务区。

健康后果

使城市现代化的一个重要原因，是要为具有史无前例的人口密度的人类设计健康栖息地的可能性。其中部分是要将更新鲜的空气注入城市生活，建筑物之间有更大的空间，有开放的空间和公园。郊区，理所当然，是逻辑上的下一步，被认为是身体力行的经验；园艺、漫步和运动的可能性，都是郊区生活所希望的。产生扩张系列的、跳蛙式的发展，以及它所必需的技术、汽车文化，得为健康的下降负责，特别是在美国的大城市，尤其如此。

霍华德·弗鲁姆金等（Howard Frumkin et al.，2004）将郊区生活描述为以汽车为导向的，对年轻人的家庭来说，从他们的家开始，就没有人行道，或者可步行的目的地。在1960和2000年之间的一代人中，美国驾车人每年的平均里程已经从四千英里增长至一万英里。同样的，在过去20年里，平均高峰期从每天4.5小时增加到了7小时。结果是，驾车人陷身交通堵塞的平均时间从每年6小时增加到了36小时。每个妈妈平均每天花一小时驾车接送孩子或购物。到2000年，只有26.2%的成年人达到了推荐的身体锻炼水平，而有61%的年龄在9～13岁的儿童如果不在学校，就没有任何锻炼。据弗鲁姆金及其同事的研究，很多人认为扩张的郊区“事事都感觉不对劲”（2004：90）。他们认为肥胖和二型糖尿病很明显与这种生活方式有关，但是健康话题远比生理幸福要广泛。在最近的一项研究中，拉斯·洛佩兹（Russ

Lopez）总结道，“更高水准的城市扩张与成人中超重和肥胖的日益增加的风险有关”（2004：157）。

美国的交通意外死亡事故每年平均大约 4 万起，1～24 岁年龄段的人，交通事故是死亡的首要因素（Ewing et al.，2003）。弗鲁姆金认为交通事故的增加与城市的扩张有关，展开的是最危险的道路，采用的是典型的扩张式建设：“多重线路、高速、无人行道、人字路口或十字人行道间隔太长、道路沿线有大型的商业建筑和公寓区”（Frumkin，2002：204）。尤因（Ewing）等人分析了城市扩张和交通风险间的关系，结论是“扩张是交通意外死亡事故的一个巨大的风险因素，尤其对行人更是如此”（2003：1543）。

据弗鲁姆金及其同事的研究，幸福也受到了扩张的不利影响。由于城市生活缺少多样性，厌倦感司空见惯（很多没有车或驾照的年轻人，生活在没有商店、社区中心、公共交通的小区），与老龄化社会的不适应感不断增加。水的质量和水的足够供给也受到郊区扩张的影响，因为水源更少，融化的雪水回流到地下含水层，更多的随着雨水流走了。大型郊区的开发还会污染周围地表的水，而这些水后来成为了供给水源。

城市内部功能失调

差不多到最近，随着全球大规模的城市出新项目的出现，市中心处于大范围的社会和文化流之中，正如劳力斯（Lawless，1989）所说，这大部分是 20 世纪 70 年代到 80 年代人口统计学和劳动力市场变化的结果。在英国，正如其他地方一样，它们成了政府持续关注的焦点，这不仅是因为它们是贫困和多种族社区极为引人注目的地方。一系列合营公司、企业振兴区、城市开发公司、“任务小组”（Task Forces）已经瞄准了它们的改进，具有综合的效果。尽管在刚过去的这些年里，布莱尔政府追求“可持续团体”和“受尊重”议程，但收效甚微。正如瑞柯（Raco，2007）所认为的，大部分的资源和新政策都是针对症状而不是潜在的犯罪原因。恶性循环的贫困，在城市中心创造了鲍曼（1998）所称的一种新形式的“游手好闲者”。不再被工联主义的制度性文化所隔绝或定义（这种文化维护了两次世界大战之间那些年失业人的精神、地位和幸福），当代的失业者在社会上是孤立的，很少被当作下岗的工人，而更多被视作失败的消费者。严格地来看，鲍曼认为，市中心的穷人深陷于空间之中，而其他人则在全球市场和地方中具有移动性、可塑性和多元潜力的典型特征。这将最低的可能地位授予了游手好闲者的文化，并在城市中创造了一种新的情感强度。拉班（1974：148）写到：

> 今天，纽约（如果不是伦敦）压倒一切的生活事实是街头暴力。事实上，贫穷和暴力明显是关联在一起的：两者主要都依靠人们对陌生人所持的态度。来源于同一根源的情感，生成对这一人的冷淡，激起对另一人的恨意。假如一个城市能让你自我疏离，那么它就可以更有力地与他人的生活分离，你就可能深深地沉浸在你自己头脑中无法接近的私人领地里……在城市里，我们很容易生出恨意。

邮政编码出了麻烦，让你失去了工作、信用卡，甚至收不到邮件，这是在结构上被锁在了流动的现代性之外；那么，那种以暴力帮派、毒品走私、贩运性奴为典型特征的新部落主义填补了这一空白就不足为奇了。

第二部分　创造城市生活

导言：流动的现代城市

在各种各样的表现中，功能失调的城市是对现代城市怀疑和担忧的大集合，怀疑人文主义运用科学（和社会科学）和“正确的”设计原则创造出一种完美的生活方式。我想在这里介绍一点背景：人文主义的愿景是如何以多元方式被柔化、挑战、改变和反转的。在描绘出未来蓝图——鲍曼的“固态的现代性”这样伟大的时代之后，便没有任何单一的城市项目取代它们的位置。准确地说，城市变成了多元的和异质的秩序化主题，一种所有层次上都更折衷、更混乱的现代性：政策、设计、建筑、民俗、文化、经济和风格。20 世纪 70 年代以后，由于缺少更宏大的重新秩序化，现代城市对现存的、其他的形式变得更为宽容，变得更倾向于把其他的形式交织到自己正在成长、更加扩大了的文化共同体之中，设计出更多的与其他文化、自身的过去以及非人类城市生活和谐共处的生活方式。城市生活变得更加多种多样，目标开放，并且倾向他者。关键是，它不再认为“一种现代性”只能是专家所强加的人类意志，而开始将城市生活视为关系、文化、目标和自然的一个多元复合体，需要思考它们之间的联系、价值观和它们的幸福与生活品质。对城市的思考，因此不再是乌托邦式的，而是开始建立一种生态精神。没有什么事情是完美的，在许多方面，这是一个流动和混乱的时代，是政治觉醒和实验的时代，但同样也产生了一种新的方式和立场，或者一种可能性的方案，看得见并摸得着。我的观点不仅仅是一种新的生态情感产生于与非人类世界的关系之中；我想提出的是，这种生态思路将最终影响我们理解这个城市世界大多数因素的方式——通过采取生态伦理的形式。这种伦理的起源相当复杂，有很多分支，但是可以看到，尤其是在城市里，这种伦理得到培育，发展为一个据点，并且从城市复制和重复到越来越多的全球化现代性的关系之上。

我们在第三、第四章所考察的固态现代性试图主要通过城市指挥中心将人类强加给景观和世界（城市几乎成了人类所主宰的世界的其余部分秩序化的样本），越来越清楚的是，一种不同的政治现代性已经出现，在其中，原先所强加的权力和结构受到了一种新冲动的挑战：一种包容性的反思现代性的相互连接——这种现代性认识到单一的、机器式的解决方案的天真和不可行，代之以努力锻造与构成我们城市的形形色色的实体之间的可行链接。其中包括种族属性和文化，自然和城市环境及其更广泛的足迹，历史空间及其栖息地，企业和官僚机构，旅行者和东道主，掌权的消费者和创意阶层，有依赖和有需要的人，以机器、病毒、动物、文本形式出现的起作用并有效果的非人类。最近一项对汽车交通的研究（Miller，2001；Sheller and Urry，2000）显示了在所有这些实体中，汽车是如何发挥自身的作用，而新的现代性是如何在极其复杂的条件中构成的（见 Law and Mol，2002；Urry，2003a）。

现代化宏大工程之外的任何东西必然是混乱的，但是，如果它基于一种更多伦理、更多变通和更为宽容的政治制度和权力分配，那么，一种更具持续性、更容易达成一致和某些人称为“宜居的”城市生活，就变得更有可能；这种城市生活不能得到保证，甚至也不总是能均衡或公平地分配，但是，它是明显可能的——尤其是，如果的确起作用的解决方案和实践在其他地方构成了变化的基础的话。

假如城市能被 20 世纪那些伟大的现代主义者视为强有力的独立孤岛，那么现在肯定不会再是这样了，我们甚至不得不将城市想象为全球规模的更加广泛而复杂的形象（见 Amin and Thrift，2002）。更大的流动性和速度实际上使空间不再是障碍，这意味着城市处于更有效的相互竞争之中，变得更加能够相互替代，由此达成了一种观念，城市及其公民引领了市民生活和以全球为基础的生活，并能在一个更大的想象和宽容的领域里运转。

自 20 世纪 70 年代以来，城市居民成了环境运动和生态思维的文化和政治先行者（Tranter，1996）。生态思维不止是悦耳的科学思维。严格地说，对世界的生态立场，尝试创造一个适宜的、和解的世界，是与后物质文化的伦理政治保持一致的，并来自于这种伦理政治。后物质文化依赖于不同实体的多元性，并与不同实体的多元性进行常规协作，而这些实体综合到一起构成了世界和彼此。生态敏感性来自于科学和 20 世纪 70 年代后的城市生态政治学，它们彼此融合，相互启发，在这些思路的中心，存在着宽容伦理学、多元性的美学、权力的扩大化、可持续性的语用学以及网络化世界的实现，还有消费者权力的优势地位（Castells，1996；Serres，1992；Touraine，2000）。还有，现代性工程的核心观念是：公正、平等、进步（修正为本质上的进步，而不仅仅是人类的进步）。就像阿兰·图海纳那个恰当的标题《我们能和谐共存吗?》（2000：296～297）一样：

> 它提醒我们，人类不再是自然的征服者，在自然中，几乎已经没有任何可供征服的林中空地。因为获得了改变甚至摧毁他们星球的能力，人类开始变得能对自然负责了。他们的行为不再被那些信奉无休止的进步的信念所鼓舞；而是必然被意识到人类生存所面临的威胁所惊醒，特别是意识到了有必要保护物种和文化的多样性。我们现在意识到，我们的生存充满了构成我们环境的各种元素，有必要保卫文化的多样性，而不是用全球经济的一体化来取代它。

在第六章，我将首先勾勒（但它不可能只是一个素描）从人文主义城市向所谓后人文主义生态城市转变的某些轮廓（后人文主义生态城市，试图认识包含并共同构成城市的异质实体之间的相互兼容并包的差异，并在此基础上模塑自己）。我想勾勒引导这种转变的新价值观的到来，并且在这么做的过程中，我要瞄准 20 世纪的最后 1/4 阶段，将其当作一个变化的时期和变化的空间——持续进入到现在的新时代。

以十年为单位测算历史甚至认为十年期拥有单一的形状和特征，是平庸陈腐的，但是我们总是需要客体和文本去弄清整个世界，一个十年只不过是一种设计（在我这里）。在任何情况下，我要将20世纪70年代扩展到20世纪60年代末期和20世纪80年代早期都是困难的，因为这个时期，我们可以看到特殊类型的事物发生了，看到在许多地方许多人所追求的小项目——它们成功了，并在此过程中，构成了某些主要的变化。这种变化是什么，我们如何去概括它？我们需要思考人们是如何在权威机构之外创造他们自己的，直到后来决定了城市的外观、城市的生活和城市的可能性。从住房开始，包含了很多文化因素的一场新的社会运动开始以一种新方式在城市重塑城市。我现在将简单地勾勒其中一些，但它们将构成第七章“城市生活方式”的主要内容。我们也将开始看到一场消费运动和消费者的权力是如何开始的，它们最终构成了新时代的一种主要构成力量。这个时代的改革冲动也创造了像安妮塔·罗迪克（Anita Roddick）和理查德·布兰森（Richard Branson）一类的新型企业家，而城市中新的企业空间，通常接收了工业腾出来的廉价的租赁空间。这些空间一般不太正式，有点像集市，将生产（通常是时装和手工艺品）和零售以及餐饮服务集于一身，吸引了一大堆人，变成了一种奇观，正如我们将要看到的，它们常常是企业和动议的发射台，波及到整个城市，创造了剧院，也创造了商业。

艺术和手工艺的同步繁荣为城市生活发展出了一个更具创造性的维度。非正式的、正式的、商业的和自由形式的创造性娱乐形式，扩大了现存形式的娱乐业，通常以集群或零散的形式存在，散见于零售商店、酒吧、食品、新兴市场和咖啡馆之中。

这些空间变得更具戏剧性和“表演性”，用新的挑战和行动对购物者加以询唤；城市零售业和娱乐业的常规改变了、杂交化了、模糊了，给对新城市感受做出回应的新人群以更大的表演潜力。新的街道市场到处出现，逐渐得到承认而且被正式化：在伦敦的凯丹洛克（Camden

Lock)，布里斯班的山谷（Valley），墨尔本大道和卡贝尔街，在罗切斯特和巴斯及布里斯托的中心（见 Gregson and Crewe，1997a，1997b，1997c and 2003，对新的"转型"市场的繁荣的讨论，这类市场是围绕二手货的戏剧性流通而形成的）。这种繁荣在"汽车后备厢"和其他专营市场达到顶峰。

我随后将更具体地转向变化的一个核心——对人文主义的挑战。如果人文主义只是人类必胜心态和至上主义等等的一种表达，那么它肯定不仅是自大的，而且让我们对世界上不同的、更包容的生活方式的可能性视而不见。从相对缓慢的开端，到最近这些年，后人文主义本身成了一个主流的思想工程，它转而对人类可以加以挑战和改变的方式具有一种重要的影响。后人文主义世界或本体论的具体的新特征，随后可以被勾勒为：半机械化的城市，城市野性生活，动物城市。

这种勾勒在随后的三章将得到详细叙述。第七章"城市生活方式"，将探讨生活空间尤其是家、邻里和日常生活是以何种方式与全球的潮流、消费主义以及新的创造性的城市文化结合在一起并发生转变的。通过观察城市中心地区如何通过所谓的中产阶级化发生转变，我们可以看到这些不同的影响如何对人的生活方式产生作用。它们更有创造性，住房成了自我表达和鉴赏能力的焦点（见 Colin Painter，*Contemporary Art and the Home*，2002）；人们经常性地复原地方的历史和文化完整性，使其与对文化和伦理传统、家庭娱乐和社会交际的普遍敏感性保持一致。

第八章"奇观与狂欢的城市"，将生活方式的这一趋势延伸到城市的中心空间和公共空间，以分析城市生活奇观的新的中心性。市场，公共艺术空间，节日，外出就餐和新的夜间经济。为什么它们会出现？为什么现在它们对当代城市生活如此重要？为什么旅游业的社会空间会被引入到我们所说的当代城市再生之中？我将会提到，这不只是因为将消费主义和商品化扩展到了更多的城市领域，而是因为，以一种更关键的方式，人们通过表演和仪式这种特别的方式，重新协商了与特别的城市之间的归属感及联系。不是向邻里街区和街道寻找这种表演性的联系（属于生产主义城市的再生产本质的一种表演），城市奇观使其居民卷入了城市的创造力与冲动之中，同时强调文化、差异和消费。这部分是因为，每个人都工作，而且不少人在中央经济区服务阶层工作，能聚集能量和可支配收入进入更紧凑的特区。城市中心为进入全球创造性的、消费者的文化提供了路径，采取的方式是大多数社区无法提供的，但是关注奇观区域的邻里街区总是令人十分向往。我们必须查明咖啡馆为什么会作为富丽堂皇的城市中一种新的空间和社交形式出现。

第九章"城市的本质"，检视了人类城市居住者和他们的城市内外的非人类邻居们之间关系的戏剧性转换。生态型的城市不再把城市当作孤岛来观察，而是开始让它自己向更广大的生态联系敞开。社会学家和地理学家开始特别探索由人类和非人类生活形式共同构成的城市主义；发展一种后物质主义情感的城市主义，这种情感是以焦虑和一般认定的对其自身生态足迹的责任为基础的（Inglehart，1997）。科学和自然史在这些环境下发生了变化。不再需要将自然作为"其他的"和分离的来呈现，因此被净化为一种表现，电影制作人和戏剧家还有科学家随后能够探索自然与人类的相互融合以及它们的共同构造（Franklin，2003；Thrift，2001）。21 世纪的第一个十年是新的城市研究令人激动的时期，有一些突破性的新视角和新发现，其中包括，比如，辛奇里菲（Hinchliffe）等人的关于城市野性事物和世界大同的论文（2006），甘地（Gandy）的"电子人城市化"（2005），史密斯（Smith）的"世界城市行动者网络"（2003），以及惠特莫尔（Whatmore）和辛奇里菲的"活的城市"（2003）以及富兰克林（Franklin）的"燃烧的城市"等（2006）。

第六章　生态城市

走向一个生态城市

到20世纪70年代，在其中建造起现代性和城市的各种时代，打上了它们杰出的建筑家、规划师和设计师的烙印：城市成了他们的愿景和名字的同义词。因此，我们拥有由奥斯曼、密斯·凡·德·罗(Mies van der Rohe)、劳埃德·怀特、霍华德和勒·柯布西耶以及塞德勒（Seidler）所主导的有特色的时代和城市。自20世纪70年代以来有很多重要的建筑师，但他们中间没有一个成为或努力成为未来取向的、技术驱动工程的前沿人物，更不用说成为他们自己时代的同义词。这一点十分重要。他们中没有人将自己的作品（个人的或集体的）视为生活蓝图的产物，这种生活蓝图的产物将取代以前过时的版本，并因此将城市的装饰和城市外观上的实质部分合理化了。20世纪70年代期间，勒·柯布西耶和他的追随者们的“国际风格”，让步于所谓的后现代主义。后现代主义不是超越“国际风格”，只是嘲笑“国际风格”的自命不凡、冷酷、无情、无人性的本质，然后着手于一个文体折衷主义的激进工程，支持、重新利用、混合来自现代主义和西方建筑以往的每一类型，目的不是创造一个正确的、完美的或者科学的生活世界，而是一个极为不同的目标：建立文化和历史的联系，使环境与过去同步，产生幸福、快乐和审美快感的壮观或有趣的建筑（de Botton，2009；Harvey，1989）。这不是说正好走向了它的反面，如那本成功的出版物《垃圾城市：生活在英国50个最差的地方》（*Crap Towns：The 50 Worst Places to Live in the UK*，Jordison and Kieran，2003）所证实的。尽管这本书很明显不是一种学术资源，但是，它对附着于城镇和城市的美学价值和生活风格价值的认可和兴趣，对城市差异的意识，尤其是那么多城市对居住其中的人缺乏吸引力的看法，却是这种新感知、或沃尔夫冈·韦尔施（Wolfgang Welsch，1997）所称的“审美化进程”已经出现的一个证明。这本书成为畅销书证明它引起了共鸣，无疑将在城市之间引发更普遍的对关键的或有创造力工人们的竞争，这种工人是吸引（我们只是习惯这样说）“资本”的重要因素（Florida，2003a，2003b，2008；Landry，2001）。

后现代主义是一个不恰当的词语，因为在这些价值观念里没有什么特别非现代的东西；所有这些都以某些形式表达了通向幸福的民主、进步，对科学和技术的应用（这个时期工艺美术也很繁荣），等等。但是，也存在着可感知的意识转换。对伦敦、巴黎或者墨尔本的看法，开始显示出“变化中的连续性”符号，元素和实体间的某种关系而不是隔离的符号（如，去分化［de-differentiations］），开始显示出更多的折衷主义和混合以及一种与“他者”相关联的更强烈的好奇感（Lash，1990：173）。一座由分离的“元素”通过“系统”集合到一起的城市，似乎是在让步于更重要的异质性集合（用德勒兹［Deleuze］和加塔利［Guattari］的语言，1999）之间的一系列更混乱零散的组合关系。它没有描画蓝图，但却是处于轨迹或逃逸线上。它是它们自身之中的一个人类系统，越来越是机器、自然、环境因素、内陆、文本和人类的生态学。

新感知是有关对他者的能动作用和文化敞开并乐于接受的，涉及如果将它们结合起来、允许越界、互通有无而不是保持隔绝，将有可能发生什么。

城市生活的一种生态隐喻？

约翰·尤瑞（John Urry ）在《超越社会的社会学》（*Sociology Beyond Societies*，2003b）一书中给出了理由，为了获得对社会和社会生活的理解，隐喻对社会学家及其他人必不可少。隐喻可以告诉我们像城市这样复杂的社会实体像什么，它们类似于什么，是按什么样的条件进行秩序化的。自 20 世纪 70 年代以降，城市变化之后的反现代主义叙述在任何意义上都没有完成的同时，按隐喻的意义可能已相当清楚。这是机器、指令性社会（David Harvey，1989，把它看成是战争时期城市社会现代组织的附带现象）的退潮和生态社会的兴起，在生态社会中，权威更多是分布式的，在这里，事件往往没有得到证据的充分说明，结果来自于一个新的多元的自主行动过程，但将权威和实体互相连接了起来。正如鲍曼《后现代性的启示》（*Intimations of Postmodernity*）指出的，“重力中心决定性地从异质的控制转向了自决和自主”，但是，由于缺乏中心控制，必然存在一种普遍化了的生态关联（Haraway，2008），这种关联存在于从上面得到正式引导的实体与相应的个人面对他人的行为方式的转变之间。新自由主义的悖论和自由的扩展伴随着责任和决策讨厌的、沉重的负担。这些是迄今为止被那些当权者关注的事情（Crook，1999）。与以前的命令路线不同，生态学联系部分是通过一种新的后物质主义价值观的自发繁荣和伦理上的争论构成的。

> 由于缺少自我完善的普适模式，或者缺少一个清晰的模式分层，面对个体的最痛苦的选择存在于生活目的与价值观之间，而不是存在于服务已经确立的框架的方式和无法掌控的未来之间。

> 以工具理性的技术规则形式出现的超个体的合适标准还不够用。而且，环境对道德自我意识的强化是潜在有利的：只有伦理准则能够提供衡量价值和价值选择的标准，正如同时的超级个体一样（带有一种公认的优于个人自我保护的权威性），并且在不屈服于当事者自主性的情况下，适于加以使用。（Bauman，1992：65）

还有，就像鲍曼在论后现代伦理段落中所得出的结论，“关于自主性将受到观察和保护的当事者的界限，已经进入最激烈论争的前沿。沿着这一界线，新的问题出现了，这种问题只能通过伦理论争才能得到解决”（Bauman，1992：66）。所以，不仅是个体和实体不得不互相参与，而且他们这么做时，是处于一个新出现的伦理评估和期盼的氛围之中。

在一些差异、变化和冲突更加明显的大城市中，伦理争论成了治理本身的一部分；成了将以这种或那种方式塑造大多数结果的东西。人们可以鉴别自主的当事人在自我重新调整、致力于吵吵嚷嚷的“与他者的关系”、必要的技术、目标和一定数量事物的同时是如何变得具有反思性的。这一定数量的事物，在托马斯·胡兰德·埃里克森（Thomas Hylland Eriksen）看来，是填满我们的生活并创造了一种类似**夏令时间**感觉的东西（Hylland Eriksen，2001）。我说的“他者”，不仅是意味着人类邻里、人类社区、兴趣小组、生活方式小组、年龄组等等之间的关系，还有与过去、历史、传统、文化、健康（食品、酒精、药物、体重和达标）、认同、机器、资讯及领土、地方之间的关系，所有这些东西有多种多样的目标和空间，要求所做出的有关它们的伦理决定，要与城市的尊严、保护、使用、解释和关联联系在一起。但生态学上的隐喻运行良好，因为缺乏超地方性的城市和全国性的权威机构管理风险以及我们与“环境”之间的关系，缺乏作为一种重要的新的后物质主义价值观的兴起，城市因为它们在与自然的关系中的独特反思性变得引人注目起来。当然，生态意识（按环保主义的意义）

在我的生态隐喻中运行良好，但这些与自然界相关联的具体方式，可能部分是人类开始与人类自身和一般意义上的物联系起来的方式的一种延伸和扩展（见 Touraine，2000）。尽管现代城市在任何地方可能是按相同的思路设计和管理的，但生态城市作为一种环境自身，对它的边远地区、文化、自然、气候，以及它在全球的商品流、人员流、自然现象流、资本流中的位置是相当敏感的。

所有这些，是一种发生在城市的极为不同的生态学，区别于 20 世纪 20 至 40 年代与芝加哥社会学派联系在一起的城市生态学。城市生态学试图从现代城市自发形成的一些共同模式中推断出一些城市运作的普遍性。在这样做的过程中，它运用生态学上的隐喻去描述城市中那些分散的人类领域，仿佛它们是不同的植被类型或互不相关的生态学，他们用这些城市空间的街区和其中人类的行为模式去解释变化和并置的通用模式。在这种意义上，隐喻致力于将城市比拟为一个有机体或自我指涉的生态系统，并按照其各部分的作用过程说明其功能和进化。它是一种草率建立起来的隐喻；它并不十分成功，而且它是错误的，因为城市并没有显示出是以这种方式运转的（Pahl，1970）。

我想运用生态学隐喻的意义不是来自生态学的地图和相互分离的功能模块或能动作用，而是来自所有生态学高度涉及构成成分的异质综合之间复杂关系的方式，这种方式是，每一部分在一定程度上相互构成，或者通过它们的相互关联过程成为构成性的。这一隐喻十分不同，但它特别适合于城市在新自由主义或后现代主义、抑或我所偏爱的流动的现代时代（Bauman，2000）开始运作的方式。

20 世纪 70 年代

如果早期的现代性是一种技术专家治国论，那么，20 世纪 70 年代以降的现代时代是一种技术—文化生态论，其主要思想家来自极为不同但混杂的背景。吉曼·基尔（Germaine Greer）的《女太监》（*The*

Female Eunuch，1970 年出版）质疑了社会性别角色的生物学推论，并启发了它们的仅仅是陈规的文化秩序，这类陈规可能受到来自其他地方的挑战或启示。伯明翰的"当代文化研究中心"成了绝大多数城市生活领域（例如互不相关的足球、青年、工作场所、家和法律）文化发现的震中（见 Clarke，Critcher and Johnstone，1979）。不仅它确认了以前没人感知到的文化，还把对文化的敏感性当作城市生活一个不可避免的维度，这一维度随后成了一种新的反思性，围绕这一维度，可以构建出伦理问题的框架。从现在开始，人们不仅可以感受文化，而且可以追问：我们想要什么样的文化？文化的差异如何共存？

1971 年，约翰·莫蒂默成功地为文化先锋杂志《*Oz*》所面临的淫秽指控进行辩护，由此确立了牢固的公民自由、文化相对主义的气候，而且确立了以前不能想象、或不会如此明确的对标准的宽容。莫蒂默认为，"（这一）案件处于我们自由的十字路口，处于我们自由思考、描绘并书写我们所喜爱的边界之上"（*The Times*，24 June 1971）。"书写我们所喜爱的"是非常重要的，不仅因为表达本身的自由（在弥尔顿的宗教和政治自由的意义上），而是因为书写的影响：书写也是创造一个他们想要创造并栖居其间的生活世界，但所采取的方式不是否定他人生活的方式。

在倡导一种折衷主义、实验过程以及宽容的国际化音乐形式之后，披头士乐队于 1970 年解散。他们在单人表演事业中的介入和持续工作，在建立"世界音乐"的情景、和平运动和环保主义中极为有效。在这里提到他们，不仅因为他们的影响，而且因为他们来自于相对底层的城市背景，而且差不多是最先打破以往的坚固壁垒走向自由和流动性的榜样。诺曼·梅勒（Norman Mailer）在美国不屈不挠地追求公民的自由、权利和文化的繁荣，沿途发现了像《异议和乡村之声》（*Dissent and Village Voice*）一类的"可选择性"文章——所有文章的一个典型特征是都聚焦于伦理内容（最近被克里斯托弗·希钦斯[Christopher Hitchens]引用，如认为"文化是值得小小冒险的"，当然伦理讨论是有风险的事情，2007)；E. F. 舒马赫(E. F. Schumacher)的《小型的是美丽的》(*Small Is Beautiful*)出版于1973年，是对石油危机羞辱效应和一种崛起的环境意识的回应。(他写到："理智要求一种新的科学和技术导向，通向有序的、温和的、非暴力的、优雅的和美好的方向。")最根本的，他只是在要求我们将伦理延伸到我们所有的关系，而不只是延伸到我们与人类的关系。

这些文化转换发生和扩散的地方，主要（如果不是唯一的）是在城市。所有这些人的著作都是政治性的，但都不是通过一个正常的政治权力渠道来表达的。准确地说，它是文化权力的释放，它想成为城市日益表达自身的一种媒介。正如阿敏和思里夫特非常优美地论述的，这种权力的形式，不会被认为是潜在的结构，"而是逃逸线；是以一种特殊的方式去建设世界的一种激情的积累；是构成如何受到控制并且什么将受到控制的突如其来的念头；是诸种也是思维模式的实践模式"(Amin and Thrift，2002：106)。

环顾世界城市，可以看到许多这类观念正通过20世纪70年代以来的建筑表达出来，尽管其中有一件事你没有看到，即大量的再开发和装饰，这种再开发和装饰，构成了此前如此多的现代时期的典型特征。更近距离地观察，可以看到，大量的老建筑被煞费苦心地翻新或改建，在没有明显改变的情况下公然派上了新用场。在整个限制工业化的西方世界，一旦城市给大规模的工业开发提供了住房，就会有很大比例的闲置设施在20世纪70年代以来被保留或重新使用（而不是像慈善商店的衣服），而在此前，这类地方想都不想就会被拆除。这类地方有很多被改变了，那些像圣地一样的地方成了新的传统的证明，因为一些团体希望拥有特殊的图腾式的关联。(MacDonald，1995)。然而，建筑线条和城市天际线的"外观"缺少建筑上的完整性，已被各种风格和时期的混合所打破，这完美地反应了20世纪70年代和80年代的外观感觉，因此在建筑作品中十分突出。人们会想到罗伯特·文丘里（Robert Venturi）破碎的线条和折衷主义，麦可·葛瑞夫

(Michael Graves) 好玩的、反讽的建筑（甚至茶壶。俄勒冈波特兰的波特兰大厦，看上去像一本披头士相册的封面），海莫特·扬（Helmut Jahn）折衷的即兴创作（参见他为芝加哥机场航站楼的花俏设计），还有查尔斯·摩尔（Charles Moore）朴素的海洋牧场公寓，它和加利福尼亚的海岸线环境完美地结合在一起。摩尔激发了新一代的建筑学家去思考生态和建筑应该并且也有可能相得益彰，它是一种大有作为的变动或转向，而不是就此停步。

城市，特别是大都市，在任何历史时期的表现都是最勇敢无畏的，比其他物质证明更能例证它的价值和特点。尽管有深刻的社会（技术）变化，全世界的田园景观依然始终如一，但城市不仅是时代的产物，即使它们只是重塑了以前时代的基础，当出现错误时，它们似乎会第一个引起战火和批评。同样，当一个新时代降临时，首先开始留下印迹的，是在城市的表面。作为政治、文化和管理权力的中心，主要城市还吸引并保留了一些辅助阶层，如工程师、建筑师、设计师和艺术家，他们被要求去实现社会和政治精英的物质和美学表达，实现他们的价值观、管理形式、商业贸易，通常通过展示工程，通常在重要的城市空间之中（Betsky and Adigard，2000）。当然，对新变化的渴望可能不是首先出现在这种管理阶层，因为他们的命运是如此经常地与那些掌权的人紧密联系在一起，或者与理性化的主流范式紧密联系在一起。如萧伯纳创作的约翰·坦纳（John Tanner）在《革命家手册》（*Revolutionist's Handbook*）里重点提出的，“理性人使自己适应他周围的环境……于是，所有的进步都依赖于非理性的人”（《人与超人》，*Man and Superman*，Ⅳ），于是，通常是那些“外来者”——学生、先锋派的艺术家、新的社会运动（政治、消费、性别、社会、种族及伦理研究者，等等），以及所谓的“嬉皮士”、“创意阶层”，连同任何城市中都有的重要社会分层——他们画出最初的一笔，并开始以一种新的方式活出自己的人生，新的生活世界和环境将开始产生。

正如一个预兆，1970 年 4 月，一匹名叫“同性恋旅行”（*Gay*

Trip）的马在全国越野障碍赛上获胜，这预示着 20 世纪 70 年代是革命性的政治与文化转型新纪元的开端，并且从大卫·鲍伊（David Bowie）性别偏移的摇滚到性解放杂志《*Oz*》、《*Spare Rib*》和《*Gay Times*》乃至有机园艺，所有的一切，包括公认的生理性别与社会性别的准则，都屈从于最严厉的批评和实验。20 世纪 70 年代创造了一种流传至今的文化，这种文化致力于转型和变化，将转型和变化当作一种常态，而它在创造新形式的城市生活中所起的作用不能低估。

1970 年 7 月，爱好者们将布鲁奈尔有历史意义的轮船"大不列颠号"带回了布里斯托码头（最初这艘船便是在这里建成的）用于保存。这必然是为了极为重要的原因，因为花了大价钱使它从福克兰群岛归来。这一举动暗示了新的现代的未来不是靠否定过去达成的，而是受到过去的启示。20 世纪 70 年代之前，现代的推动力是以未来为取向的，既致力于毁灭过去，也致力于寻找未来。正如专门研究新的遗产现象的旅游学者所发现的，一个人不可能毁灭过去而免于产生一种失落感，而当这种失落似乎成了英国极为普遍的工业文化时，事实证明是非常难以承受的。个人的历史印迹铭刻在各种被保留和展示的日常物品和空间之中。严格地说，保护"大不列颠号"的冲动属于受到广泛嘲笑的收集遗产的敏感性，但它是一种非常重要的转型实例。寻找不再是对单一美学的寻找，对一个新的完美时代的寻找。相反，美学之美，是在新地方中，在前工业文化中，在过去中，在老建筑的肌理和外观中，在边缘，在新发现的过去和现在的流行文化中——在城市生活的所有角落和缝隙中，找到的。

后现代对严肃的功能主义文化的反应是用奇思异想和荒诞无稽喝倒彩，而对过去的忠诚则提供了一种逆转和离奇的形式，它变成了一种反主题。披头士们没有回避情感，而是在铜管乐队、古老的制服和超越性的宗教一类事物中积极地去寻找。每个人都知道，铜管乐队是工人阶级各种集体情感集结的中心，他们不会轻易地抛弃它或忘记它。没有人会忘记。以吉它的刺耳声为背景听上去相当有趣。

新的兴趣团体正走向前台，为处于灭绝边缘但现在被重新列为遗产的物体、过去和空间所定义并被鉴别。这是如坎特伯雷这样的城市生活最终发生变化并走向一条新的逃逸线的方式。有许多对现在城市生活进行时的重新编码，不是寻找正确的形式，而是“好味道”转变成了折衷的味道，转变成了混合、杂交和融合；不是为了找到最佳的生活方式，并确定要拒绝和改良的生活方式，而是代之以一种新的富有同情的好奇心。如果存在着一定程度的不宽容和排斥，这是对现代乌托邦的不宽容和排斥（这种未来将过去和某些群体抛在了脑后）；是对被发现为企业服务的技术和科学的不宽容和排斥，而不是对公共利益的不宽容和排斥；是对官僚的、标准化的管理形式的不宽容和排斥，而不是对进步和多元化的不宽容和排斥。我们围绕《红矮星号》（*Red Dwarf*）的无政府主义科技发展了喜剧；我们认同《飞越疯人院》（*One Flew over the Cuckoo's Nest*）中的犯人；《2001：太空漫游》（2001：*A Space Odyssey*）和《发条橙》（*A Clockwork Orange*）以一种奇异的方式与我们对话，并出于对“心理治疗”的依赖或是对心理健康的信仰而使我们心神不宁。

如今，布鲁奈尔的船不仅是海上遗产博物馆的核心部分，也是布里斯托工业港区重建城市生活空间和文化中心的核心部分。关键是，这一新生活空间经历了不只是限于人类的转变。例如，码头的水不再是有毒的工业污水，而成了经过治理的流入其中的弗洛姆河（River Frome）原始生态的一部分，巨大的盆地变成了一个切实可行的渔场，鸭子、天鹅和鸬鹚也开始来这里栖息。甚至弗洛姆河土生的鲑鱼，也能在晚上的码头边看见它们浮游。1989 年，世界上著名的一家公司，伦敦劳埃德保险公司在“大不列颠号”对面重新建了一幢新建筑。看上去似乎在文化繁荣和商业、过去与现在之间结成了一个默认的联盟，世界上很多著名城市似乎也都在开启这种联盟。分析家们开始注意到一个奇怪的新的附带现象：很多成功的城市和公司都与它们所处的位置有关，都处于具有多元性、宽容、文化工业增长且具有环境自我反思能力的地方（Florida，2003a；Landry，2001）。

质疑人文主义

最早的激动人心的变化可能在很多不同的地方已经表现出来，通过不同的人用不同的方式，没有任何相互协作，或有自觉的计划与目标。他们所选择的新方向，很大程度上是对现代城市功能失调的反应，来自很多集合因素并采用了多种形式（社会、环境、技术、文化以及建筑与设计），但带来的城市生活的形式却是非常不同的，常常通过现代城市的反面来进行自我定义。有很多词语被用来描述和概括继现代主义城市而来的各种形式，并进而用这些词语来描述这些人所做的工作——后现代、超现代、“次现代”、流动现代、解构、创新，等等——但我还是想提出，尽管所有这些词语都有它们的优点和用处，但没有一个从全球的角度完全捕捉到了其发展的轨迹。几乎所有的选择在取向上都是人文主义的，大部分涉及对社会、经济、文化和政治做出描述和诊断——其范围明显关注的是将人类建构为一个趋向于自身的实体，或多或少是自足的、自决的或自我解放的。但正像我们从布里斯托港区这个简单的案例中所看到的，我们所谈论的远远不只是人类范围之内的变化。所感觉到的、所梦想的和所努力争取的都是超越人类的。生态学隐喻强调一个联系中有差异的世界，事物的不同范畴被汇聚到了生活的复杂网络之中。城市似乎只是通过秩序化过程而来的一种人类的净化，这种秩序化的目标是消除或控制自然。但正如布鲁诺·拉图尔（Bruno Latour）在《我们从未现代过》（*We Have Never Been Modern*，1993）中所强调的，我们一直都卷入了非人类之中，但更重要的是，现代性的产物之一恰恰是人类一非人类混杂的扩散增生，所构成的各种实体不过是这些纠结在一起的人类与非人类的各种因素。“环境”，正如它呈现给 20 世纪 70 年代和 80 年代现代城市居民那样，很明显是一个他们再也不能忽视的整体。

人文主义是人类中心论的一种形式，它的行进轨迹似乎是：其他形式的能动性无关紧要，因为它们的能动性是微不足道的，或者，它们要么已经处于人类的控制之下，要么将要纳入人类的控制之下。我想讨论的是，虽然按照它们的人类维度、关系、行为模式理解和概括不断变化的环境至关重要，但它们不是唯一重要的东西，或是对当代城市形成方式的唯一界定，也不是它们被塑造为直接的和遥远的未来和逃逸线的唯一方式。可以讨论的是，当代和未来城市的最典型特征，被描述为他们与人类和非人类实体之间的异质关系，而且这种异质关系正与日俱增。萨德奇（Sudjic）、阿敏和思里夫特促使我们用新技术和理论工具去加以研究的“新城市主义”，受到了布鲁诺·拉图尔、凯瑟琳·海尔斯（Katherine Hayles）、J. F. 多斯（J. F. Dosse）、约翰·劳（John Law）、堂娜·哈拉维（Donna Haraway）和莎拉·惠特莫尔（Sarah Whatamore）的启迪。[①] 这为动摇众所周知的城市研究提供了重要的前提，而且有趣的是，现在更广泛地感受到了需要更大的学科和知识储备来正确地揭示城市生活的构成。正如阿敏和思里夫特所说，这项工作是朝向“一种不同的具有前瞻性的城市理论，这种城市理论立足于超越人类而不是限于人类，立足于有距离的而不是邻近的，位移的而不是定位的，不及物的而不是自反性的”（2002：5）。

超越人文主义的（限制性的）本体论有三大充分理由。第一，当人类试图在全球范围内以组织和关系的形式去安排生活时（这些组织和关系越来越具有移动性和流动性，并且伴随着越来越多样和变化的社会与自然构成成分），对这种复杂性的管理要求我们同时将越来越多的因素联系起来，而且，这已经变得非常明显，这些因素可能既是人类的，也是非人类的，此外还有所有形式的混合体。如果帝国主义工

① Ash Amin and Nigel Thrift，《城市——重新想象的都市》（2002：3～4）。他们也受到了其他很多人的启发，包括德勒兹与加塔利、瓦尔特·本雅明、马古里斯（Margulis）和阿甘本。

业资本主义（这种资本主义构成了现代性第一阶段的特征）可以简化和模塑外部世界和外来者之间利用的、单向度的关系，那么，更大程度上地追求物质目标，已经不再是一种选择，不再是唯一目的。约翰·尤瑞在对《全球复杂性》（*Global Complexity*）做出研究后总结道：世界主义趋势不可避免地伴随着全球化：

> 对其他地方的这种感觉可以创造出一种世界主义的相互依赖意识和一种"泛人类"意识（Franklin et al.，2000）。资讯、知识、货币、商品、人、图像的流动，"已经强化到了空间距离感已经崩溃的程度，空间距离感将人与这样一种需要分离、隔绝开来，无须考虑所有其他人，这些其他人构成了人们所熟知的人类"（Featherstone，1993：169），（Urry，2003a：136）。

尤瑞将世界主义视为全球化的一种具体产物，以一种潜在的积极的方式。他问到："一系列'全球价值'及其倾向正在成为全球复杂性的一种突然出现、不可逆转的结果吗？'社会'正在这种不断变化的复合体之内形成自我吗？假如它们不想在全球屏幕上展示出世界主义，他们会屈从于那些令人愤慨的非难吗？"（2003 a：133）有这样一种观点，例如主要城市一类的社会中心，现在正在一系列更广泛的不断变化的社会成分的关系中自我形成（这些成分形成了他们必须加以处理的共同体）。这种观点唤起了一种生态学隐喻，或者说，至少是，一种生态学隐喻在这里比社会系统和社会结构更为贴切。

此外，就如他所认为的，这种关系不限于人与人之间的关系："全球复杂性的一个悖论后果，是要提供这样一种语境，在这种语境中，普遍权利，一种泛人性，不仅与人类有关联，而且与动物和环境关联在一起，最终构成了集体行动的框架。"当尤瑞提出这种生态关系时，它正处在一个全球复杂性的十字路口，主要的城市，将成为最根深蒂固和最标准规范的。生态学隐喻在这里是恰当的，因为，正像生态一样，城市不是特殊物种的，不受限于空间（当然，尽管它们是空间化的），涉及所有处于“总是已经被卷入”（因此不可能包含一些又排斥另一些）的关系之中的实体，并且由于它们的复杂性和虚拟性，城市永远不可能坚持某个蓝图，相反只能生成并因此拥有潜力（Amin and Thrift，2002：4）。

第二，部分是通过这个具有复杂性和流动性世界的经验，部分是因为通过所有半机械技术的方式，我们强化了我们自己的身体，现在，对我们来说，更多的时候是，他们自己提出一个人类世界的人文主义模式，不再完全是为了了解我们的世界和生活所需要的东西——什么是可能的，所需的，“下一个”世界和“下一种”生活为何。鲍曼在《流动的现代性》（*Liquid Modernity*，2000）里已经完美地证实了这是很多人更感兴趣的东西，而不是一个具有固态的和确定不变的恒常世界。

第三，作为“大分化”（科学和人文科学之间的分离或鸿沟）的不断挫败的一个结果，人文主义受到了质疑。在制度化的死板和学科兴趣构建的意义上，人文主义可以被认为是使自然科学和社会科学、人类和自然在本体论上可分离和分开的东西。反讽的是，很少有人认为这是它应当如此的方式；许多人感觉到科学和社会科学应该理想地“共同协作”，而一些研究委员会正将重要的基金投入新的动议。[①] 越来越多的知识分子开始将综合视为他们的研究目标，而不是对学科独特的实体。城市研究应该成为建立这些纽带桥梁间的领头羊，但由于它往往陷入政治论争的泥淖，从他们的角度所得出的观点只看到了人类的活动，因此通常只是一种衍生品。

---

① 比如，“英国工程与自然研究理事会”（The UK Engineering and Physical Research Council）曾有几个支助跨越“大分化”项目的动议：例如，公共参与中的合作关系；老龄化的新动态和与数字化时代的社区连接。针对申请者的一项建议是：“研究群体不需要是多家机构的，但应当追求多学科的。”

假如城市曾经专注于维护并保护它的（人类的）市民（抵御其他人和自然），是专为此任务特别独立设计的一个实体，并且后来成了围绕生产需要特别加以组织的一个单元，那么，我们可以说，的确永远也不会再这样了。作为城市居民，我们的关注点现在扩展到了广阔的全球性的表现，这种表现依赖于同样复杂的社会技术界面和能动作用，并受到这种界面和能动作用的调节。这些能动作用是我们并不明白、不能控制或准确预知的。其中某些能动作用，已经通过我们的手释放到了世界之上，换言之，它们是人类和非人类能动性的杂交体（转基因作物、碳排放、汽车、疯牛病或者其他类似疾病、禽流感等等）。另一些能动作用的形式，形成于我们对非人类世界的直接回应之中，这些实体以可预知和不可预知的方式对我们形成反作用力（例如，仍在肆虐澳大利亚城市的大火，因所有来自国际合作中的冲击效应而完美造就的美国一些最昂贵的房地产地区，新的管理风险战略，抬高了的房地产保险费用，等等）；与此同时，其他因素也常规性地参与到了人类世界之中，创造了典型的要么被低估、要么被忽视的影响（我们被我们皮肤上看不见的大量组织保护着，宠物犬提供了对疾病和抑郁的抵御）（Franklin et al.，2007）。

可以证明的是，情况总是如此，甚至在生产型城市也是这样。当然，作为现代城市变化和 20 世纪中叶现代主义精神的一个结果，人类的关注点变得较少集中于整个人类世界，特别是坚定不移地关注生产和交换问题的世界。尽管我们可能会认为新自由主义时代将理性组织和控制形式（甚至更有效率，注意力不分散）越来越多地扩大到了我们的生活之中（它们确实做到了），但在此过程中它的确没有创造一种必要措施将我们的城市、其边缘地区和一般的世界以更为生态的方式联系到一起。我这话的意思，指的是发展和扩大与人类和非人类相联系的形式，承认维护这种关系的重要性；认识到存在着相互依赖的复杂链条，这种链条是维护这一复杂世界的秩序所必需的。[1] 如果推论这些仅仅是为了追求个人利益，会是错误的。尽管说是为了追求互利，也是错误的，但同样的，关系和与他者的联系，创造一种多元、多彩、互异的生活，本身已越来越被视为一种积极的、愉快的、令人向往的最终目标。也就是说，它已经成为很多人想拥有的生活的一个重要组成部分。这也是消费/休闲社会的另一种反讽。可以认为它是浪费的、无意义的、肤浅的、无聊的，但毫无争议的是，人们所渴望的更严肃的介入方式，是更多元更积极的态度评判各种差异和变化，并且培育美学欣赏以及对不断增加的美学现象的鉴赏力（Welsch，1997）。

在这本书里提到的情况不仅是从一般意义上正在变成真实的，而且是在一些特别的主要城市中正在成为现实的——这也是为什么（也许是反讽地）他们热爱复兴（人们在放弃城市之后又开始返回城市）的原因（Crouch et al.，2007：16），为什么最好的城市似乎都例证了新的生态学价值的原因[2]，以及为什么寻找的是用精确的术语去理解一个城市如何可以适应更生态的和谐的原因（Landry，2001）。查尔斯·兰德利的《创造性城市》（*The Creative City*）一书的开篇，告诉我们该书“探讨我们如何可以使我们的城市更宜居并更有活力”，城市如何能够成为“有创造性、有潜力并能改善生活品质的充满活力的中心”。这些表述都非常有意思——宜居、有活力、富有生气、生活品质——它告诉我，人们所寻求的并使一个城市成功的东西，实质上就是能在此地拥有特殊的生活——不只是创造财富，还要住房完好，价格公道，能支付得起，服务要跟得上。人们的需求超出了物质上的舒适；

---

① 在这一意义上，生态隐喻归功于诺伯特·埃利亚斯的“构型社会学”（figurational sociology）以及他的文明化的论点。埃利亚斯认为，理性化的生产和管理形式的扩大，具有道德、社会和文化含义，新型的方式和感受力，导致复杂多变和意想不到的方式。

② 这是来自于理查德·佛罗里达对当代城市研究的一个清晰结果（*The Greative Class*，2003a）。

他们寻求更有美学意义的生活，有更多的多样性和关联性，在其中，他们是、或者有可能是这种生活的实践者，并且，在其中，生活不会以他者（人类的和非人类）为代价。这是一个巨大的要求，是一个新的工程，这个工程也许会、也许不会实现，或是让所有人都参与[①]（总有赢家和输家），但有一些重要的积极因素会使它区别于此前的现代性时期：它似乎更有意于关注宽容，而不是肯定标准化（对一个不断变化移动的世界来说，标准化是一种有用的伦理规范）；它肯定一种极端的去中心化，而不是保持一成不变地关注“主要机会”；是一种寻求快乐、充满审美情感，并以享受主义和健康愉快为取向的。

物质和军事的安全不再是城市文化的主要关注点，因为这些在西方的很多城市长期以来被认为理所当然（当然，尽管因为城市依然是容易渗透的，新的内在的和外在的危险不时会出现），并且已经被种种议题所超越，这些议题可能只能在罗纳德·英高赫（Ronald Inglehart，1997）所称的后物质主义状况下加以追踪。

引领发展额外欲望可能性的后物质主义，不仅限于维持生活，而且限于改变和改善生活本身，创造丰富多彩的休闲生活方式（以美、健康和愉快为目的，以智慧和精神追求为方向），引入来自生活的新期望（更清洁的空气，更健康的食品，更多样的啤酒、奶酪和橄榄油，更快速的汽车，更多的空中旅行，更自足的生活空间），开发新的由价值观驱动的政治观（环境政治、性政治、文化政治等等）。（Inglehart，1997）新的生活方式的取向及其组织，将个人与远远超出了工作场所

---

① 我采用尼尔·史密斯（Neil Smith）关于城市复兴、中产阶级化和新的中产阶级的观点。他们已经在自我培养中一马当先，作为结果他们身在最重要的赢家之中。但我不会简单地将新的创造性城市的展开视为资本家的阴谋或逻辑；它仅有系统性的结构，只是出于利益建造起来的，或者可以还原为一种马克思主义者的经济学分析。这恰好忽略了我在这里所做的描述：除了商业和企业行动之外，也有很多人一直试图建立更美好、更宽容和令人愉快的城市空间。在我看来这是很明显的，大部分致力于此的婴儿潮时期出生的人，不是来自特权背景，而绝大多数来自底层中产阶级，这一事实意味着说他们反对工人阶级，总是半对半错。

和家庭、超出了进步的人文主义范围的人际和目标网络连接了起来。因为超越了对人类需要的获取和利用的问题，后物质主义取向涉及与品质、可持续性、伦理、道德、快感和美学等问题，它们深入地改变了人类和非人类客体之间的关系，远离了一种单一的消费者和可消费的现代主义模式，而转向了有关共存、互相渗透、可持续性及感觉关联等更复杂的生态学问题。

正是在鲍曼和其他人可以将消费主义视为所有形式的关联的隐喻的时候，正是当我们的确成为世界超级的、无法超越的消费者的时候，这一事实将我们连根拔起，迫使我们进入到一种与我们所消费的物品的不同形式的关联之中。鲍曼的确承认消费者和消费已经发生了深刻变化。当食品变得丰富而且便宜时，我们的关注点从填饱肚子转向了渴求一种审美的、健康的身体。当豪华的个人交通对所有人来说都可获得时，我们就开始关注空气的质量，关注进行更多散步、骑自行车或跑步的可能性……在消费已经超越了物质需要的社会里，鲍曼承认我们的消费方式已经成为我们自我判断和判断他人的基础。鉴赏能力或者消费美学让我们置身于与我们所消费物品的全然不同的关系之中，我们消费，因为消费也可以唤起敬仰、尊重和羡慕。我们能够吃是不够的，目标变成了怎样吃得好，其表达成了社会区分的一个标志。鉴赏能力还能鼓励人们节俭、克制、收集、保存，而不是暴饮暴食。我们对消费的期待远少于对物品的期待，我们大多数人都渴望物品能获得一种对半神圣的灵韵；兰博基尼也许不可能被钟爱的百万富翁砸碎并废弃，但悖谬的是，会省着使用、保持全新。在西方与日俱增的垂钓者军团中，鲤鱼和鳟鱼的神圣地位也在不断提高，他们不仅没有更多地消费它们，反而是完全避免消费它们。

尽管是一次性物品的社会（我不想讨论已经不再浪费这种情况），但研究表明，我们其实非常厌恶抛弃任何东西，因为在我们厌倦拥有某些东西的时候，它却是确定会火爆的东西，它将成为别人审美化的、渴求的、使用的或收藏的东西，因而进入二次或者接下来很多次的交换循环。这是来自那些懂得二手货市场与日俱增的重要性的人的信息。尼基·格雷格森（Nicky Gregson ）和路易丝·克鲁（Louise Crewe）花了六年时间调查英国的二手文化世界，报告称，参加汽车行李厢交易是一个最流行的周末休闲活动（Gregson and Crewe，2003）。根据尼尔森（Neilson/NetRatings，2007）的调查，英国有一半人每个月都会访问 eBay，在所有互联网上网时间中，访问 eBay 的人数持续在 11%，到 2006 年交易额达到 520 亿美元——超过新西兰 GDP 的一半。①

城市现在不仅是一架生活的机器，而且是一种人工智能的、半人工智能的生活方式。我们止步于机器开始的地方，不再清晰明了或至关重要，因为我们这么多的感觉和与世界联系的方式已经受到与机器的无缝连接的调节。如果没有上百万的与我们有密切关系的电脑，我们的城市（甚至我们的家庭）一定会立即陷入停滞。城市已经被设计师和建筑师的能动性塑造过，是的，它们也被并且将被机器的力量和机器与用户的共同能动作用所塑造，这些用户将会遭遇新的用途和新的人工智能的可能性。

美国和澳大利亚的郊区城市，从没有在设计汽车的人的脑海里出现过，但正是汽车，使想象郊区生活有了可能。汽车驾驶被认为是一种交通手段，改变了从 A 地到 B 地的方式，但是，汽车以这样的方式被制造出来（另一方面，这是一个涵盖了美学诉求的主题），以致“驾驶”变成了汽车的目的，而不仅仅是取得其目的的手段（到达另外某个地方）。由于城市变得更大，新的技术使保持看不见或无名甚至更难，而不是更容易。工作区域和家庭区域的区分变得模糊不清，由于越来越多的人今后在家工作，或者在移动中使用新的通信技术。快速火车和航空联合，意味着一些主要城市比起它们自己市郊的一些小镇来，在真正的时间旅行上更近了。通过对 20 世纪 70 年代家庭技术调节的可能性与 2010 年的家庭比较，可以看出这种对比是惊人的，而事

① 根据维基百科，2006 年新西兰的 GDP 是 103，380。

实上，几乎所有形式的基于空间之上的分化和连接，都以多种方式消除了。因此，我们可以去购物，走出去看一看太平洋，与正在休假的伙伴面对面地交流，在香港赛马会上赌一注，或在艺术品拍卖会上喊个价，而在同一时间售出那些我们在前一星期才买下的物品。我最喜欢科罗拉多小溪流的鳟鱼，甚至在我决定去垂钓前，就可以先看看条件。

其次，城市不再主要自我沉迷于人类世界了。至少从20世纪80年代开始，城市里的人开始对非人类的生命产生了一种重要的情感和联系。从一开始，环境政治以及甚至远离城市的与具体环境有关的问题是由城市居民主导的。英国历史上单一的最大的政治示威集中关注的是禁止猎杀狐狸，来自英国乡村的代表大批前往伦敦，抗议英国城市普遍的对农村生物的侵犯。在美国、澳大利亚、新西兰还有其他地方，打猎也同样受到城市居民的抨击（Franklin，1996，2002）。城市也重新发现、接受、鼓励并发展自身以成为天然的栖息地，并且经常成为有些物种的庇护所，这些物种在它们自己的所谓乡村栖息地受到了威胁。

第三，城市开始强烈意识到它们自己的区域腹地以及全球范围内的生态学足迹。新奥尔良自2006年开始，可能放弃一个重要的城市信念，这是缘于对自然的肤浅认识和自大的人类至上主义的结果，这一观念已经成为一种现实，并鼓励一种更生态的理念建构（Pickering，2008）。

尽管现代主义城市寻求一种有计划的新秩序，并伴有重要的城市中心重建工程构成其主要干预，生态学城市一般还是进行得更为谨慎，其步伐小心翼翼，更多地陷入伦理的争论、利益相关者的权利、消费者的需求与观点之中，将更多的精力和金钱用于生活方式的基础建设和创造性产业的技术整合。对效率的冷静表达理解不了生态城市，因为生态城市希望将自己定位于处于紧张状态的对立面和实体共存的有效媒介，这也是它为什么投入这么多精力支持文化产业发展的原因，因为这些会始终如一地将文化元素带上一个践行的舞台，在这里，这些文化元素会促成并鼓励其他人执行转变与改变的仪式。城市依赖有吸引力的资本和越来越多的访问者。在两种情况下，流动的旅行族和建造城市的有创造力的工人，正在寻求这些过渡空间所提供的兴奋与刺激：宣泄、救赎、宽容、娱乐、拓展思维、世界主义意识和鉴赏能力的开发、健康和可持续发展等。在现代性城市，用一年中的少数几个星期，或者假期，来寻找这样的事物——持续一个久远的朝圣传统，并见证季节转换与仪式的更新。今天，丰富的物质条件允许我们有更多的时间用于这一类的反思、改良，并进而支持极为不同的、无限开放的城市生活形式（见 Franklin，2003，对这一进程有详细论述）。

第七章　城市生活方式

城市生活受到各种根深蒂固的文化和小集群的成员与归属感的有力调节：社会阶层、种族特点、宗教、民族和历史构成，以及这些结构性分类的冲突和并置，所有这些都持续地支撑着任何地方的任何城市生活。对城市的任何分析，如果不理解这些事物在任何一个地方是如何进行的，这种分析将会是有缺陷的，同样，只停留于这些类型学上的变量分析，将会错失一个关键点：尽管很多国家的城市生活仍然以其相对僵化和固定的分层和区分来重写生产型/工业社会，因而依然是一种背景式的结构性影响，但是当代城市同时也是其逆转、崩解或流动化的例证。如果存在诸如“主流”和“惯习”的生活方式一类的事物，也就是20世纪50年代美国和英国城市人类学家在人种学中试图把握到的那一类事物，那么，其后到来的生活方式，可能就会被认为是一种对“主流”和“惯习”的远离。因为生活方式，都与一种已经获得的生活方式、地位和身份的完整实现有关，与拒绝被赋予的地位、抛弃稳定的生活方式有关。

身份和归属的新形式使他们感受到了在城市中存在，这种存在以从工业制造业到文化服务业的转变为基础，也以从生产到消费的转变为基础，这是城市生活的主要推动力。城市生活方式越来越程式化了；按照风格和选择的路线不同而四分五裂；受到艺术产业，创造性产业，文化产业，设计/时尚/风格中心等重要作用的影响。城市生活现在是多样化的，并被安置到了生活方式之中，这种生活方式与催生它们流动化的时代相吻合。

在城市流动和重组过程中，最重要的资源是：

1. 消费社会的到来，消费主义产生。

2. 解除了对劳动力市场的管制（尤其在金融部门），移居者进入城市劳动力市场中更多领域的更大自由度。

3. 创造型产业和文化产业的兴起。

4. 多数居民自有产业明显地日益增加，在保护和美化家园以及邻里街区方面所展开的文化工作的意义与日俱增。

5. 更高层次的社会和地理流动性。

6. 反文化团体对中心城区的占据聚居，艺术、创意和先锋派文化“氛围”的建立：如莱伊（Ley）所说的“情感结构”或希尔兹说的“边缘生活”。

7. 商业和职业中产阶级群体的进一步聚居，这种群体不仅推动了中心城区开发的新形式，而且他们对这类区域的偏爱归功于把中心城区重建为一个受人喜爱的合作地区。

8. 随后文化和开发向郊区和郊区中心转化模仿了复活后的城市中心的外表，莱伊称之“改装郊区”。

9. 在城市气候中，经济和文化发展显著集中，在这种城市气候中，更大比例的生产活动涉及文化产品和服务，其商品具有更典型的审美内容。

这些变化不仅影响了人类学和全世界很多城市的文化构成，而且还改变了这些地方的生活，以及如何在这些地方生活，这也是城市复兴的原因。

这一章将勾勒这些变化的协调配合，并给关键的文化转变定位，比如反文化群体的出现、中产阶级化和男女同性恋区的建立，消费主义的到来和影响，关注快感、快乐和自我转型，还有所谓的中心城市的异常行为以及对它的监视和控制。如果这些建立起来，我们会站在一个恰当的位置去分析当代城市生活里这些具体的内容和特点，并可能对出现的流行现象以及经济和社会意义作出解释。

生活方式

首先，必须予以关注的是，生活方式是一种概念，甚至是当代西方社会的一种特征。它始终承担着变成一种陈词滥调的风险（并且大量繁殖：空巢、雅皮士、68后，等等），不止是因为它已被市场营销人员和《生活方式》（*Lifestyles*）杂志的记者们变成了一块用于辨认的模板，它还有多种变化和交叉指涉的内涵；而且还常常令人困惑、空洞无物、随心所欲。当一个词（通常是一个十分完美的术语或概念）凭空而来，却变得无处不在并成为笑话的笑柄时，陈词滥调通常就会出现。按乔费瑞·纳恩博格（Geoffrey Nunberg）的说法，“整个1967年，‘生活方式’这个词出现在《芝加哥论坛报》（*Chicago Tribune*）只有7次，在后面的五年中，这个数字一跃到了3300次，这个词挂在每个人的嘴上。一份卡通新闻报纸显示，一个小男孩从学校回到家里，告诉他妈妈，‘今天我们学到了不可剥夺的权利——生活方式、自由、对幸福的追求’”（Nunberg，2006：1）。

笑话的笑柄实际是具体生活方式老生常谈的角色，而不是生活方式本身。在生活方式的文化政治经济学中，存在很多竞争、批评、敌意和嫉妒。因为生活方式将它的源头归于其反文化的祖先，“酷”的观念因此非常重要：这也是为什么“酷”普遍变成了“好”或好风格的同义词的原因。早期的爵士乐俱乐部、地下酒吧、酒吧和俱乐部——

深入到了20世纪早期城市的心脏——在发展一种与其反文化的热望相匹配的个人主义方面，相当引人注目。它激起了个人的“酷”和“时髦”的政治，正如鲍腾和罗宾斯（Pountain and Robins，2000）所主张的，这种政治现在主导了每个地方当代形式的个人主义（我们也可以说是城市生活方式）：

> “酷”是被个人和小群体所采用的一种对立的态度，用以表达对权威的抗拒——无论是父母、教师、警察、老板或监狱看守人。更言简意赅地说，我们将“酷”视为一种私人反抗的永恒状态。“永恒”是因为“酷”不止是一些“你经历过的阶段”或“你从中长大”的东西，而是一朝获得便终生拥有的东西；“私人”是因为“酷”不是集体的政治反应，而是一种个人的抗拒立场，它没有用咄咄逼人的口号宣称自己，而是把抗拒隐藏在一个讽刺的不动声色的面具后面。这一态度处于逐渐成为西方社会中人与人之间主流关系类型的进程之中，是一种新的世俗德性。再没有人想要“乖”，他们想要“酷”，这种渴望不仅限于青少年，甚至在为数不算少的少数超过50岁的人中也可发现，他们也长期受到60年代反文化的影响。（2000：142）

直到生活方式的社会学出现，都很少设计出具有表现力的、有活力的概念，用以描述人们生存的方式，他们是如何引导自己通过生命历程的，他们是如何选择一种特殊生活类型的，当然，在使用“生活方式”之前，人们以许多种方式使用“传统”和“文化”等术语，这些术语往往（如果不是绝对地）划定了一种生活，描述了大部分稳定不变的生活方式类型和内容。当然，“传统”诉诸一种对永恒的未加质疑的生活内涵的感觉，一种用先例、信仰和法律来指示的生活，而伴随着对现代和更晚近时代分析的文化转向，则试图掌握阶级、青年、宗教、民族、移民和种族等等的文化，仿佛它们给属于或指定的人的生活和取向创造了某种程度上的固定性和可辨认的集体内容（字面上看是一种文化）。[①] 我们也许可以说，在现代西方生活方式涌现之前，社会学家处理生活观念——生活观念往往是通过社会和文化建构起来的，由某些持久的特殊的生活的方式的决定；个体的生命和集体的价值以及文化的集体属性是同义词。当杨和威尔莫特写作《伦敦东区的家庭和亲属关系》（*Family and Kinship in East London*，1957）一书时，其目的是从社会学的角度掌握伦敦东区工人阶级的生活方式。他们提前认识到了这与莱维敦（Levittown）、芝加哥或社会人类学家所记录的真正来自小镇的生活方式完全不同，例如约翰·戴维斯描述的意大利皮斯蒂奇（Pisticci in Italy，Davis，1973）。

比较起来，生活方式的转向，展示出了一种根本不同的社会和社会性，在其中，无论是生活方式还是人人熟知的、长期存在的文化实体，都被个人主义和消费主义的兴起替代、打破甚至液化了。在生活的方式被社会结构过度决定的地方，生活方式往往在特征上受到的限定不足。生活方式大幅度地取代了（但不是完全……）阶级和其他分层的结构性功能（这也是社会学家帕可斯基［Pakulski］和沃特斯［Waters］可以谈论《阶级的消亡》［*The Death of Class*］的原因，1995）。它们依然像刮干净重写的羊皮纸似的，作为文化背景而存在，但它们不再拥有对个人较大的说服力，也很少有个人或机构具有将其教诲纳入其中的作用。如费瑟斯通（Featherstone）讨论到：在最初尝试提出生活方式作为社会和文化分析的一个恰当隐喻时，可以将它定义为“个性、自我表达和有风格的自我意识。一个人的身体、衣服、言语、消遣、吃喝爱好、家用汽车、度假选择等等，都被认为是所有者和消费者个体品味和个人风格的标志”（1987：55）。在总结社会学家随后对生活方式的运用时，萨姆·布林克利（Sam Brinkley）提出，

① 参见“当代研究中心”（the Centre for Contemporary Studies）20 世纪 70 年代和 80 年代的各种著作。

他们“认为生活方式实现了两件事：他们肯定它是一种自我感或认同感，但它们也将个人与他人区别开来，因此为社会群体的更进一步的分层做出了贡献”（2007：111）。布林克利认为，这是一种早在1946年马克斯·韦伯就注意到的一种能力，但它在1984年通过布尔迪厄（Bourdieu）的描述变成了一种突出的社会特征，2000年鲍曼则更强化了这一点。

> 有关生活方式的社会学将社会行为的两个重要层面带到了一起：人类能动作用的主观维度和强制人们如是行动的客观结构。此外，生活方式被视为在现代社会中越来越举足轻重，在现代社会，未加控制的选择领域被视为正在扩大——这一缺陷部分地归因于受到整齐划一、批量生产所限定的老式“大众”消费的削弱，并归因于更个性化的消费文化的与日俱增的影响。如此，受到消费者市场调节的生活模式，我们所称的“消费者生活方式”，给个人认同涂上了个体选择计划的色彩。认同是一种审美的自我塑造或创造性的即兴表演的活动，在构成我们生活方式的许多选择之中，我们可以有所作为——食物的选择，衣服的选择，旅行目的地的选择，等等。（Brinklcy：112）

“生活方式”的起源，确实经常被归结为福特主义的批量生产（及其大众文化），以及继20世纪70年代财政危机之后80年代的生产和经济的调整过程，里根经济（Reganomics）和撒切尔主义（Thatcherism）的来临，劳动力市场、经济控制和国家管控的普遍放宽。这种环境解除了温情的资本主义和福利国家的过分影响，并使个人主义放任自流，正如鲍曼所注意到的，被迫（常常很难）做出迄今为止被别人所采用的决定。与阶级、传统和文化相比较，生活方式可能偶尔会相对浮浅地对人形成冲击，稍微不那么稳固，也较少立竿见影。这是因为它确实不太稳固，但它远不是微不足道的。因为个体现在做出的决定和选择不纯粹是审美，就像我们所看到的，它们也是伦理的、政治的和道德的，与保健、风险管理、金融安全、不可抗力和代际间的转移相关（向上或向下）。

这些解释将这些变化和变化带来的生活方式视为 20 世纪 70 年代和 80 年代经济变化以及与形成这些深刻变化相一致的政治的结果。通常将这些解释往前推进一步，便足以说明个人主义消费文化的兴起，不过，在我们认识生活方式在当代城市具体历史表现中的意义之前，我们至少需要知道其他四个故事。尽管当然有乡村和半乡村式的生活方式，而且在像英国乡村一类的地方和澳大利亚的“突变”现象（离开城市前往海边社区）中变得特别重要一样，虽然在任何位置都可以存在城市风格（移居者、在异地的外国人、混合移民等），但是，生活方式尤其与城市、特别是与主要城市的市中心地区联系在一起。这不是因为这些区域在类型上有什么不同，或住在这里的人更倾向个人主义、消费主义或作出了特别的选择，而是因为这些人有不同的强度，或者如莱伊所说的一种“情感的结构”（Ley，1996：38）；因为这些区域反映出了他们的变化潜力以及创造性，而许多方式本身就源于这里，而它们的创始者（佛罗里达称他们为创意阶层）越来越多地入住这里，或更紧邻着这些区域，并使新的生活方式成为他们创造性的动力。因此，可说的故事涉及：

1. 城市中心和消费主义的来临。

2. 城市中心被艺术和政治先锋派历史性地占据并聚居。

3. 令人愉悦、审美化的中心性，以及按旅游业的喜好进行的城市的秩序化。

4. 按加里·布里奇（Gary Bridge，2000）和蒂姆·巴特勒（Tim Butler）及盖瑞·罗伯森（Garry Robson，2003）所称的“中产阶级化的惯习”的形式，对以上三者的圆满完成。

城市中心和消费主义的来临

如同包含城市生活方式兴起的所有故事一样，消费主义的起源有着社会、政治和经济的基础，而人类能动性的故事通常与一个居住在城市中心区的相对小的政治上进步的年轻中产阶级团体有关。尽管在二战的余波之后一个长时间的经济繁荣期内，消费有可能发生了变化，但正如我们所知，消费主义的来临，消费者的力量，消费者的意识，远不是不可避免的。的确，它没有在西方世界每一角落同步兴起。它在经常被认为已经来临之时并没有兴起——20 世纪 80 年代早期，便沿继了 20 世纪 70 年代的财政危机，经济的调整、大规模工业的灵活性、消费者信用的扩大以及新的“后福特主义”世界商品的繁荣，所有这些因素都推动着消费主义，但在某种程度上，所有这些因素都依赖于 20 世纪 50 年代后期和 70 年代之间更早出现的一种新型消费者和消费文化。

20 世纪 50 年代中期，西方世界突然被一种范围空前的产品淹没，其中很多都是全新的。壮观的百货商店和拱廊街的源头属于 19 世纪晚期的更早的城市时期，但是尽管许多人成群结队去看这些新奇的、亮堂的商店橱窗，这种引人注目的消费那时还是少数人的专利——尽管雇员中的实际工资有所增长。当然，早几十年一直尾随着经济大萧条，而随后的 20 世纪 30 年代后期直到 40 年代后期的战争，几乎完全破坏了购物的乐趣。

战后新的消费者，是戏剧性暴富、定量供应终结（在英国）、战后市场的扩大、特别是美国消费者市场和消费水平扩张到欧洲以及澳大利亚的结果。比如，在英国，真正的人均可支配收入在 20 世纪 50 年代增长到 30%，60 年代进一步增长了 22%（Alexander et al.，2007：6）。英国注册登记的汽车从 1960 年的 550 万辆增加到 1973 年的 1350 万辆，那种可以一周一次购物回家的超市数量，1947 年是 10 家，1960

年是6300家，到1970年，是2万8千家。在美国，新的购物中心也以从未有过的增长速度开张，在1963至1969年间，差不多开了5000家（Ley，1996：176）。概括地说，可以说很多英国和欧洲的消费者，面临着一种转变，从熟悉的差不多一成不变的消费形式和产品选择转向了新产品和前所未有的选择两方面的冲击。《*Which?*》杂志50年（1957～2007）特刊提到很多新产品使用了夸张的声明，其中很多是危险的，购物者对在新的市场购买什么或者如何购买所知甚少，几乎没什么权利（*Which? Magazine*，2007）。而且，生产商自己也几乎没有提供他们产品的任何信息，所以要做出信息灵活的选择，更不用说满意的、合理的选择，是一件不确定的事情。在很多情况下，个人听到了一些可买到新产品的信息，却很难找到它们，或很难轻易找到可比较的产品。虽然这激起了批评，并呼吁更多的管控（早在1946年，“全国妇女联合会”呼吁“英国标准学会”对消费品进行监管），但最显著的影响似乎是，人们看到并购买商品的机会在一个以前从来没有想象过的水平上激起了紧张兴奋。加雷思·肖（Gareth Shaw）和他在埃克塞特大学的团队目前正在进行一个称为“重建消费者景观，1945～1975”的项目，他们对消费者在诸如超市一类新的购物体验特别感兴趣：

> 莫丽·塔兰特（Mollie Tarrant），一位英国市场调查委员会的评论员，在1946年记录：“在一个空前的程度上，家庭主妇也可以在商店采购食物、居家用品和其他东西。但在超市里，她处在一种新奇的、令人兴奋的气氛中（尽管对有些人来说是一种令人困惑的气氛）。她也许购买乐谱或者传递买卖信息，她面对着新的产品、日常讨价还价、不同形式的包装和色彩组合，以及不断变化的复杂的陈列方法。”www. sobe. ex. ac. uk/research/consumer_landscapes/shopping/rise. html
>
> （访问时间，2007年12月1日）

购物者这种新鲜的、刺激的、令人困惑的状态被广泛感觉到了并很有影响。这是不断增长的市场用于交易和广播电视广告的一条重要销售路线：如果要培养出对一个产品的信心，购买者需要更多的信息。比如，1946 年，《零售贸易协会杂志》（*The Journal of the Trade Association*）大胆提出："19 世纪的家庭主妇受到的教育有限，需要专门销售人员的帮助。如今，国家和大众市场培养了更见多识广的消费者，可以期望这些消费者更明智地从开放式物品展示中加以选择（Kingston，1994：101）。"但广告商的宣传被消费主义的早期先行者视为问题的一部分，而不是解决方案。

有讽刺意味的是，消费主义的重要先行者不是一位经济学家、市场人员、广告商或企业家，而是一位社会学家，迈克尔·杨（Michael Young）在 1945 年的选举运动中成功地推出了"工党宣言"，20 世纪 50 年代末，是"工党高级研究主任"。34 岁时，迈克尔·杨完成了城市社会学的经典著作《伦敦东区的家庭和亲属关系》（与 Peter Willmott 合著）。他还对 1950 年哈罗德·威尔逊（Harold Wilson）的"工党选举宣言"抛出了一个消费者劝告服务的看法，然后成了贸易委员会的主席。威尔逊彻底反对这个提案，认为在有需要的地方已经这样做了：如在汽车方面，有"汽车协会"做了，在电子商品方面，有"英国标准局"做了。

然而，杨看到了工党内部观察的结果，它清楚地表明对此有众多的公众需要和支持。此外，美国也有这样的实体，一本声誉良好的杂志《消费者报告》（*Consumer Reports*），给消费者提供商品和服务的中立的劝告，而且自 1936 年起就已经这样做了（Young，2007：6）。在英国，同样冒险的主要问题是，这种被广泛认可的杂志将会遭遇到更严厉的诽谤法；关于一个产品的任何有害信息（批评的或比较的）可能会在法律行动中失利。迈克尔·杨和一位顶级法官一起验证这项提议，发现在英国法律里并没有任何障碍，当一个朋友想出一个成功打动人的标题《*Which?*》时，这个方案就开始施行了。

它将是这样一种杂志——对同类产品进行测试、评估和比较，然后给消费者提供知情选择、安全警示和建议。它的必要性是很明显的，因为最早的调查显示，在有效信息缺失时，制造商是可能撒谎的。《*Which?*》杂志表明，除了价格和宣传多有变化以外，所有的阿司匹林药片其实都是一样的，还有一个奇怪的事实是，法律没有要求橙汁实际上要包含任何橙子的汁和来自橙子的其他东西（Young，2007：7）。

但是，就连新闻工作者们对英国的诽谤法也谨小慎微，处于萌芽期的杂志在启动之后，什么也没有印，尽管它发现了丑闻。它只能通过杨一位《泰晤士报》杂志的朋友——一位女性记者以特刊（bye-line）刊发。这已经足够了：到了那一周快结束时它就刊发了出来，他们得到了7000个订阅者，并为这种令人吃惊的出版物开展了进一步报道。他们有了充足的资金维持杂志，而且从不回头看。早些年，他们测试一些基本产品，如烤箱、婴儿车、收音机和冰箱。《*Which?*》变成了一个公共机构，也是日常购物受到信任的重要指南。当然，他们还延伸到了越来越多的产品消费和服务领域。1963年，避孕药开始登陆《*Which?*》，他们印刷了一个避孕药的特刊，包括一个“购买避孕套的最佳选择”的特写。此后，《*Which?*》的姊妹杂志开始发行，1965年开始《*Motoring Which?*》，1968年有了《*Money Which?*》。《*Money Which?*》首先论证银行服务的仲裁责任结构和家长制作风的表现，认为银行应该像其他服务和商品一样。而且，这份杂志还为订阅人提供了“投资、借款、信用和（合法）避税的帮助”（Young，2007：14）。它首先测试了香烟的有害性，并刊发了一个排名表，还说明了很少有牙膏真正含有防蛀的成分。当然，它也看到了当与消费者的事务和权利结合在一起时力争改变法律的作用。比如，它成功为下列法案进行了斗争：1971年的“主动提供的商品与服务法”（the Unsolicited Goods and Services Act），1973年的“公平贸易法”（the Fair Trading Act），1974年的“消费者信用法”（the Consumer Credit Act，这一法案要求广告和产品信息给出真实的年度利润率)，1980 年的“竞争法”(1980 Competition Act)，1986 年的“金融服务法” (the Financial Services Act)，1988 年使用了“医疗档案法”(Medical Records Act)，还有“1990 年房地产信息误报法” (1990 Property Misdescription Act)。

到 20 世纪 80 年代，当消费主义经常被认为发展到了定位心理年龄时，《*Which?*》已经影响到了消费和消费风格的某种革命已经十分明确了。消费主义一般被认为是一种人工产品，迈尔斯(Miles, 1997)视为一种整体的“消费资本主义”，它创造了“一种生活方式”，这种生活方式依赖于消费所提供但不能派送的自由选择的幻觉。正如他所说的：“通过创建一个依赖于无差别设计开发的社会——这种设计在当明显还不是个性化的时候，就被称赞为是个性化设计——消费资本主义能够进行自我再生产。”借助比较，迈尔斯认为美国的消费主义是“一种保护消费者利益的运动”。与把这两股力量或运动分离开来联系在一起的问题是，它们明显是相互关联的。《*Which?*》杂志是一个很明确的消费者保护组织，但如果设想它对消费主义的发展没有任何影响，那就完全错了。首先，消费主义常被认为是个性化选择的实践，但是，做出选择所需要的技术和信心，不是给定的，而是通过与日俱增的中介过程习得的(鲍曼称之为“鉴赏力”，2000)。值得讨论的是，《*Which?*》杂志起初并没有像培养消费者那样保护消费者：晕头转向、容易上当的战后购物者获得了一些能力，能够了解产品，考虑选择的参数，基于对产品有效性的比较认识、将其放在自身需要和经济环境的背景下做出决定。现在这些可能都被认为理所当然，但是，即使在今天，大量的努力也还是进入到了消费者的信息之中，这使消费主义大行其道。

第二，《*Which?*》杂志和其他同类媒体树立了消费信心，使之处于一种支持并推动消费主义的氛围中，将消费主义当作日常生活的一个规范部分，在这种意义上，它是一种对干预的摆脱。《*Which?*》杂志同仁的策略，是直接强调并终止同类产品开发的增长。对阿司匹林药片的认识这一经验教训，已成为调查的模范思路，至今依然如此。

第三，尽管《*Which?*》杂志一直在做市场检测和比较一系列不同质量和价位的产品，以使订阅者可以优化购物选择，还能给那些看不到产品的消费者介绍产品和产品的质量。尽管看而不买或者是看得起买不起（或理性获得）这样的事很早以前就有了，但是有一点还是真实的，购物习惯和对商品的精通依然存在更多空间上的区分，按阶级地位、种族划分以及地区和收入的差别等。在为特定的商品进行市场的分类排列组合时，《*Which?*》杂志对以阶级（和区域）为基础的消费者习惯进行了拆分，引发出了一种潜在欲望——渴望如果不是最奢华的东西，那至少得是更好的、更想要的产品。当然，《*Which?*》也会通过它对“最佳购买”的分析使前面所说的以阶层和地区为基础的决策产生了混淆。“最佳购买”取消了基于购买力之上的单向度的选择范围（例如，性价比、质量和使用寿命，都像价格一样成了考虑的对象）。

第四，《*Which?*》杂志不仅推动了鉴赏力的发展，而且将这种必要性变成了可能。为什么杨对发展消费者运动感兴趣？其中一个最重要的原因，是在他自己家人和朋友们的圈子内，几乎已经不可能对产品进行清醒的对话了。他们不知道这些产品是什么，甚至不知道在哪里可以找到它们，而假如他们没有任何办法提前知道自己喜欢什么，那么他们如何与竞争产品进行比较？经过《*Which?*》杂志和其他消费者—生活方式类产品与媒体的鼓吹，人们已经变得有见识，能够专业地讨论产品和制造商，因此能够对其他人的消费选择做出评判。鲍曼建议：知道消费什么并如何消费，在一个消费主义的社会里，开始体现了一定的身份和地位，但很难看清它会如何发展，如果迈尔斯的欺骗消费者设计是真实的话。告诉消费者如何选择的杂志，不管是印刷品还是其他媒体，都是大多数西方社会最终形成消费主义的共同组成部分。除了相似的政府组织之外，这些杂志确实是消费主义能够生成必要的对手边选择的欣赏的唯一空间。

消费者对信息的兴趣和需求，是人们消费需求倒退的原因之一，比如，退回到二手商品，特别是那些具有审美和文化意味的物品，这些物品能够唤起过去，过去的时尚，从前的艺术和设计运动，并能给他们修复和重建住房提供必要的"零件"和配件（尤其是18世纪和19世纪的住房）。20世纪60年代早期的英国电视喜剧《斯特普托与儿子》（*Steptoe and Son*）具有指导意义，因为它的背景处于这样一个时代：今天看起来古色古香、价值连城的物品，可能曾经被认为是"垃圾"。直到由于对历史和文物修复的兴趣，在流行文化中产生了显著的热情，古董巡回秀才得以在电视上公映：它在英国的首播是1977年。

复古的消费主义

尽管没有确切的时间点，当代二手商品市场和复古爱好的繁荣和兴盛可以回溯到战后，1947年，Oxfam① 在牛津开了第一家慈善商店。在那时，慈善商店在城市景观中具有可信性和时尚性，但它只能出现在二战后的生活中，而且大部分出自战争时期救助弱势群体和需要帮助的人的志愿者精神，现在他们的想法和热情又逐渐高涨。Oxfam最初是一个战时机构，目的是帮助那些在纳粹占领希腊时期挨饿的人们，战后它继续援助中东的难民，作为这场运动的一部分，它还有一个狂热的想法，就是接收那些废弃的商店，用来放捐赠的衣服和物品（为了有个好运气，也放进几件名人物品），然后用来拍卖出个好价钱。它开张的那天，完全快被那些疯狂的投机分子们淹没了，并且商品全部脱销。这份狂热让每个人都感到吃惊。其他的都众所周知了。这个商店仍在进行交易，Oxfam还为这个帝国增加了750家商店，由两万个志愿者团队掌控。

慈善机构谨慎地根据人口统计资料设定开店的地区。保守的品味

① "牛津饥荒救济委员会"（The Oxford Committee for Famine Relief）——译者注

使它远离了二手货和旧货市场，特别是衣服和其他耐用品，这里面包括了大量值得尊敬并有影响力的工人阶级。慈善商店很快发现它们最好的机会是把东西卖给年轻的受过教育的人和不太循规蹈矩的人，这些人大量挤在大学城里，后来他们搬进了城市中心，这些地方常常是以前萧条的廉价出租屋和工业地区。至少在 20 世纪 60 年代到 80 年代，慈善商店的地理位置差不多是市中心、反文化以及后来的中产阶级化的关键区域的同义词。除了新的商品消费所引起的环保意识之外，还有几个比较集中的消费取向元素：

1. 对市场引导的消费者增长的普遍怀疑，尤其是对新工厂生产的商品的怀疑。

2. 由此产生的审美倾向，对二手商品、可重复使用商品的回收和复原（老房子、汽车、家具、衣服等）。

3. 对工艺品和手工产品的兴趣的恢复，特别是陶器、布艺、珠宝、礼品和食品。

这种反文化的消费格局尤其在“机会主义”的城市空间里找到了具体的和多有重复的城市表达。伦敦的凯丹洛克，是由消费主义或生活方式驱动的城市更新的一个闪光点，是这种城市更新的最早实例。

凯丹洛克效应

20 世纪 60 年代末和 70 年代初，伦敦市中心变化迅速。早期的很多技术工人阶级开始离开伦敦，制造业基础也开始收缩或易址（Lawless，1989）。20 世纪 50 年代，由于公路运费涨价，凯丹洛克摄政运河（Regent Canal）周围的一些仓库和相关的工业开始衰落。1971 年，带着开发这一地区的想法，三个年轻人租用了这个地区的一些大型建筑，包括丁沃尔（Dingwall）从前的木料场，然后开始转租空间，大部分用作传统的工艺作坊。他们在一个铺有鹅卵石的敞开的院子里开辟了一个周末集市，目的是为那些手工艺商人提供直接向公众出售的机会；但这个集市还吸引了一些卖古董、二手货、衣服、食物和饮料的生意。由于靠近运河和周末的游船活动，与伦敦的主流文化相比，这里也有丰富多彩的可替代的文化活动可供选择，这个集市迅速变得十分受欢迎，并成为吸引游客必看的景点，最主要的原因就是它是一个很稀有的周末集市。

图 7.1　伦敦凯丹洛克。(photo Adrian Franklin)

这个集市还吸引了一些志趣相投的人来这个地区生活，形成了一种更有凝聚力也更一致的文化感受，但除此之外，它也开始改变了这一地区的商业特点。首先，附近的其他集市开始壮大起来，但随后，主要的凯丹镇—恰克农场地区开始转手。从大部分通常服务于当地人的店铺转向了新的商业、酒吧和餐馆，开始迎合来访的游客，因为现在这里是一个时髦的文化中心。第二，英国的第一家早餐时间电视台，TV-AM工作室，也建在了凯丹洛克的中心，而一家排名第三的联合集团的国际媒体公司紧随其后。

20世纪90年代，集市不可避免地转向了7天交易制，当时，整个地区的基础设施都得到了改善，集市也得到了翻修，变成了具有维多利亚风格的三层贸易大楼。

凯丹洛克过去这三十多年的历史变迁，已经在英国、加拿大、澳大利亚、美国和欧洲那么多的其他城市重复上演，以致人们可以开始整个西方世界城市中心的一种接近普遍的转型，尽管最初只是作为一个重要的房地产现象而引起人们的注意（莱伊认为它首先被注意是在1977年），还被奇怪地命名为“中产阶级化过程”。莱伊引用了巴尔的摩市长1977年有先见之明的讲话：

> 人们开始回到这里，在这里居住……他们开始去寻找这里的生机。他们开始回到这里……为了生活、自尊并富有活力。（Ley，1996：33）

莱伊还引用了明尼苏达州圣保罗市长同一个月的讲话：

> 由于燃料危机、新的生活方式、房屋以及居住质量与新的建设无法匹配，我们的城市中心正在发生一些事……重新返回我们的城市这一事实已经很明显了。（Ley，1996：33）

根据莱伊对中产阶级化的权威研究，尤其是中产阶级化在加拿大呈现出的那样，到1984年，关于这场运动差不多有14种不同的描述（Ley，1996：33），尽管其范围有强调再开发的、强调革新的、强调文化繁荣的、还有强调社会更替的，但所有这些解释，都没有弄清，如果脱离了这三十年它所产生的背景，所有这些解释便都说不通。中产阶级化不能归结为基本的经济、文化或住房活动，因为这三个方面在变化过程中是互相联系并且共同构成的。另一方面，从历史—社会学的角度来看，为什么这种进程会在很多地方实现十分清楚：谁使用了新的思路聚居到城市中心，谁能在这里创建有吸引力的生活方式，这些地方如何成为政治、文化革新的中心以及哪种文化产业能代表新兴的生活方式和现代立场，最后，他们为什么会如此执着地追求这样一种生活空间、投资空间和新的产业空间。

所有这些中产阶级化的特征，其中最突出的一点包含在莱伊“追随嬉皮士：中产阶级化的文化政治学”（*Follow the Hippies：Cultural Politics of Gentrification*）一章的概述里，它与住房分析的分类变化相关度比较低，所掩盖的东西与呈现出来的东西一样多，它能澄清城市中心社会变革中的政治、文化、住房、投资、开发和历史模式之间的相互关系。然而，相当清楚的是，社会转变开始和结束于谨慎地试图采用一种不同的生活方式之时，它远远不是经济和社会进程的派生物，尽管两者之间的确有着密切的联系，莱伊给出了一个很有说服力的案例，在20世纪60年代末和70年代初，一种新的带有实验性质的生活方式在城市中心相对低廉、空旷而文化上比较放任的空间扎下根来，并以许多种方式实现了一大群受过教育的一代人的梦想和渴望。

如果我们跟随着所谓的嬉皮士进入他们在城市中心的冒险活动，那么总会存在危险——他们似乎是所有随之而来的事物的发起者，所以，至少有一些空间需要用心地去重建，重建为嬉皮士在城市中心落脚的空间，也要追问与他们自身梦想一致的空间是什么。在那时，20世纪60年代的青年文化开始进入城市中心，城市中心的住房岌岌可危，房东的租金收入因为安置了一系列贫困的家庭而稳步下降。莱伊提到了一个拐点：在出卖用于开发和更有利可图的用途之前，从危旧住房中榨钱远不是最后的机会，这群人的到来引入了一种新的现象。与以前出于必要、缺乏机会生活在这里的那些贫民、新移民和底层人士不同，莱伊认为20世纪60年代的青年文化构成了：

一个新序列居民中的第一批人，对这批居民来说，城市中心将不是缺少机会的家庭的最后安身之所，而是中产阶级大军所青睐的地方，中产阶级拥有对城市生活机会的相当不同的看法，他们的确是这样一个群体——其居住地是他们文化认同的全部内容的一部分。(1996：175)

这个地方是什么东西吸引了他们？无可争辩的事实是，方便、便宜、位居城市中心是不可低估的，但远不止这些。社会精英阶层对城市中心贫穷的邻里街区长期以来着迷；不仅仅是因为历史上它们一直为受尊敬的上层和中产阶级社会提供了自由。如赛斯·科文（Seth Koven）《访问贫民窟：伦敦的性政治和社会政治学》（*Slumming：Sexual and Social Politics in London*）：

上层社会的男人和女人们长期以来斗胆进入伦敦底层社会人常出没的地方，寻求非法的娱乐。1670年，女王和里士满公爵夫人（Duchesses of Richmond）以及白金汉公爵夫人引起了一场公众骚乱，她们把自己装扮成“乡下妞”，在巴塞罗缪大集市（Bartholomew Fair）混在普通人群中未被发现。(Koven，2004：5)

“访问贫民窟”，还与伊利莎白时代城市的娱乐分区有关：尽管这一时期伦敦的莎士比亚剧院非常多产，而且很受欢迎，但不允许它进入城市。因为很多剧院都聚集在社会边缘的贫民区，挨着酒吧、小旅馆和妓院，它们构成了一种非常具体的娱乐空间，如果没有得到完全的准许，这里的放肆言行会受到处罚。它们准备好了一个越出日常空间、进入到一个性政治越轨、自我放任和自在自为的仪式性空间。(见Rojek，1995：85～88；Shields，1991)①

---

① 这种狂欢性空间完全可以用研究海边一直存在的狂欢节的相同方法来进行分析(见 Rojek，1995：85～88 and Shields，1991)。

尽管持续不衰，而且是伦敦观光贸易的重要部分，但到19世纪末，由于出现了认真的、具有政治愿望的访问和出于慈善原因而与穷人混在一起，访问贫民窟还是碰上了竞争和挑战。

> 访问贫民窟，这个词以及与这一词语联系在一起的活动，在历史上因一种持续的否定模式而著名。这是一个贬义词，用来耻笑别人据说是误入歧途的努力。作为城市社会探索的一种形式，它带有哗众取宠的谩骂、性犯罪、追逐个人满足的意思，对别人没有严肃冷静的探究以及忘我的服务。(Koven，2004：33)

但是，正如科文所说，要把纯粹的越轨从慈善事业和改革派中区分出来是很困难的，而且，有任何情况下，城市中心贫民窟里的性与道德的失效允许这些问题得到更开放的讨论，除此之外，它还被用作个人实验的一个场所：

> 大都市贫民窟为富裕慈善的男人和女人提供了一个真实的和想象的位置，在这里，凭着社会的认可，他们可以挑战阶级和社会性别关系以及性别特征的普遍规范。同他们所应承的邻里街区中受益于他们的慈善工作的穷人相比，他们可能更需要贫民窟提供给他们的自由。这种说法捕捉到了富人和穷人之间在慈善事业中遇到的复杂的社会动力，以及我自己对他们的矛盾心理。改革者们的创造性和激情，他们认真感受过并经历过的服务他人的时代精神，激起了人们的羡慕。同时，也有许多人深深陷入了贫民窟的令人心痒难熬的淫秽肮脏之中，他们把它用作一个舞台，在这一舞台上演练想象自我解放的实验。作为肮脏房屋和淫秽生活的同义词，伦敦的贫民窟反讽性地承担了个性解放和自我实现的基地的功能——社会的、精神的，以及两性关系——为了几代受过教育的男人们和女人们。(Koven，2004：34)

这样的场所可以提供相对自由的空间，既远离那些受到尊敬的社会、教会和国家的规范，也远离那些具体的道德团体的准则。伦敦市中心像纽约市中心一样，同样表现出了由此而形成的社会和文化的异质性、多元性和差异性，以及熟悉感和宽容等典型特点。它可能是一种供观看的奇观，但它也是摆脱协调一致要求的避难所。在小酒吧、酒馆、咖啡屋、妓院、俱乐部、非法经营的酒吧和剧院中，这一类的空间为那些不守规范的人以及不守规范的讨论和对话提供了一个家园。由于它们是作家和艺术家、诗人和学生、音乐家和演员的自然栖息地，它们变成了创造性和挑战现状的所在，变成了社会、政治和性实验的场所。而且，因为大多数这种小的社会集群是相对公开的和带有表演倾向的，这些人在这些地方的在场，改变了气氛或社会基调，吸引了人群、观众、追随者、粉丝、观察家、旅伴和助手。

克里斯·罗杰克（Chris Rojek，1995）有效地区分了他所称的现代性 1 和现代性 2，前者是寻找和加强秩序，后者表达了“变化、流、去分化和变形”（1995：79）。在这里，休闲生活是变化的，实验性的，不符合规范的，离经叛道的。罗杰克借鉴尼采（Nietzsche）的观点，也认为在现代社会里，由太阳神（Apollonian）推动着的控制力和秩序感和与酒神（Dionysian）推动着的感性、放任、对生命的肯定以及被情感左右的沉醉之间一直存在着紧张关系。尼采认为，总体秩序的可能性总是一种幻象，所以“变化是不可避免的，而且应该积极地接受它”（1995：81）。尼采主张新的酒神时代的可能性，并有助于酒神时代的诞生，这样的时代必须肯定一颗“探究的好奇心”，避免自我否定，并追求自由和欲望。

在整个 20 世纪，突破现代性 1，追求现代性 2 的酒神冲动，在许多地方被很多不同的人表达过——但得到最多表达的，是在城市中心生活的欢乐气氛中。在 20 世纪初，美国黑人爵士乐俱乐部提供了一种逃避性的原型空间，也为服从于新兴的（白人的）新教现代秩序而遭遇难以忍受的排斥和边缘化的人提供了表达空间。社会学对爵士乐的兴趣不限于其音乐风格、文化形式及来源；它也可能谈论爵士乐的社会空间是一种反文化的空间或离经叛道的文化，它对任何地方的城市生活都具有一种十分引人注目的国际影响。

爵士乐俱乐部兴起于禁酒的日子，是远离监视和对酒精、毒品管控的场所。它们随后变成了众多反文化（黑人、帮派、移民、青年）的代名词，个人自由和酒神价值观在其中得到了培养。正是这一原因，爵士乐通常被称为“魔鬼的音乐”。严格地说，爵士乐开启了文化转变的空间：

> 爵士乐是持欢迎态度的，包罗万象的，开放的。它用一个文化场所取代了吟游技艺，在这一场所中，所有的美国人都能参与、相互交谈，践踏、无视、挑战社会在种族、人种刻板印象上的顽固不化。美国黑人（以及其他种族的外来者）可以用它进入主流社会，美国黑人可以从主流社会逃离，而这种相互作用创造了流动和流，赋予美国文化以海纳百川的力量。(Santoro，2001)

以这种方式，爵士乐在打破美国新教文化的传统路线，为一个更放任开放的（酒神的）社会发挥了重要作用。当然这不仅限于美国。

梅勒（Meller，1976）表明了爵士乐是如何在一战期间及之后跨过大西洋来到英国的，以及它所带来的社会和文化影响。直到那时，工人阶级的休闲文化都是围绕街区和小教堂来严密组织的。跳舞被严加管控和限制，音乐风格对应于非国教（新教）生活严格的道德制度。爵士乐的到来和低俗舞蹈的变种对此进行了全面的重塑。与城市中新的公共交通体系、电气化、青年人工资提高相一致，新的音乐在新的城市中心舞厅找到了表达。这些是商业的也更放任的，而当跳舞的可能性和风格（在未婚的年轻人中）变得更为令人兴奋时（不说令人沉醉时），那么多的、成千上万的舞蹈学校突然出现，教给新的一代进入爵士乐所激发出的自由。除其他一些事物之外，这带来了两性之间更亲密的婚前社会关系，青少年文化登台亮相，妇女有了更多的自由，尤其是在公共空间里随意、安全地不受监督的出入的自由。

流行音乐和摇滚乐对爵士乐亦步亦趋，模仿或仅仅躲在爵士乐的风格、语言和空间里——它们大多数都栖居于城市的心脏和灵魂中。这里是音乐的发布、表演和组织的主要中心。战后，小小的爵士乐领域已经无法满足大规模发展的市场，所以更大的剧院、电影院甚至体育场所也被侵占。所以这些，都对成长中的受过教育的年轻一代发出了询唤，他们的文化影响包括“垮掉派诗人”（the Beat poets）、鲍勃·迪伦（Bob Dylan）、迪伦·托马斯（Dylan Thomas）、披头士乐队以及公民权。

这个流行世界还越来越与城市中心的休闲、艺术和表演产业联系在一起，而较少单独与富有的精英联系在一起。与战后其他艺术领域一样，它既是革命性的，也是流行的，并且通过吉米·亨德里斯（Jimmy Hendrix）、披头士乐队、詹尼斯·乔普林（Janis Joplin）的表演，还有诸如碧玛（Biba）的新零售店以及国王路和卡尔纳比街（Carnaby Street）的零售店，城市中心开始呈现出一种特别的“外观”，所谓的“新外观”。到20世纪60年代，反文化如火如荼，流行/艺术/摇滚文化互相交错，唤起了一种超验的、变化的、解放性的文化，这种文化除了关注城市中心，很少关注其他（长久的）空间。它避开了郊区，因为郊区是“直的”“方的”和“不可靠的”。这些“直的”、“有压迫感的”社会再生产的场所依然有着单调乏味的缺点，显得呆头呆脑，没有智慧。农村，特别是乡镇级别的田园生活方式，构成了这一代人实验的显著元素；然而，与城市生活相比，它不那么成功，也不那么长久（Munro-Clark，1986）。当然，强行占用和短期住房的集体生活方式证明对其他不那么富裕的群体是长远的、有益的（Franklin，1984）。这些东西许多都构成了第三等级的基础——“住宅协会”占有形式。

当主流无情地追逐技术现代性之时，这种文化重申了一种以中世纪、手工艺为基础、自然为倾向的物质文化。它重复了19世纪的“工艺美术运动”，它拥抱了超现实主义、超验论、佛教、瑜伽、冥想，等等。它支持保护和复兴古老的事物，并对新东西予以无情地打击。

当主流文化着眼于未来时，反文化则关注着过去与现在。当主流文化生产出更多的一次性用品和更现代的方便食品时，反文化可能用手工来制造这些，偏爱“天然食品的选择”。天然食品商店在某种程度上成了生活的一个社会中心，比如，在旧金山、布里斯托、哥本哈根、伦敦和芝加哥的市中心。作为一种合作化的运营，他们经常为整个社区提供见面会、资讯和信息交流空间。天然食品商店引发了散装鲜啤酒、真正的面包、有机生产、绿色牛奶和公平贸易产品的新动向。最有名的，是从这些繁荣的新兴贸易中，在伦敦布莱顿兴起了“美体小铺”（The Body Shop）。

然而，现代的主流社会变成了一种国际的“西方”文化，这种另类的反文化接受并混合生成的全球化的农民和土著文化的影响，第一次带来了印度、美洲、非洲和北非的文明，其成就的顶峰是1980年全世界的音乐节WOMAD①，风格紧跟许多摇滚乐节日的时尚。事实上，这种极端的公开化、公众化的社会思潮，与他们把生活方式（无论是经济的、艺术的还是日常的）舞台化的信仰结合在一起，已经将城市生活转译成了一种普遍化的戏剧化形式。它们所采取的主要形式是节日，一种狂欢节的后现代回归。正如莱伊所说，“在他们的自发自然、善于表现中，嬉皮士亚文化，成为了生活中连续不断的节日。就像街头着戏装的艺人，把人行道变成了一种‘生活的剧场’”（Ley，1996：180，引自Stuart Hall，1969：70）。

早在20世纪70年代中期，婴儿潮中出生的大学毕业生先前令人吃惊、匪夷所思的反文化取向正成为主流，并与一些重要的新产业融为一体：大众传媒、零售、设计和创意产业、福利事业和护理行业。

① “世界音乐和舞蹈节”（World of Music And Dance）——译者注

很明显，他们这种艺术的、实验的、倾向变化的、自决的、审美化的和前卫的品质，与商业上的成功不适应，或与城市生活中越来越多层面的经过重塑的商品化不相适应。矛盾的是，嬉皮士文化支持另一类完全与资本主义相一致的新教教义元素：将自我提升为审美、文化、精神和日常生活的中心。当他们在集体生活中的团体体验失败时，他们对小事务和自我提升的专注不移有目共睹。也存在一些著名的早期成功例子，这些成功与凯丹洛克效应的诸多方面大同小异：1976 年，安妮塔·罗迪克在布莱顿开了她的第一家“美体小铺”，而到 2005 年，全球大约已经有 2045 家。城市生活方式的理念和意义通过特伦斯·考伦（Terence Conran）的“产地”（Habitat）连锁店得到了实现（1964 年在伦敦开第一家店），现在的数量是 74 家。尽管和相对高端市场的城市中产阶级化有一定联系，这种商店还把它的成功归于扩大和利用起源于早期反文化圈的价值观。根据维基百科的 Habitat 网页，“考伦说到，这家店最初的成功，主要因为 Habitat 是少数几个卖便宜的罐装储存意大利面的地方，此时正当英国卖意大利干面的市场撤柜之时”。理查德·布兰森还坚定地在反文化圈子里开始了他的商业生涯，以 1970 年的一个学生杂志为开端，1973 年创办了“维京”（Virgin）唱片零售业务，1977 年，为了他的新的“维京唱片公司”（Virgin Records），他签下了“性手枪乐队”（Sex Pistols ），现在他的维京集团市值 30 亿美元，在全球有 2.4 万位雇员。

莱伊认为，最初由艺术先锋派/反文化人士所聚居的城市中心的原来那些破败的地区，一旦通过他们新的城市生活方式被涂上丰富多彩、形态各异、欢乐喜庆、倾向社区的色彩，就变得对更主流的中产阶级置业者有高度吸引力。相比之下，更安静、更私密、更保守而且更排外的稳固的中产阶级外郊，就不那么有吸引力。莱伊充分利用艺术家在这种变革中的角色，提出他们构成了一个“世俗社会中的神性团体”，“其艺术灵韵有改变空间的意义和价值的能力，因此也有其经济价值。随着艺术家及其追随者们的涌入，芝加哥城市中心一度深度贬值的地区，房地产价格在十年之内涨了六到十倍”（Ley，1996：191）。

我想展开一个观点，新的城市生活远远不止是一种成分和行动方面的文化改变，如巴特勒和罗伯森所说的，对郊区培养的中产阶级人士而言，“城市中心提供了许多人童年期极度匮乏的兴奋刺激的事物和文化喧嚣，这些东西后来通过大学的生活体验被唤起了”（Butler and Robson，2003：163）。当然，准确地解读巴特勒和罗伯森所指的“喧嚣”和“刺激”（尽管它做得很好）的含义是理解当代城市生活的关键所在。当然，拥有了这些的城市繁荣兴盛了，而不曾拥有这些的城市则没有繁荣壮大。当我们检视喧嚣和刺激的构成成分时，将它们理解为可以预期、生活其中、加以拥护的背景氛围是非常重要的。产生这些东西，需要崭新的活动持久而有力地出场。这样的文化产生并支持个人和团体变革的高度仪式化的演练，并且在此过程中，在它们所发生的日常生活和空间之上铭刻一种转型的品质。这些对外来者来说是相当有趣、富有吸引力的，不仅因为它们的包容、诱惑、社群主义以及表演性，还因为它们提供了一种高度询唤的体验：向一代人和一个阶级的大多数人（如果不是所有人）召唤的某种东西。当然，在这种地方扎下根来的文化，不会满足于仅仅改变他们的生活方式。他们将自己的未来视为引导普遍的社会变化，所以他们设计让这种文化进入公共的表演，并通过这些走向普通的公众。他们所提供的不是一种特别的生活方式，而是沉浸在一种正在进行的变革氛围中。这种询唤不仅仅提供来自主流社会的、保守的和平静的生活方式的变化，它还提供了变化本身。

这种分析产生了一种中产阶级化的“阶段论”，在这种阶段中，主流社会的中产阶级的职业，最终会被更多的保守的私营部门的管理者、销售人员和职业金融人员所继承，更重要的是，它证明了一种更普遍的品味、实践和文化的变化。除了 19 世纪城市中心联排的房屋，新的建筑开发区用光滑的、易脆的、豪华的建筑风格扩大了他们对更广大的城市的把握——以及对其他地方的把握，例如，奥康纳（O’Connor）和魏恩（Wynne）对搬进曼彻斯特新建开发区的人员的研究（也可参见巴特勒和罗伯森 2003 年的《伦敦来电》（*London Calling*），他们讨论了中产阶级化的粗略模型的各种变化和调整）。

在住宅需求和郊区更新的不可避免的竞争中，中产阶级化的经验和城市生活的构成成分所产生的一种基准，被用到了所谓郊区的翻新之中。这越来越涉及大批居民、生活方式空间（公园、咖啡馆、餐厅和广场）、公共艺术和表演的安全的中心区域（Garreau，1992）。

中产阶级化的惯习

中产阶级化是一个非常含糊的术语，它被不加鉴别地用于老城区的改造。其名称暗含着新的中产阶级团体正在进入城市中心的工人阶级区，并取代工人阶级的住户。在一些地区，这已经成为事实，虽然正如我们在凯丹洛克的个案中所看到的那样，工人阶级居民已经腾空这些地区，而钟情于远郊和新镇。同样地，当我们细察是谁在搬进这些地区时，通常不是所谓上层阶级，而是父母是工人阶级和底层中产阶级的上过大学、受过教育的孩子们。在很多情况下，这种家庭的家长拥有高收入的技术职业和与贸易相关的职业。除了像伦敦、多伦多和旧金山这样一些城市中心房屋只有富裕的、强势的群体才能负担得起的地区之外，在这些地区，很多市中心都因为人群和收入的更多的混杂被改造了、改变了。事实上，改造过的城市中心的一个突出特点就是混合性、多元性、差异性和杂交性。

重建过去

正像我在第六章已经提到的，20 世纪 60 年代以降，拒绝过去和传统、热爱未来和进步，这本身就受到了拒绝。为什么要拒绝过去，过去的认同、老建筑、老地方和老的惯例，而青睐一些未经尝试和未经检验的事物？更重要的是，在一个变化总是在破坏我们的归属感和认同感的时代，正如瓦尔特·本雅明在有关收藏的研究中所发现的，传统和历史提供了一种应对现代性所唤起的“记忆的混乱”的方式，换言之，收藏是非常“中心化的过程”，瓦尔特·本雅明把它比作迅速变化、潜在分裂的现代世界的一种应对策略。收藏还帮助我们重新找回过去（它通常在取向上高度私人化和传记化，但它也可能是集体的），组织和整理我们的记忆，并将新的东西潜在的令人震惊的、四分五裂的序列转化为对变化、革新、进步和新奇的寻找和审美化的序列。那些在市中心买了房子并进行“修缮”的人，并没有只是将房子恢复到可居住的状态，而是竭尽全力将它们恢复到它原始的设计、规格、装修和特点。到最后，他们成为了收藏家，通过改建后的庭院、翻斗车、弃置场和垃圾场去寻找合适的门、壁炉、瓷砖、把手和烟囱管帽，以使房屋改造在一系列结构物件上有一种真实感，这种真实感的驱动力还经常扩展到家具及其配件之上，甚至那个时期所有可供收藏的东西之上。

通常这种革新/再造项目首先得清除掉前几轮的现代化。在布里斯托，我观察并记录到了这类革新的细节特征。原始的门和墙经常在20世纪60年代被加以现代化——用大量的硬质纤维板磨光那些浇铸的装饰性的东西。甚至原有的乔治王时代的艺术风格和维多利亚时代的木质防火板也用硬质纤维板包裹起来并刷上油漆。这种改建的冲动来自何处并不确定，但它确实又是与有着全国性意义的老建筑遗产运动联系在一起的，对正在消失的技术的革新，始于蒸汽机，并迅速蔓延到资深而古旧的汽车和摩托车、木船、火车和有轨电车。再到“国民托管组织”（the National Trust）——拥有成员最多的慈善机构之一，其使命就是为了保护具有“国家重要性”的古老的和自然的区域。

首先，革新者们从现代化的人手上获得了大量原始物件（尤其是从那些仍在购买老房产以出租给单身汉和学生市场的人手中）。这类人只需要有大量的房间出租，而不是为了拥有具有原始感和真实感的空间，很多古旧的特色如浴室、配件、烟囱管帽、壁炉和碗柜，都被扔掉和置换了。改建后的庭院开始在重要的中产阶级化的热点地区涌现出来。在巴斯泉，这种改建后的庭院是容易进入、配套齐全的完美地方，并被销售给巴斯和布里斯托的革新者们，同时充分地利用了它邻近周六市场的位置。尽管如此，当需求渐渐超过了当地的供给时，来自欧洲大陆的资源伴随一种富有活力的再生产工业开始出现。即使如此，这儿仍然没有充足的原材料，而像“产地”一样的商店开始制造配件和家具——它们弥补了真实性（如果不是等同的话）。以这种方式，少数中产阶级化的住房被博物馆化了，变成了维多利亚和乔治王时代的住宅，但风格混杂，吸收了一系列美学传统——虽然还是把维多利亚时代的一些东西放在首位。当然，这种折衷主义不是完全起源于一种仿制维多利亚时代风格的愿望，而是在要扩大来自于伦理和政治本体中的新价值观。这包括了对“他者”的巨大好奇心，一种对收藏品味的渴望（而不是更加精确和细化），一种通往共鸣、宽容和色彩强烈的审美（Alan Warde et al.，2008 称之为“混杂的味道”）。事实上，对宽容和共存的渴望最终是通过他们象征幸福的集体认同来表达的。

因此，20 世纪 80 年代，改建后的房屋开始采用单原色的色彩方案，而不再是 20 世纪 70 年代那种热闹的怀旧模式，用比较朴素的木质表面，而不是杂乱的工业设计品的线条，新与旧的风格互相折衷混合。到 20 世纪 90 年代，随着复杂的设计鉴赏和新的设计公司的出现，如宜家公司（Ikea）和艾烈希公司（Alessi），20 世纪 80 年代的折衷主义外观衍变成了一系列折衷主义的可能外观。反讽的是，即使极端的现代主义传统，从包豪斯（Bauhaus）的简约主义到 20 世纪 50 年代当代传统，一旦它们可能不那么咄咄逼人，并处于自我抛弃的危险之中，就会趋于缓和。

传统感和地方感

在自己的家园以外，同样的心态驱动着人们希望去研究和恢复对作为地方居住区的历史和记忆。例如，布里斯托的马拉戈协会（Malago Society），是一个社会史协会，致力于创造一种正在快速消失的贝德明斯特综合的工业化及居住区的历史，这成为很多研究和写作关注的热点，其出版物也广受欢迎。对于这场运动，有一种紧迫感，不单是因为老建筑和老工业正在快速消失，而是因为随着老一辈的死去，过去一百多年的记忆也许就这样终结了。口述历史因此不仅是为了阻止记忆潮流流失的方式，而且是创造“人民的历史”的一种手段。于是，在 1983 年，当地一个历史学家和研究人员小组，创作了《布里斯托的另一种历史》（*Bristol's Other History*），用来自妇女、儿童、工人、皮革厂、贫民窟、煤矿、码头和厂房的故事，使城市中心的景观重新焕发出了活力。

与地方、认同和过去联系在一起的情感，表明其强度与拆除和重建多余的基础设施联系在一起，而且，更多的时候，这些都是非常刺激的活动。当帝国烟草公司（Imperial Tobacco）希望出售南威利维多利亚郊区著名的长期闲置的工厂时，新的业主居民们感到他们注定是其利益相关者，而不仅仅是前进脚步的旁观者。维多利亚时代晚期修建的那些旧的有着装饰的游泳池，在其设计和技术上很难有什么实用性，但是新的在位者不忍心看到它们被拆除。最后，国家机构和一些慈善组织一起开始重新思考英国的工业化遗产，这些慈善组织包括如“装饰艺术协会”（Art Deco Society）及后来的“20 世纪协会”（The Twentieth Century Society）。“20 世纪协会”开始着手（20 世纪 50 年代到 70 年代）早期和晚期的著名现代建筑的保护。

但是，就像我们前面谈及凯丹洛克效应时所看到的，以前的工业化空间为各种各样的活动提供了独特的巨大而有特色的空间，其中许

图 7.2　布里斯托以前的伍荷威尔士烟厂，现在是一个艺术、酒吧和餐饮中心。(photo Lesley Sawyer)

多活动对这一地区来说都是全新的。例如，在南威利，前威尔士家族的工厂建筑变成了一个成功的综合设施，一个集简易餐饮、酒吧、咖啡馆和剧院于一身的空间，在商业和艺术上都足以维持。至于凯丹洛克，它的娱乐空间的水准所表现出来的，证明对其他商业和实体具有吸引力，从而为进一步的利润、投资以及强度打下了基础。在一个较短的时期内，这一类的地方，再一次发生了从“过渡带”向城市生活焦点的转变。

同性恋社区

尽管像旧金山这样的主要同性恋中心总是存在着，城市中的同性恋村和同性恋区域的文化与政治现实，特别是他们的存在对城市的重建是一种积极贡献的观念，是一种相对近期的并在方式上与上文描述过的反文化相联系的现象。作为一种“速生城市”（instant city），“旧金山一直是一个人们可以放纵个人幻想的地方，一个道德标准很宽的地方”（Castells，1983：140）。然而，当这里成为战争期间太平洋战场的主要运载点时，当这里成为那些同性恋者上岸发泄的地方时，这里同性恋的存在就得到了巩固。尽管基于田德隆区酒吧的同性恋网络以前的确存在，但正是20世纪50和60年代“跨掉的一代”文化鼓舞了他们从隐蔽的状态中“显露”出来，公开而自信地在城市中生活，并且使他们能够按另一种不同的城市文化协商一个地点。正如卡斯特尔（Castells）所写的，最关键的时刻是“从酒吧到街道的转变，从黑夜到白天的转变，从‘性越轨’到一种可替代生活方式的转变”（1983：141）。但是，同性恋村落的喧嚣和刺激也源于它们早期以酒吧为基础的文化，在这种文化中，搞笑和幽默是最主要的。据卡斯特尔的研究，“他们品味享受生活的能力，把压抑转变为创造，通过强调他们可笑的一面，颠覆既定的价值观。他们相信，酒吧、宴饮以及庆祝，是同性恋文化的温床，因为它们是一种富有活力的城市生活的主要源泉之一”（Castells，1983：141）。

按理查德·佛罗里达（2003a）的说法，按近期经济发展来看，表现最好的城市正是那些对文化多样性非常宽容的城市，而在他看来，“同性恋关系代表的正是美国文化多样性的最后边疆，因此一个欢迎同性恋社区的地方，会欢迎各种类型的人（Florida，2003a：256）。和加里·盖茨（Gary Gates）一起合作，佛罗里达出版的数据表明，在美国顶尖城市中，“同性恋指数”地区数据显示，1990年前十名中占了六席、2000年前十名中占了五席，而这些城市同时也名列全国前十高科技地区。佛罗里达认为，同性恋的集中和成功的高科技产业两者之间的关系是，高科技产业需要征召关键的有创造力的工人，他们喜欢宽容和多元的城市中心生活方式，而这种生活方式一直特别欢迎男女同性恋人群。当然远不止于此；远不只是因为宽容。

通过他们在艺术、创意和与表演有关行业的工作来看，同性恋社区在制造标明城市生活特征、吸引现在的主流“创意阶层”的喧哗和刺激方面相当突出。这一切在英国曼彻斯特的复兴中表现得十分明显，作为一个城市，那里的“文化产业”如时装、设计、新的媒体和音乐有助于把新的城市生活注入城市中心，进而创建一个富有表现力的空间，而这些地方以前是工业化的空间。据贾斯丁·奥康纳（2000）的研究，“文化产业在曼彻斯特的城市中心和边缘地区的住宅市场复苏和经济恢复中起着重要的作用——尤其是在北部地区”，同性恋村落、惠特沃斯大街（Whitworth Street），凯瑟菲尔德（Castlefield）以及大学城”。尽管同性恋人群在像旧金山这样的地方自发地涌现，而且在住宅和经济发展两方面都做出了实质性的贡献，但在其他城市，那些决策者们还是谨慎地试图促进“同性恋村落”的发展。在阿兰·柯林斯（Alan Collins）看来：

> 近期曼彻斯特同性恋村落的发展……发生在围绕着城市重建的“曼彻斯特模式”的更广泛的话语之内……成为昔日的世界性都市和欧洲城市的曼彻斯特模式，这一模式可能有助于形成很多同性恋村落用户的权益感，这种权益感确实涉及一种利害关系和一种发言权。（Collins，2006：185）

再者，当一个人遇见像曼彻斯特这样的地方时，当代城市生活的一个重要维度，是生活方式的意义问题——生活方式不只是消费主义，而是事关文化、政治、经济的问题。人们很快就会欣赏到人的出场，人们自己创造出了一种地方感，用这种方式，他们还逐渐发展出了一种归属感和责任感。卡斯特尔在20世纪80年代感觉到的、在随后许多有关城市重建的分析中引人注目的草根城市政治和经济，已经恢复了当代城市区别于以往前工业时代城市的许多生气勃勃的元素。正像欧洲的狂欢节传统一样，城市同性恋爱的加强，是通过全世界城市（包括悉尼、新奥尔良、旧金山等等）的同性恋者“狂欢节”（Mardi Gras）表达出来的。

种族社区

20 世纪的城市生活主要是多种族的，但只有种族性根本不能指导生活方式。理查德·佛罗里达的移民指数，就是所谓的“熔炉指数”(Melting Pot Index) 也与城市的成功联系在一起，特别是与一些有活力的高科技产业联系在一起，但它是一种比同性恋爱更复杂的关系。比如，“熔炉指数”在统计上与改革和就业增长没有关联，这表明种族密度的统计区域不必然分享或参与城市的重建。

西方国家的城市中心多有变化，而且经常从内部的一个地区转移到另一个地区。广义地说，城市中心的生活一直是关于混合性、多样性和共存性。在这一方面，不同的种族性在反文化的兴起中是重要的构成成分。但是，差异和异域的多样性，虽然能产生愉悦和自由，却并不总是将自己成功地融入进日常生活之中。当伦敦历史上的贫民窟成为一个性冒险、刺激、实验的重要场所时，它在本质上还是一个白人的城市，在西方城市中，其他贫困的种族群体到来和集中的体验，都已经混合了起来，这里根本没有不可避免的分或合的过程。当然，南欧和东欧、非洲、拉丁美洲、亚洲人口来到西欧、澳大利亚和美国的城市，已经被好奇心和吸引力以及排斥感和厌恶感的混合调和了(Bauman，2003，鲍曼所称的混合友爱和混合恐惧)。可能无法避免的是，第一个可以概括的过程加速了居住区的隔离。历史地看，中心城市的口岸地区是抵达的场所，通常给一系列种族群体提供一个缓冲地带，在这一地带，亲密关系的建立、社区的发展、经济纽带和网络的扩展，提供了一定程度的与种族主义者、种族歧视的种族多数派之间的隔离，并抵御这些人。这些地方，从来不是令人向往的生存之处或生活方式，而是一个中转的、暂时的、流动的地方，许多人成功地越过了这类地方进入了更令人向往的环境。有一些人喜欢留在城市的飞地聚居在一起，进而形成了紧密的经济和道德社区，如小意大利、唐人街和加勒比黑人社区。总的来说，这些地区从 20 世纪 50 年代和 60 年代白人工人阶级的外迁以及 70 年代以降的更宽容、好奇、他者取向的中产阶级的流入中获益不少。

美国北方的工业城市中心给美国黑人逃离种族隔离和制度性种族主义提供了出走地，但是，虽然很多人获得了社会流动性并进入到了主流社会的郊区生活，另外许多人却没有，并且依然让这唯一的群体留在城市中心的大片地区。卡斯特尔（1983）曾非常仔细地区分了旧金山富有活力的唐人街和西增区，来自黑人社区的拉丁美洲传教士社区，还有亨特的犹太人聚居点，以及东奥克兰或圣约瑟的奇卡诺人。这些后来的黑人地区在过去四十年城市的繁荣和发展中相对地保持了隔离、贫困而且边缘化的状态，他们相对较高的犯罪和黑帮以及暴力的比率表明它们是没有吸引力的，与之相邻的区域发展出了一种防御性的过度反应，采用一种改革过的作茧自缚的方式——有门禁的社区，强化的监控和安保（关于这种发展的讨论，见 Atkinson and Helms，2007）。相比之下，拉丁美洲的传教士社区，尽管明显躁动不安，却更多受到了主流中产阶级的欢迎。

拉丁美洲传教士社区一直是进入美国的通道，曾是 1776 年首批西班牙传教士登陆的落脚点。在 1906 年的地震和火灾中幸存下来之后，首先变成了爱尔兰和意大利工人阶级家庭的家园，而当他们在 20 世纪中期搬出去的时候，又成为来自尼加拉瓜、萨尔瓦多的拉丁美洲和中美洲移民的家园。20 世纪 60 年代和 70 年代，它的种族构成变得极为多样，加上了萨摩亚人、土著美国人、波多黎各人、墨西哥人、古巴人和菲律宾人。它的多元化成为最突出的特质，因为有这么多的人如此紧密地生活在一起，形成了一种高度商业化的街道文化，它不仅产生了各种各样的喧哗、色彩、差异、杂货铺、餐馆和电影院，而且产生了酒吧、性交易、各种节日、青年文化和激进政治。完全不是划地自限和排外的，它高度开放而且胸襟开阔，其带来的结果，宽泛地说，是通俗，通俗被认为充满了整个生活：

> 然而不像美国贫民区，这种躁动不安的氛围并没有阻止中产阶级在传教社区随意走动，享受其丰富多彩的生活，甚至还期望自己也生活在这样的地区。这种都市的活力不是在酒吧和墨西哥餐馆的灯光后面经过管理和组织的舞台剧，它还是一种表达，除了贫穷和公共服务缺乏，它有以社区活动为基础的多样化网络，有新来者的持续流动，有富有活力的商业区。唐人街突出强调了它是旧金山亚洲人的根据地，以同样的方式，教会社区强调了城市中拉丁美洲人之间的深刻联系（Castells，1983：108～109）。

自20世纪90年代开始，一种独立的青年艺术运动，教会学校，用植根于街头的艺术、雕塑和涂鸦行为与澳大利亚墨尔本的“车道艺术运动”（Lanes Art Movement）的出现相呼应。这两个地方基本上是由青年人相对自由地主导自己的文化，通过一种废弃的城市景观的表层和结构来表现，他们在自己的家里练习，并在城市中争得自己的一席之地，同时也因此把他们自己与其他人嵌在一起。他们在街道上的表现保留着永久的节庆的、展示的和表演性的意味，作为教会社区的一种表达。

门阶上的生活方式

莎莉·麦金太尔（Sally MacIntyre）和她的同仁（2005）调查了现在普遍被接受的看法——在家庭之外就餐应当为英国远离中心地区的肥胖症的新爆发负大部分责任，但她发现，肥胖症实际上主要集中在城市中心和最富裕的地区，以及（相对不那么常见的）格拉斯哥远离中心的居民区，这些地方的肥胖症非常令人担忧：

> 餐厅和外卖食品店最有可能坐落在那些白天和夜晚都有潜在顾客的地方，这种需求在零售、交通和商业中心更高，此外还有

具备高密度娱乐设施（如电影院、剧院和酒馆）的地区，以及有许多过往车辆的交通干线两侧。“中产阶级化”涉及社会和经济上占优势地位的个人进入了格拉斯哥市中心（如“商城”）和西区的运动（2005：5）。

城市中心如此众多的活动和人物的出现，意味着这里的生活过度集中，不成比例——而远离中心的地区则几乎什么也没有。特别真实的是：郊区的开发带走了当地的服务带和商店，使它们落户于更大的免下车商场。相对而言，很多城市中心支持的活动范围，历史地看，是史无前例的，不断增长的：如有一些杰出的戏剧与音乐活动，偶尔还有狂欢节和其他节日，还有如外出吃饭、泡咖啡馆、到图书馆或其他中心看展览等日常活动等等。尽管很多购物中心开放更长的时间，但并没有中心地区所产生的活动强度，特别是市中心独特的夜间经济。所以家庭的范围与公共领域并没有像在市中心那样界线模糊，这是伦敦西区最打动我的地方，我在此考察街道生活。在新邦德街，我希望观察到一般购物者和过路者兴奋感水平的提升。这里是时装交易的中心，也许因这种特殊的场合，很多购物者只愿意在这里购物。同样，它也是伦敦旅游者的中心，是一个购物中心和博物馆的十字路口，在这种意义上说，也是一个交通枢纽。这里还是重要的艺术画廊的家园，也是主导房屋拍卖的地方，同时还紧邻着海德公园和有伤风化的索霍区（Soho）的公共空间。的确，这里根本不缺少可观察到的兴奋和情绪的提升：到了傍晚，与郊外和小镇相比，这里有更多的笑声，更大步流星的行走，谈笑风生，有成群结队的朋友和饮宴狂欢的人。当然，令人吃惊的不是成群到来的购物者和游客，而是成群的当地人在靠近他们住房的地方、公园停车处、或咖啡馆和酒吧进行了长时间的交谈。正如巴黎一样，很多人居住在街道上，很多街道也是很纯粹的居民小区。与成群结队的人相比，这些人在自己家里的行为举止更为松弛，家常，也更平和。只有当他们可能偶然遇到朋友和邻居时，可能停留在一个纯粹是居住区的街道上时，他们才会闲聊。然而，在伦敦西区，或仅就此而言，伦敦的任何城市中心，都被异乎寻常的人和活动的节奏包围着——哪怕正站在门阶上。

这些地区最深刻的变化之一，一种或多或少的中产阶级持续呈现的富裕的标志，是一些小酒馆、路边餐馆、餐厅和咖啡馆的增加。在1975到2000年这段时间里，全职人员外出吃饭的时间翻了一倍，同时在51岁至65岁这个年龄段，还有学生和兼职人员，这个数字增长了三倍。另一方面，这个时期各个领域花在吃饭上面的时间却都减少了，这只是当代生活脱家庭化的一个粗略指标，但是，很清楚，在市中心，参与更公开讨论的可能性要大得多。

生活方式的绿洲：城市咖啡馆

咖啡馆现在是新的城市生活方式的征候，而且，它们的出现似乎对当代城市生活必不可少。过去十年的城市生活方式有了可观的变化：1977年至2005年，英国连锁咖啡馆的数量从778家上升到2428家，上升率超过200%（IGD①，2007）。英国的抽样调查中，有43%的人固定地光顾连锁的或独立的咖啡馆，50%的消费者光顾咖啡馆有社会目的，会晤朋友或家人（IGD，2007）。

过去三十年，咖啡馆的空间发生了值得深思的变化，从最初的小卖部的格局发展到了惬意的、高水准设计的休闲之所，可与航空俱乐部里的休息室媲美：或如IGD指出的，它们从“出售一种热饮”到“出售一种生活方式”（IGD，2007）。它们在不同的社会空间里运作，但用的是什么方式？最近，埃里克·劳里埃（Eric Laurier）和克里斯·菲罗（Chris Philo）在他们的ESRC②基金项目“卡布奇诺社区：

① “监察署”（Inspector General's Department）——译者注

② “经济与社会研究委员会”（Economic And Social Research Council）——译者注

当代城市生活中的咖啡馆与城市生活”中做出了描述。除了一些别的，他们发现，咖啡馆提供给人们那种“既不是私密的家人和朋友也不是来自于我们工作中的伙伴”的邂逅相遇；咖啡馆已成为一种新的公众人物出现的形式，这些人解除了我们日常城市生活中的匿名状态，咖啡馆成为休息和工作至关重要的地方——这种地方是一个对许多重要业务相当重要的空间，可以进行许多重要的商业活动和特殊类型的聚会（Laurier，2004）；其他社会性的聚会也经常在咖啡馆举行（如文学聚会）；它们还是一个生意上的朋友、妇女和儿童、老年人、购物者等等汇集的地方（大多数人是“本地的”）；咖啡馆还有它特定的群体、环境和氛围。他们总结到：“在今天这种新的充满活力的城市里，通过店员和那些已经坐在咖啡馆里面的消费者们提供给城市居民、每日的远足者、观光客以及其他人的有关环境和日常事务的价值，不应当低估。”不管怎样，咖啡馆构成了个人和集体的城市生活之间一种重要联系：“英国人享受我们所获得的那种氛围，不是来自咖啡，而是来自和我们有共同事务和没有共同事务的人处身于那一地方。这种亲密场合的氛围，使我们城市的这一集体空间成了这样一个地方——它暂时成了我们的场所”（Laurier and Philo，2007：1）。

第八章　奇观与狂欢的城市

在这一章，我将建立起旅游空间和旅游业与当代城市之间的联系（这种联系还很少建立起来），并且将这些与城市仪式的转化力量和仪式的早期形式结合起来。在某种程度上，我会讨论当代城市中一种正在失去活力的、仪式化的城市生活的复兴也是某种重建。正如我们在第一章中所看到的，这在罗马和中世纪时代极为明显，后来又通过新教和维多利亚时代的遗产在表达上受到清除和压抑——在文化意义上，这一时期只是在近年才终结或减弱。尽管狂欢和朝圣之旅已经通过很多方式被抑制了，它们大多还是被流放至那些体面的城市中心地带之外的空间，这里指的是城墙之外，来到了乡村地区，特别是沿海地区，这些地方还保留着某些表达形式。这些地方越来越受欢迎，这是能怀着渴望并释放的地方，最终，它们的文化形式开始再一次输送回城市生活之中——但只是在相当特殊的社会环境里。

这种重新引入或重新振兴的故事是本章第一部分的主旨。第二部分我会思考现代城市中的一些新型的奇观和仪式是如何通过体育、音乐（比如，爵士乐是相当关键的）、节日、娱乐和旅游等介质出现的。没有这些文化焦点，现代城市可能会变得无法理解，用一个最新的术语来表达，是“不宜居的”。

这一章所讲述的故事修正了在城市文献中相对常见的观念——当代城市的重建及其引人注目的形式是投资和政策的结果，是最近有目的的更新与创造的结果。这里许多的确是如此，但是如果不了解它漫长的文化轨迹，它在流行文化中的安身之所，它通过清晰的仪式化的形式形成的发展，如果不了解“仪式人类学”（*anthropology of ritual*），整个画面就会失去诸多有活力的元素。更糟糕的是，人们会猜测城市生活，它的气氛和喧嚣，它表面的活力和魅力实际上是什么。许多金钱都在坚持让城市在这类意义之上运转，本章试图对这种分析有所贡献。

如果回到我们第一章思考过的罗马和中世纪城市，就会发现在城市里，工作、家务、仪式和休闲全都是城市生活中主要的、相互交错的、互相关联的组成部分。对很多人来说，工作和家庭生活在日常循环中不可区分，而休闲和娱乐，经常围绕高度仪式化与季节化的节日、上帝的仪式历法、有组织的宗教生活来组织。我们可以相信在罗马时代的坎特伯雷，正像在它早期作为坎蒂王国的首府生活一样，仪式和宗教生活都多姿多彩，一些寺庙建筑及其管辖区域都建在城市的最中心地区（Detsicus，1983）。有一个剧院正对着寺庙（这是罗马通常的设置），这样一来，看上去两者都是中心，也都十分重要。由此形成一个直径为70米的半圆形，一般会环绕着一个上部构造为四层楼的礼堂，能容纳超过3000人的观众席位。娱乐、表演和宗教仪式以及节日庆典成为它的主要节目，同时，它也是整个共同体一个非常重要的集会地。此外，在公元80年左右，罗马皇帝维斯帕先（Vespasian）建造了一个竞技场，罗马人的游戏和角斗士的竞技加上其他的娱乐都在这里（Lyle，2002）。因此，尽管它是一个比较小的镇，甚至仅仅是一个集市，也很容易想见它的生活一点也不枯燥。音乐、文学、庆典仪式和运动成为这里生活中平常而且重要的内容。实际上，罗马在它几乎所有的城邦及居民点都创造了一种常见的而且娱乐性很强的城市生活。这一事实因此改变了欧洲城市的未来，确定了城市重要的典型的结构和期望、规范和文化。

谈到出现于黑暗时代的中世纪坎特伯雷，可以说同样如此。它也有大量的宗教组织，包括一个大教堂和修道院、剧院和众多的小旅馆，在那里上演音乐和戏剧。自 12 世纪以来，坎特伯雷还是一个繁忙的朝圣小镇，它迎合了大量游客的需要。由于朝圣贸易的不断增长，有众多的小旅馆和提供住宿的家庭，还有由方济各会和黑人以及白人修道士在两百多年间修建起来的一些医院，从乔叟的《坎特伯雷故事集》（*Canterbury Tales*）所讲述的来看，这里的城市生活是愉快而富有生机的。当然，由于朝圣还涉及仪式的阈限空间的创造，其中可能产生个人的转化，如复苏、治疗、救赎和净化等，城市生活也是“充满感情的”，有气氛的，有魔力的，因一种团体和群体强烈的团结感融合到了一起。与日常生活不同的是，没有人能提前预知到坎特伯雷朝圣时会发生什么，这就是戈夫曼所说的一种“行为空间”，这种空间充满了潜在的表现力，轻微的恐惧感，向一种不同的自我、一种新的自我或长久渴望的自我发出了询唤。

在这一章稍后，我将讨论当代成功城市的一个主要特征，是它们有能力重塑城市，使之成为一个探索、自我改变或成长的地方，在其中，人们可以沉迷于自我的形成，并在此过程中寻求拯救和救赎。这不那么像鲍曼所称的现代性的流动时代中那种创新立异的新的“转变”（尽管它是通过许多创造性来实现的），而是我们所形成的社会的一种人工产品，尽管被否定为肤浅的、个人主义和消费导向的社会，它实际上还是产生并依赖于大量的文化的和仪式化的驱动力。当然，我们可以说，城市是通过其根源在 20 世纪 60 年代的漫长过程而发生变化的，城市已经运用这漫长的方式发生了改变，尽管城市社会学往往在城市重建的经济、政治和政策导向的话语中迷了路。这一章将把两者结合起来，以使不再将文化和社会、经济和政治分开来思考，这是一种跨学科性的探索。

城市与朝圣之旅

除了防御、工业化、居住和管理功能，城市在历史上还是仪式和宗教的中心，是思想和政治转型的地方，也是动乱和异端邪说的发源地，同时还是塑造和再造个人传记的一个重要背景。我还将讨论大量的丰富多彩的表演性的、团体性的和公共的类似仪式或仪式化的活动使之成为可能，并讨论这些对社会学著作来说在许多方面都类似于朝圣之旅和朝圣仪式所起的作用。因此，朝圣仪式如何进行，从社会学角度来看是值得思考的，是一种理解随之而来的后续城市形式的基准和基线。

按其经典形式，朝圣之旅可以被定义为一种旅行，远离日常的生活，世俗的工作和家庭，来到一个特定的神圣的地方，这个地方已经被主要的宗教和高贵的王国形式化，得到认可和维护，通常处于部落或王国的中心。这种类型预示了西方后来旅游的朝圣之旅，属于封建和半封建的乡村社会的同样的社会秩序，构成了大部分基督教欧洲15至16世纪的典型特征。比如，英国的萨默塞特的格拉斯顿伯里(Glastonbury in Somerset)，或爱尔兰的克拉夫帕特里克（Cloagh Patrick），都是接受基督教之前的宗教朝圣中心，并且尽管它们依然是朝圣的主要地方，后来还是加入了大量前往与圣人和国王联系在一起的圣陵和其他地方的朝圣，如始自1193年的法国的洛卡马杜尔(Rocamdour)；始自1170年英国的坎特伯雷和始自1294年意大利的洛雷托（Loreto)。甚至在诺曼征服英国之前，英格兰的盎格鲁—撒克逊国王以及其他有资源能担负这样旅行的人制定了一个到罗马、地下墓穴和圣彼得的朝圣之旅（Wood，2000)。尽管其间很多人和当地的经济与宗教生活密切联系在一起，但是，“基督教为了这些门外的俗人开发了它自己的阈限模式。这一模式通过朝圣之旅到达圣地后得到了最完美的呈现，而且，圣殿就坐落在离朝圣者居住和工作地不远的地方”

(Turner and Turner，1978：4)。这些东西扩散到整个欧洲，以圣徒的圣殿、圣母马丽亚和神圣的遗物为基础。

这些艰难的、大范围的、危险的旅行的理性的和预期的好处是什么呢？首先，朝圣之旅提供了一种逃离世俗社会的选择和机会，远离“往往会积累起来的对琐碎问题的斤斤计较的不满”或者是“日积月累的令人不得安宁的罪感”(1978：5)。与此同时，这些旅程中的痛苦与磨难提供了“对与生俱来的家的弊端的释放”。第二，朝圣之旅提供一种提升的品质，为了一种神圣的东西远离这个渎神的世界，这是一个由神圣的目标和空间来保证的维度。第三，朝圣之旅的个人道德构成“寻求从这个有罪的和邪恶的结构化世界里的救赎和释放”(1978：8)。第四，朝圣还能得到鼓舞人心的力量，或获得进入未来世界的引导。

朝圣之旅的最后一步，进入圣地的中心或待在圣地中心的周围，朝圣受到了“宗教的建筑、画像、雕塑和神圣化的地形特征的狂轰滥炸。把这些东西连接起来的通常是宗教创立者最根本的思想和情感，或者那些富有影响力的追随者最根本的思想和情感，但结合起来看，他们允许疲惫不堪但善于接受的朝圣者接受“纯聚合结构的影响”(另一种情感结构)，它给出了“一种关于凝聚、方向和行动意义的标准”(1978：11)。最后，朝圣之旅当然还提供治疗，或者至少是从一种痛苦无常的状态里解脱。

乔叟在《坎特伯雷故事集》中描述得非常清楚，尽管朝圣者有可能从自己本身出发，有自己完成一次朝圣之旅的原因，但他们很快就会发现自己处在朝圣途中拥挤的高速路上，待在沿途的小旅馆，经常能组成一些结伴旅行的团体。首先，这样做更安全，其次，朝圣的阈限空间和文化的一部分典型特点是通过游玩、游戏、宴饮和寻欢作乐来表现——有人也许会猜测这些事情从一开始就使这样的旅行整个地更引人注目并且更有吸引力。换句话说，仪式常常是在一个公共领域并通过一个公共领域构成的，这是某种城市后来将要提供的对仪式形式加以现代化的东西。

欧洲朝圣之旅的历史最激发人兴趣的一个元素，是当它们刚从罗马的宗教掌握中产生出来，就遭到一些主要的新教国家的放逐。宗教忠诚并不像对偶像和图像的装饰性使用及偶像崇拜的混淆那样成为这些禁令的对象，在此之前，朝圣者朝拜和献身已有那么长时间，它当然和罗马天主教教义有关系，但是在其新教贬低者的心中，它也和那些顽皮的游戏有联系，这对严肃祷告事务和工作来说是一种危险的干扰。乔叟《坎特伯雷故事集》里的朝圣者们，将严肃的宗教和精神意图同大量的休闲和游戏搅在了一起，而且这种游戏就是上面所描述的那种仪式性的游戏，倾向于一种特别提升兴奋感的方式，辅之以饮酒、性自由和一种普遍的寻欢作乐。与朝圣者的踪迹联系在一起的，是我们今天所说的“不当行为”——并且这肯定是其临界阶段的一部分，它迫使人们与日常生活形成断裂。这是一种社会化的空间，或者是一段不走极端的和处于日常生活秩序之间的旅程。

试图避免这类秩序的失效，并真正引进完整的新教/资本主义体制的社会秩序的尝试，标志着罗杰克所说的现代性 1 的开端。继承尼采，也许可能还有埃利亚斯，但本质上是由罗杰克所探讨的，是催生诸如狂欢节或朝圣之旅的仪式性制度的生活激情与张力，不能通过禁令的刺激并引进更多被认可的娱乐活动来掩盖。粗略地讲，我们可能说，随着朝圣之旅在 17 世纪被禁，狂欢节在 19 世纪初被禁，“旅游”（由宗教狂热分子托马斯·库克大力改良之后）和“休闲”迅速地填补了它们的空间。

这种事物的出现有许多很好的理由，尽管库克做出的这种创新几乎不可避免，经过认可的新教文化（如阅读、诗歌、艺术、手工艺等）更像是工作，而不是娱乐与释放，特别避免谈论日常生活和生活过程的无法回避的紧张和压力，在新教里，由工作所提供的救赎和认可成功的需要，给在日常生活中的成功、并确保一种有力的向上流动的事业轨迹添加了压力。罗杰克认为这些激情、紧张感和压力感首先导致了一个可以容忍欲望和不法行为的秘密世界，只要践行时远离城市社会的中心即可，这也就是罗伯·希尔兹（1991）所认为的旅游和“边缘地带”之间关联的东西的发展。此外，这种有压力的生活产生了在其生发地不容易得到消除的紧张状态，所以我们发现在18世纪有大量的人群去进行温泉疗养。

在一种不同的语境里，为什么托马斯·库克从旅游中获得了这样的想法，认为旅行概念本身可能具有宣泄和有益的特性？我们再次发现它接近仪式的世界。作为一个宗教复兴的布道者，伴随19世纪初英国工业城镇巨大扩张的压力重重、困难多多的时期，库克发现越来越迷恋自己的业余生活。不信奉国教的宗教复兴存在于已经建成的教堂之外，并且仿佛为了强调他们自己的边缘性和效力，常常选址在很边远的农村小镇上或一块临时性的绿地之上。人们经过长距离的旅行来到这里，在目的地大量组合在一起的旅行集会（加上救世军成员布道的音调），产生了一种强力的阈限空间仪式效应。库克最初产生有关“旅行”的想法，是在一个十分炎热的天气里，他步行到这样一个复兴布道会之时。为什么不能用打折的价格租一列蒸汽火车或几架马车，然后把票卖给这些宗教复兴者呢？这当然有利可图的，但库克注意到一些重要的事情：凭借自身的力量组织一个旅行团，其带来的愉悦效果是无穷的；他观察到这种团体很特别的一种效果，除了旅行本身的集体属性，也有火车这种“机器”带来的愉悦。库克精心地策划了复兴之旅——组织前往新的目的地，当时其他的神圣之地——苏格兰高地的罗曼蒂克的湖区，还有1851年的世界博览会，他确信他们保持了基本的仪式形式，他自己（或其他人）作为向导而不是一个教士。到1869年，库克发起了到“圣地”（Holy Land）的旅行，主要是因为人们自己非常喜欢，但在这种情况下，旅行和朝圣之旅之间尤其模糊：

> 谦卑的新教并没有给传统的朝圣之旅的观念提供多大的空间；所以，作为一个旅行者，实际上是以一种新的、可接受的方式，

作为一个福音派来表达一种普遍的宗教冲动。乔叟在大众的心目中根植了一种观念，就是人们如果很正式地去朝圣，有可能是希望在旅程中收获一些快乐，反之，这些旅行者也是真正寻求快乐的人，不过他们也渴望从旅行中得到精神上的收获。（Larsen，2000：341）

所以，要点是，旅游仿效朝圣之旅（反之亦然）；它是一种新奇的仪式形式——以旅行行动确保个人和群体转化的阈限空间。这有助于我们理解海边的某些（如果不是所有）方面，在一段旅行中，娱乐性和转化仪式再次得到了重申，并且获得了一种新的普遍性。当然，在这一过程中，并且这也是参考了对当代旅游性质讨论的一个重要观点（Franklin，2004），仪式化的享乐从边缘回到中心的条件建立起来了，或者也许更正确地说，空间隔离或分化的必要性丧失了。这是罗杰克对现代性2定义的基本观点。在精细而且经济地分配休闲时间的情况下，逃避空间的努力成了一种幻觉，在这里我们可以说，新的（城市）休闲技术，是被这种欲望而不是其他周边方式召唤到存在之中的。对一个处在海边度假的全盛时期，正由一个生产者社会推进到一个消费者社会的社会来说，情况尤其如此。在这里，工作/日常生活与休闲/度假的区别，由于消费主义分布到了两者之中，很明显被弄得模糊不清了。

当代消费社会的一些意图和欲望也在一些名流的生活中得到了具体化，名流本身就是一个重要的城市现象，值得社会学上的认真关注（Rojek，2001）。只要稍微想想，我们花了多少时间来想象他们、关注他们、阅读和谈论他们。我们被他们的工作生活所吸引（如利物浦的卡文俱乐部，早期披头士曾在那里演唱），他们的房子（如猫王的雅园），他们死的地方（如列侬被枪杀的地点——纽约的达科塔大厦），还有他们安葬的地方（如吉姆·莫里森在巴黎的墓地），这些地方都成了现代游客神圣的城市景点和朝圣之旅的目的地。①

这里建立的一个有趣联系是通过猫王、披头士和大门乐队（the Doors）所创立的很多流行文化类型的主张，是狂欢节的一种重构形式：

> 而且，很多流行文化探索了边缘、倒错、不敬和越界。简言之，它们许多都是狂欢化的，对命运和历史的杂乱无章发起了挑战。比如采用流行的幽默、摔跤、广告等形式，怪诞的身体回归了。因此，狂欢化的戏仿、倒错、怪异的幽默保持了一种能力，既能动摇理性的、规训了的工程领域的守卫者，也能动摇现代先锋派，从而揭示出西哈奇（Shiach）的观察——“基本上”“流行的”东西总是“他者”。尽管这可能更真实一些——这些流行文化本身的元素存在于大众文化的远方边界或边界之外：嬉皮士、爱好者、旅行者、狂欢分子、生态勇士以及体面的中产阶级的梦魇世界的其他居民……（Jervis，1998：330～331）

当我们思考20世纪70年代内现代城市的复兴时，所恢复且现在被认为是梦寐以求、越来越对当代城市有用的，正是城市生活长期受到资本主义规则所压抑的这一层面。这构成了一个复活的、本义上重建的城市的实质。这也正是我们所说的重建或复兴：它不仅仅是一种情感结构，一种经济或市场，而且是一种表达结构和空间，在这一空间中，它能够得到实施，关注，并且还具有一种冲击力。

① 参见安东尼·艾略特《哀悼约翰·列侬》，1999，关于列侬对祭奠者和朝圣者的吸引力的社会学解释。

新教与城市

除了禁止朝圣之旅，新教也剥夺了城市的娱乐，其程度非常引人注目。新教反对16世纪文艺复兴时期戏剧中生活化的、政治的、色情的特性，特别是男扮女装，以及那些往往在酒吧或妓院上演的戏剧。处于莎士比亚繁盛时期的剧院在1642年走向结束，其时一纸命令关闭了所有的剧院，直到1660年君主政体恢复，才又重新开放（Bryson，2007；Wood，2005）。

新教通过后来18世纪和19世纪的工业资本主义的领导地位再次断言了自身的城市生活。梅勒（1976）表明了在布里斯托的个案中，诸如威尔士、弗莱斯等贵格会家族所拥有的主要工业公司对传统的城市休闲具有深远的影响，因而对城市所支持的生活和文化类型也具有深远的影响。与卫理公会和其他一些非国教教派齐头并进，新教徒削弱并阻止了在公共场所的业余生活和饮酒。通过新的城市管理工具，他们还有效地清除了构成英国街头生活典型特征的街头买卖、工作和游玩等丰富多彩的生活（包括赌博，赛马和赛狗，诱捕牛和鼠）。他们自己的高收入工人经常被劝阻远离传统的娱乐和消遣，比如那些以酒吧为基地的小杂耍，并且提供了新的被认可的休闲方式，常常是有目的地建设的，只准许员工使用的设施。随着英国国教圣公会的影响减弱，非国教教派在19世纪上半叶和中期兴起，当地的休闲生活，特别是在道德上有高风险的年轻人，被高度地围绕着教堂大厅组织起来，在教堂大厅，新活动可以受到严格的控制和监视。混乱的性舞蹈得到了有效的根除。一种丰富而广泛的“向上的”、有益的休闲方案嵌入到了这些地方。

与此同时，传统的季节性仪式和体育活动最后的残留部分逐渐被关闭和取缔。如我们在第二章所看到的，在南布里斯托，以贝德明斯特庆典闻名的长达一周的节日或集市，在1830年被终止，这一幕有效地斩断了可以追溯到诺曼征服之前城市狂欢节的传统。“10世纪，在大型的节日里，有时成百上千的人聚集在一起，所有到来的人那几天会来到一个小型的皇家庄园，或为了一个特别的圣徒纪念日，或为了一个立法大会，或见证国王为了保持对其不顺从的属国统治的霸权仪式（Wood，2000：196）。”所以，在1066年诺曼征服之前，我们也可以说狂欢节和朝圣之旅对英国社会的各层次的文化来说，都是最重要的——正像在其他地方一样。

狂欢节

“狂欢节”是对整个欧洲前现代时期一批仪式性庆典的一个总称，它还有其他不同的称呼，如节日（*festas*，意大利），圣日（*fiestas*，西班牙），盛宴（*fêtes*，法国），节日/狂欢节/集会/欢宴（英国）等等。当然在欧洲其他国家，这种基本的活动还有很多其他的名称，但正如我们前面看到的，它们都涉及对神圣日子（特别是圣人的纪念日）的形式相当具体的庆祝和表演。与原住民那种表现祖先图腾出现地及其后来在澳大利亚丛林中的迁徙的“歌之版图（songlines）”十分类似，他们在风景上铭记下了一种神圣的制图学（见Chatwin，1987；Fullager，2004），中世纪早期的圣徒也留下了他们在整个欧洲的神圣生活的遗迹和道路。通常是以前的大主教或寺庙里的主持，或者是其他有名的圣徒，他们的事业生涯和传教生活描述了一种详细的生活轨迹——在哪里生活，工作，在哪里停留，传教，祈祷，或实践了奇迹般的变革。与土著人的图腾祖先一样，可以肯定，他们的旅程和他们在特定场所的出场被认为对生活具有某些持续的意义：他们某些神圣的力量和影响仍然基于这些地方，特别是他们的遗物，是与他们的生活直接相关的东西。又一次，与土著图腾崇拜一样，这种力量在特定的地方会表现得格外集中，而在与他们有具体联系的人工制品或遗物上尤其如此。同时，这些圣地和人工制品的收藏地也成了朝圣之旅的目的地，通常会与以他们的名字举行的贸易和周年活动保持一致。所以，朝圣之旅和狂欢节之间有着非常明显的重叠。然而，尽管朝圣之旅对某个特殊的圣徒的崇拜有着广泛的追随者（最好的例子是托马斯·贝克特，1170年在坎特伯雷大教堂被暗杀，他不仅吸引了众多英国的朝圣者，而且还吸引了来自法国和荷兰的朝圣者），狂欢节还是一种属于受到限制的地方性集会的仪式，并受到其界定。

狂欢节常常等同于一个城镇，尤其是在意大利和西班牙，或等同于一个特别的乡村地区（一般包括一个当地的小镇）——正像英国前现代时期的狂欢节一样，这样，它就成了一种特殊的地方文化表现出来的仪式性场合，或为一种特殊的地方文化表现出来的仪式性场合。狂欢节和其他社会性集会的构成一样，是一种内视的、孤立的并自足的事物。如巴赫金（Bakhtin）所论，狂欢节包含：

> 基于笑声并被传统神圣化了的协议形式……它十分鲜明地与非常正式的、教会的、封建的和政治崇拜形式以及（仪式性的）庆典区别开来。狂欢节是一种由人激活的奇观，所有人都是参与者，表演者，而不是一个旁观者。（它们）提供了世界、人和人之间的关系的一个完全不同的、非官方的……额外的政治层面；它们构建了一个官场之外的第二世界和第二人生。（Bakhtin，1984；引自 Shields，1991；89）

正是许多共同的特征，使其成为了一种临界的、仪式性的活动：

1. 都非常典型地开始于在一个具体的当地圣人的纪念日列队向特定的地点前行（重要的是，它是一年一度的、一次性的事件），在这一天（或两天），这些地方特征的等级制属性变得一清二楚，特别是通过长袍和礼服体现出来。在队列最前面的是祭祀的对象，一般是圣人的塑像和他/她生活的用品或仿制品。

2. 在接下来指定的几天里，狂欢节涉及一种秩序化的或仪式化的平时被禁止的失序，在这种失序中，存在众多角色和行为的倒错。过度的宴饮、跳舞以及音乐，但也还有唱戏、游戏和运动，烘托出了一种兴高采烈的聚会氛围。严格地说，很多这样的行为在一年中的其他日子是不能被容忍的。

3. 从特征上来说，狂欢节还涉及一种仪式化的语言，通常源于集市上的黑话和手势，“让来到这里和别人打交道的人相互之间没有任何距离，把他们从其他时间里加在他们身上的礼仪和正派的准则之中解放出来”（Bakhtin，1984；引自 Shields，1991：90）。同样，通过利用身体的怪异表现，共同体内部对低级文化和高级文化的常规观察遭到了破坏和扭曲，将“所有东西降落到了尘世和肉体的物质层面，主张生命至上”。这也提供了一条认识狂欢节的关键线索：它是一场“对集体的、所有人的祖先的肉身的礼赞”（Shields，1991：93），在中世纪狂欢节的特殊个案中，则是对共同体的相对隔离而又相互依存的礼赞。

4. 原始怪异的身体的祈灵不仅仅是通过一种下流的体态语言和俚语以及仪式化的娱乐、戏剧和滑稽的表演来达成，还通过物体、怪诞的塑像、面具和服装来完成。除了当地人的祈祷表演以外，还有一种四处流浪的职业表演者的神秘出场（准时出现，事后消失），祈灵穿插演出（让旁观者瞥一眼人类怪胎和其他自然的、异域的野生动物，使怪物、异常、神秘之物具体化），还有流动的唱戏班子等等。

到 19 世纪中期，那些支撑着这种古老节日和狂欢节的乡村社群已经大面积城市化了。这些持续到 19 世纪的节日，正如我们已经看到的靠近布里斯托的贝德明斯特狂欢节，逐渐地被明令禁止了。梅勒（1976）曾表明，这里的狂欢节一直吸引着国际国内的演出、杂耍、音乐和戏剧表演的流动团体，他们每年的经济收益都是以整个欧洲及其以外地区的节日和狂欢节为基础的。当英国乡村的狂欢节消失以后，很多旅行者就不再来了，而把注意力转移到了欧洲，在欧洲，狂欢节仍然被容忍，并且继续演出到今天，如在潘普洛纳（Pamplona）等地。然而，休闲、娱乐的地理位置在英格兰已经发生了转移和分化——例如，转向了药用温泉，药用温泉变成了富裕的贵族和新崛起的商人专有的重要中心，早在16世纪（莎士比亚曾在坦布里奇［Tunbridge］表演过），这些就已经成为一种基本的休闲方式，但到了18世纪，像巴斯温泉这种优美的中心和城市建立起来了，休闲业变得越来越城市化了，即使仍然是季节性的。到19世纪早期和中期，英国的很多海滨小镇像布莱顿，就依附于一个引人注目的半永久式的狂欢性表演和杂耍的集会，而正如希尔兹所说，狂欢节本身已经被转移或换位到了海边。在这一新的空间之中，尽管远离了赋予它意义和功能的分层化的乡村社会，但海边的嘉年华会狂欢还是相似的：

> 这种相同的互相依存的实现、预演和庆贺是场景的核心，度假的平民们卸下了重负，不去顾及安息日和陈列在海滩的具有未得到许可的、商业化的、休闲的、富有吸引力的狂欢化形式的实践之间是否得体的道德区分。特别是通过幽默，这种越界否定了建立在道德推理之上的阶级壁垒。这些节日制造者们粗俗的嬉戏和搞笑在人群中刺激起了一种层次得到提升的互相煽动，人们难以全身而退，也无人能从中幸免。(Shields，1991：96～97)。

请注意希尔兹用了“狂欢化”这个词，这个词意味着类似于狂欢节。海边和狂欢节不完全一样，但狂欢节的形式和仪式特点经过演变后进入到了一种新的空间和现代城市文化的社会性之中。这涉及到更进一步的理论阐述，狂欢节的旁观者的新观念。杰维斯（Jervis）说得很好：

> 当歌德谈到1788年罗马的狂欢节时，声称一个“既作为演员，也作为旁观者”参与其中的人，可能正在见证狂欢节在我们

时代的命运，从狂欢节到狂欢化和奇观的演变，但仍然是广受欢迎的被挪用的资源；不会是人们的第二生命，但依然是文化的一个独特层面，将一种独特的“批判理性形式”具体化了……（Jervis，1998：331）

杰维斯曾援引达克尔（Docker，1995：284）的观点：“大众文化的流动可能拥有它自身的理性形式，不是理性主义意义上的理性，即关注不相关联的秩序化了的信息和阐释的理性，而是有关突然的并置、迅速的对比、异质性的理性……狂欢化依然是一种相当危险的增补，挑战着、动摇着真正的文化、真正的理性的简单观念，使这种简单的观念相对化、多元化……。”

总之，狂欢节是前现代时期一年一度更新集体社会生活的一种仪式（或如希尔兹所说的，一种反仪式）。它不只承担了它那个时代权力分层的功能，让普通老百姓在他们的日常生活中发泄被压抑的过剩精力，它更为复杂多变。狂欢节强调了必要的相互依存，互相的责任和义务，封建和后封建秩序的社会契约；在对现有等级制度的嘲弄中，在坚持权力是有条件的过程中，它声张了人的普遍性和共性。它总是指向更高的权力，圣人，国王，神和神圣，但又能唤起每一个人对基本的现实生活的回忆。狂欢节所体现的集体性观念，与资本主义社会新兴的个人主义有分歧，这也是为什么像英国这样的资本主义国家会以那种形式压抑它们的一个潜在原因。贝德明斯特狂欢节表明，它们在理论和实践上都是坏消息。然而，狂欢节属于普通或大众文化，它不可能沉寂下去或被消除。恰恰相反，我们可以说它在大众社会和流行文化中找到了新的表达形式。其中之一就是作为奇观的足球的到来，另一种新的表达形式就是爵士乐。

足球变成奇观

小酒馆、小旅馆和啤酒店用很多种方式奋力回击非国教的新教秩序。比如，他们把城市中心变成了工人阶级生活的俱乐部，常常围绕得到许可的休闲来展开。富兰克林（2002：124～131）阐明了酒馆是如何开发他们的钓鱼俱乐部的，酒馆成了将以城市为基础的工人阶级乘火车远足到农村的主要组织载体。另一个机会伴随着现代体育运动尤其是足球的到来并戏剧性地扩大了。在经过了一个无政府的、欠均衡的发展时期之后，一种现代形式的足球在1866年出现了，随之出现的是足球协会以及基于一系列通用规则之上的管理。在1855年到1871年间，很多英国城市俱乐部成立了，开始酝酿淘汰杯和足协杯比赛。而此前的，传统形式的足球是以农村的村与村之间的比赛为基础，现代足球则变成了以现代城市为中心，成了现代城市的代表。

从那以后，足球得到了长足的巩固和发展，但很少被认为是城市生活的一部分。又一次，在受尊敬的中产阶级之中，总是存在一种感觉：足球是城市生活的一种声名狼藉的、粗俗不堪的、混乱无序的元素，应当限制在社会边缘（Cashmore，1990：216）。但是经过两次重要的发展以后，足球的兴起后来得到了巩固。第一次是1888年“足球联盟”（Football League）的成立，它是由12个最有影响的俱乐部联合组成的，严格的每周一次的比赛证明这是令人陶醉的景象，到1893年，第二个联盟加入。一年以后，这两个联盟拥有32个俱乐部，代表了英格兰的绝大多数城市。第二次发展是低一级联盟的增长，当地的或地区的联盟开始在每一个城市呈现出如野火般的燎原之势。因为足球是围绕俱乐部组织的，它们需要一个聚会的基地，它们组织的地点，一般在许多其他工人阶级休闲组织活动的地方，通常是在酒吧，其命名一般来自这些酒吧本身的名字。在这一时期，英格兰、苏格兰、威尔士的每一个城市都开始在他们的城镇边缘和现有的公园扩建他们的运动场地。这创建了大面积的绿地（加上观众席、俱乐部办公室、更衣室等等）。只有少数几个主要城市例外，他们俱乐部的场馆建设在远离城市中心枢纽地带，尽管它们也成了球迷们旅行的圣地，但这些地方一般很少有围绕它们的其他方面的发展——因此没有多少城市生活，这与罗马城市的剧院和寺庙之间的关系形成了鲜明的对比。运动场地通常靠近工业工厂景观之内的19世纪的那些排屋（Rowley，2006：393）。甚至到1980年，《卫报》（*Guardian*）还有可能说这些场地“又少，又小。给人的印象是来自30年代的灰色快照……这种原始状态宣称这就是一个足球城”。

尽管欧洲、美洲和澳大利亚的足球和其他规则依然对同一时期出现的其他现代运动保持着主导地位，但例如冰球、田径、板球、英式橄榄球、篮球、曲棍球等等，仍为很多城市生活提供了一年到头的关注焦点，开发了一种城市之间全国比赛和国际比赛的景观形式。国际足球的管理实体FIFA① 成立于1904年，其国际竞争的名望为整个欧洲的大多数城市的主要场馆建设提供了动力。足球伴随着商业化和现代化进入了娱乐业，这成了回到文化中心的基础。

爵士乐的幽灵

通过非国教教堂在工人阶级郊区发挥作用，第一次世界大战的到来结束了城市生活的主导地位，并引入了新的竞争对手。1918年以后，教堂和上教堂迅速式微（Bruce，2001），而当教堂大厅和工人阶级休闲之间的紧密关系变得松弛，由战争所引入的新的休闲方式，改变了城市生活的重点，尤其是夜生活，从工人阶级居住的社区到城市中心，从监控和规训到自由，都发生了转变。

① “国际足球联盟”，（Federation Internationale de Football Association）——译者注

爵士乐是一种音乐的风格，从非洲和欧洲的传统中发展而来，大约在20世纪初美国的非洲人群体中出现，尤其是在新奥尔良。虽然现在有很多种风格，但它们都具有一些或很多下列的特质：省略中间的音节，摇摆的，即兴演奏，“蓝调”，对唱与回应，还有一些类似咆哮以及拉长的音调等声音的变化，以及多重节奏的结构。爵士乐是西方黑人和白人文化之间的反文化融合中的一种最为有趣的资源，通常被用作开放、酷、平等和自由表达的一种隐喻——通常经过舞蹈以一种具体化的方式表达出来。

“爵士乐”这个词的来源是颇有争议的，但最有可能的谱系是沿用了“拥堵（jasm）”一词，一个指精液的美式英语单词（第一次见于印刷物是1842年），这一单词也意味着生命力与活力，“jazz”是差不多70年以后旧金山的玩家们用来形容交配的俚语。“jazz”这个词第一次出现在出版物中是在1913年的旧金山的一篇写垒球的文章中，用以描述一个选手的生命、活力、热情洋溢的神奇品质。后来被用于刻画在训练营中娱乐演奏者的拉格泰姆乐队（ragtime band）的音乐，到1916年，从这里通过音乐家网络已经传播到芝加哥和纽约。直到1917年，这个术语还在新奥尔良使用，那里的音乐风格有其根源（Quinion，2004）。它那种模糊的、强劲的、性感的和鼓舞人心的品质，为受到严格控制的新教城市秩序开出了一剂完美的解药，也许还提供了一张同意解除掉这些约束的许可证。

新奥尔良早期的音乐形式起源于游行乐队，那里的黄铜乐器和非洲的韵律和节拍融合在一起，形成了“不十分整齐的”，或者说不够严肃的音乐。这种不够严肃的音乐在20世纪迅速地被主流的白人音乐文化所吸收（如欧文·柏林［Irving Berlin］的音乐），自从歌手在公共音乐舞厅表演以来，黑人音乐和舞蹈变得非常有影响力并且很受欢迎。但奥尔良的拉格泰姆音乐开始爬山涉水，北上经过加利福尼亚，芝加哥，来到纽约的时候，开始出现了新的变种，每一种变化后面都伴随着两个主要的俱乐部和酒店的形式，以及在酒馆和酒吧的纯音乐形式

(Becker，1973)。贝克尔论述了爵士乐的音乐家（以及爵士乐本身）如何组成文化和社会团体的，那些个体的音乐人是如何在纯音乐（不确定或只有极少的报酬）和商业化的爵士乐（稳定而且有丰富的酬劳）两个极端之间来协调他们的角色与事业的。

在发展一种与反文化渴望相称的个人主义形式方面，在将其移植到城市中心俱乐部所在地方面（这些俱乐部远离了制度性中心地带的保守的规则和监督），爵士乐也引人注目。它鼓舞了“酷”、“时髦”的个人的政治，正如鲍腾和罗宾斯所坚持的，这种个人政治现在已经主宰了每个地方的个人主义的当代形式。酷现在是反对和蔑视各种各样权威形象（特别是国家及其代理机构和代理人）的普遍表达，但最重要的是，它象征着表达和行动的自由。它已经变成了对待世界的永恒立场，不必是一个人成长的人生必经阶段。“酷”还被赋予了个人主义和个性化的（对应于集体的）政治新意义。出于这些原因，“酷”不再是青年人的专属品，而是散布于城市社会的大多数阶层，尤其是那些仍然生活在20世纪60年代后的反文化之中的、其自然环境依然是城市中心的人中间。大多数产生于20世纪60年代蔚为壮观的城市复兴的反文化，直接起源于爵士乐的亚文化。奥尔良的文化家园通过多种方式为后来的北美和欧洲城市的都市文艺复兴提供了一个示范，最有名的是它强调种族的宽容和文化的多样性，其熔炉式的文化，对美食和音乐的欣赏，再加上对广泛的狂欢气氛的鼓励。

作为访问与游玩之地的城市

城市中心爵士音乐和舞蹈的出现证实了一种实际上在很久以前就已经开始了的趋势。曾经是传统的和工业区域的城市中心现在变成了访问和游玩的地方。18世纪和19世纪兴起的民族国家在新近翻新的首府城市里创造了大量的国家级圣地，其中包括通常建于像大学校园中心广场的新型公共建筑（会所、博物馆、大学、戏剧院和歌剧院）。

这些比较典型地提供了国家建立故事的建筑和公共艺术（特别是雕塑）的建筑物十分壮观，强烈地盼望得到访问，以便补选、询唤、招募那些没有经验的国家朝圣者进入民族主义情感的、令人兴奋的空间之中。城市和地区之间的新型连接使之成为可能，这种连接打破了区域生活的优势地位，创造了一种更加国际化的民族生活。铁路第一次将大量的访问者和狂欢者带入了城市的中心，同时创造了很多供给、供水、娱乐和教育的新机会。对工业化城市来说，这是一个新任务，也是一个发展工业文化产业的早期起点。

自1851年在伦敦水晶宫举办的世界博览会起，世界上的重要城市开始互相通过一种更加精心策划的方式来展示。这种展览和展示，通过展现新的工业产品、新的设计和技术，成了一种固定特色和常规布局，也成了世界上更重大事件的典范。其中包括双年展、艺术展（第一次是1895年威尼斯双年展，the Venice Biennale），始自1896年的（现代）奥林匹克运动会，1901年开始的勒芒汽车大奖赛（the Grand Prix motor races），1932年开始的威尼斯电影节，以及始自1947年的爱丁堡国际边缘喜剧节（international fringe comedy festivals）。

城市生活通过新的狂欢节形式和老的狂欢节的复兴得到了美化和丰富。新式狂欢节的样板是里约热内卢的狂欢节，20世纪30年代以后每年举办，它以一种现代的形式，但它利用了里约热内卢可以追溯到1723年的繁华艳丽的节日。里约热内卢的游行规模比整夜狂舞的游行要小一些，而且是由大量正式的和非正式的桑巴舞学校组成的，它不仅是巴西的主要展示场所，而且对国际游客有着强烈的吸引力，为城市带来了成千上万的参与者和观看者。

据珀兰（Pelan，2005）所说，现代的狂欢节发源于如里约（Rio）和特立尼达（Trinidad）这样的地方，可能被认为是基督教狂欢节的颠覆性和解放性版本，是为了庆祝大斋节的开始和结束（狂欢节在字面意思是“祭祀肉类”以及油腻的食物）：

> 特立尼达，实际上以“狂欢节的麦加”而闻名，这一事件本身是特立尼达混合型宗教遗产的集合：罗马天主教（法国的，还有一些西班牙和爱尔兰的）、英国国教、伊斯兰教（主要是逊尼派）、印度教、苏格兰教会、东印度长老会、非洲宗教、精神浸礼会、五旬节和基督教原教旨主义……其发展的重点是特立尼达精英间的斗争，尤其是英国国教和罗马天主教（大部分是法国的）的种植园主的冲突，后者占有了绝大多数的不动产。在特立尼达的欧洲人的狂欢节观念使人想起它是一个大斋节前的法国精英和法国克里奥尔人的节日，它准许非洲人和非洲的克里奥尔人可以戴面具和穿服装参加，但只能作为占主导地位的基督教的节日庆典的一个组成部分。独立之后，非洲人在节日里庆祝他们的自由，著名的有戛纳焦糖布丁喜庆日，这些地方基本上最后都成了狂欢节空间的中心，并导致了白人精英的撤退。今天的特立尼达狂欢节，成了非洲人文化政变的一种形式，他们把一直由欧洲天主教主导的节日变成了非洲特立尼达人自己的节日。（Riggio，1998：26，30）
>
> Pelan，2005

这其中与爵士乐的相似之处似乎足够清晰了。

伦敦诺丁山的狂欢节每年吸引了差不多有两百万人，是世界上规模第二大的街头聚会（排在里约之后）。[①] 严格地说，它的首次表演只是一个相对不太起眼的重要活动，1959 年作为圣潘克拉斯（St Pancras）市政厅的社区节日而登上舞台。它是在英国的第一次种族骚乱后，为了唤起人们对种族问题的关注并营造良好的种族关系而设计的，到 1965 年，最终成为了一个街头狂欢节的版本。和里约一样，狂欢节

① 据“天空新闻”报道（http://news.sky.com/skynews/article/0，30100—13609012，00.html）。

的形式是一种以音乐和舞蹈为基础的游行，展示索卡音乐、卡吕普索舞蹈以及其他几种音乐和舞蹈风格，而且它也是西印度的表演在伦敦街头一种更为自信的证明，为诺丁山作为一个文化区的复兴做出了突出贡献。它鼓励了出版商和唱片公司搬迁到这里，包括恩德贝勒(Ndebele)、诺丁山音乐和唱片公司，而且自开发以来，一种主要的夜间经济每年都在增长，它伴随着大量的酒吧、俱乐部和餐馆的经营。作为一个文化区域，诺丁山的繁荣也可以归功于与“城市的发展”或者“商业化”关联较少的其他文化和艺术潮流。科林·麦金尼斯（Colin McInnes）的小说《酷》理所当然地将背景放在诺丁山，这些都足以成为一种文化构成要素的充分证据，这种文化将把伦敦重构成一个生活或工作都很“酷”的地方。正如前面我们所看到的，这里关键的是爵士乐尤其是爵士乐俱乐部的作用。《初生之犊》（*Absolute Beginners*）的男主人公把我们带到了20世纪50年代诺丁山爵士乐俱乐部那种灰暗而沉闷的世界，他把它看成自己的大学。俱乐部是一个学习的地方，在这里学习不会被他人的评判所阻，种族、阶层以及性别歧视在这里也不起任何作用。爵士乐是了不起的调节器，使众生平等，能放松心灵，可暂时远离令人烦躁的外部世界，并得到稍许的喘息。

这些正是爵士乐为什么会被视为当代城市生活创造的反文化的先行者之一的原因，因为它不仅仅是关于宽容和多样性的，它还涉及在多元文化可能性及包含个人成就的理想条件下的个人转型和自我塑造。在这里转变、仪式都可能发生，这里注定是比日常生活更令人兴奋的地方。

诺丁山也是马丁·艾米斯（Martin Amis）一些小说的背景，尽管这些小说不是麦金尼斯乐观的、风格化的著作，但它们确实将诺丁山建成了一块边缘地带，一种出人意料的移民文化的混合之地，传统的市集，贪婪、贫穷并富有流动性，但是，最重要的，它是一个街头上的人们看上去似乎相当混杂的地方，这里的文化差异被缩小了，尽管不甚完美。换一种说法，用戈夫曼的专业术语描来说，它是一个完美的“行为空间”。

其他的文化代言继续建设着诺丁山，包括一部由休·格兰特和朱丽娅·罗伯茨主演的重要的故事片（这影片深切反映了像诺丁山这样的地方，它是如何促进了一些存在着差异的人们的相遇与调和），现代艺术家达密安· 赫斯特（Damian Hirst）和“药房”（Pharmacy）餐厅的参与，还有作为居民之一的蒂娜·特纳（Tina Turner）的到来。

图 8.1a 澳大利亚霍巴特的塔斯马尼亚的美食节。(photo Adrian Franklin)

一次性的或者一年一度的节日，在 20 世纪城市经济和文化发展中，已经被证明是一种主要的引人瞩目的并且至关重要的因素。关于它们的意义，一个粗略的和现成的指南，以自 1950 年以来每十年的第一年作为参照，可以通过出现于谷歌搜索中“节日”一词的次数来理解。从 1950 年到 1980 年，这个数字每年都有一个平缓的增长（1950 年是 5.8 万，1980 年是 7.43 万），但值得注意的是在 1980 到 1990 年之间，这个数字增长更多的是接下来的两个十年，到 2007 年时，这个数字达到了 3200 多万。（见图 8.1b）部分是因为，节日成了活动组织的一个主要样板（从正式的形式到仪式的形式），但还有一个真实的原因是越来越多的城镇组织一个节日活动，是为了集中和维持较高的关注度——关注紧随中产阶级化现象而来的所谓城市中心重建现象。当然，节日的繁荣更重要的原因之一，是特殊利益团体和当地社团组织将其作为大型集会的一种主要形式，正如我们在第七章所看到的，对于首先重新聚集于摇摇欲坠的城市中心的反文化群体来说，这是一个典型的新特征。

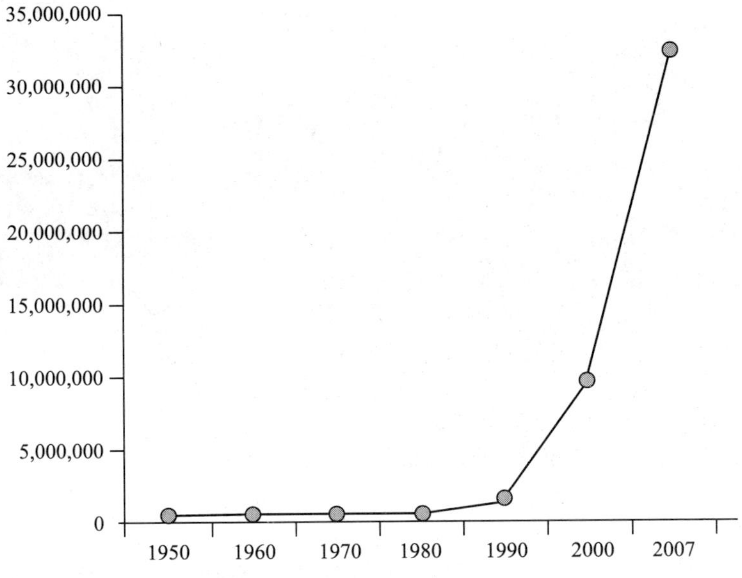

图 8.1b　谷歌每十年“节日”的点击数。(2007 年 12 月 27 日)

作为一种集会形式的狂欢节的出现，对这里的理解十分重要。节日是非常开放的、非正式的和无结构的活动，允许各种方法和各种参与强度。节日更类似于仪式而不是演唱会：它们确实允许一种纯粹的观众级别的参与，但也向各种层次的参与、表演、委托发出邀约。因为许多（如果不是绝大多数）节日都有一种行家的兴趣，它们成了社群兴趣的重要焦点，也许十分广泛，甚至散布全球。这些兴趣和活动很容易转化为组织，这些组织用协议和会议作为它们的主要碰面方式，而这些自1950年以后也得到了难以置信的增长。

潮流在持续，用“节日”一词搜索，2007年的谷歌搜索的结果有2.66亿的查询结果，差不多有两亿是与城市或城镇联系在一起的。相比之下，“咖啡馆”的查询结果只有3.44亿，“度假村”有1.48亿，“博物馆”是2.18亿。虽然这只是一个非常呆板的判定标准，但它至少显示节日的范围和意义与其他重要的休闲空间有关联；对作为城市生活的构成成分和一部分更具表现性、仪式化活动的与日俱增的出现，这是一个粗略的、现成的指南。

参与节日，无论是作为旁观者还是积极参与者，与参与城市中其他形式的活动不一样，因为它几乎涉及到上面所讨论到的仪式的所有阶段，包括准备并前往节日的场所，通常是从日常到异常空间的一段旅程，这种异常空间经常装扮得非常特别，特别的音乐、韵律和舞蹈形成了它恒定的背景。然后，节日一般将参与者吸引到一系列特殊的目标，这些目标具有特别的意义、灵韵、联系及转化的力量。这些目标有助于仪式的阈限空间的建构，不论它是在里约连续不断的舞蹈和游行中的桑巴舞（或者卡吕普索舞蹈，或诺丁山的各色人种的流动、赫尔斯顿的五月花舞以及在康沃尔的帕德斯托的木马舞蹈节）、“切尔西花卉展”（Chelsea Flower Show）富有竞争力的花展空间、“ 级方程式赛车”、“墨尔本喜剧艺术节”（the Melbourne Comedy Festival）单口喜剧的表演，或者戛纳电影节的影展。这些阈限空间压缩了时间和空间，在参与者中建造出了一种暂时的旅伴社区，并营造出一种同时逃离日常生活制约的感觉。这一空间允许甚至鼓励多样的刺激行为，而这在日常生活领域的其他公共场合通常是会被惩罚的。它具有娱乐性的特征，更有活力的身体语言，更夸张的动作，玩笑和角色的反串等。对毒品和酒也更宽容（在有余暇的时候），这里与性意识有关的氛围和情调也更浓一些（这方面现在已经扩大化了，比如，里约的狂欢节）。

常常能觉察到一种紧张的气氛，因为仪式化的节日总是涉及一些形式的解决方案：一次游行或一项任务的完成，竞争结束后的赢家和输家，从一种状态或一个地方向另一种状态或地方的转化。比如，春夏之交时，五朔节的仪式，在一个阈限空间里唱歌和跳舞，其结果是夏天安全到来。在由大量作品和艺术家集合在一起组成的双年艺术展的阈限空间里，通常只有单独的作品和展览，其结果是只有极少数的几个赢家被挑选出来，这样他们的作品和他们的名字就会定义接下来一个时期的艺术。不论是一个艺术家一跃而步入这样的地位，还是一部分观众由此见证了一种新的风格、潮流和趋势的诞生（一般来说，它们还可能涉及公开形式的评判或嘉奖），每个人都被卷入到了改革的进程中，而这些，在日常生活中不太可能发生。思里夫特（2001）认为，除了节日之外，个人更多地牵涉身体的仪式和仪式的技巧，它们导致了一种精神恍惚的状态，创造了安谧而拉长了的瞬间所组成的阈限时间，静止并放慢了的时间。

艺术节与城市的文艺复兴

将艺术活动和艺术节引进到一个新地方是一种昂贵而有风险的交易，无论这个地方自认为已经是多么具有艺术性；这样的移植一直得不到保证，所有的花费通常都由公众来买单，除非有国际上的草根艺术运动有兴趣来操作——当然，这几乎是不可能的。那么，为什么艺术节在每一个城市的复兴策略中都是这样强大的一个组成部分？艺术如此重要的原因是什么？

一部分是缘于艺术和统治之间的关系，尤其是艺术和富有创造力的阶层之间的关系。艺术很少产生相似的产品，也不仅仅是对已有事物的真实写照。艺术与不断变化的世界有关；找到一种方式去想象一种更好的世界，或者至少是一个有新意的世界。它所表达的是也许、可能或应该；是事物可能会发生什么样的变化——或者已经发生了的变化，也许是正确的变化，也许是错误的变化。对于现代艺术来说，确实是这样，它对现代性保持了一种批评的立场，同时又是现代性的先锋（它坚持对新的冲击的管辖）。保持事物本来的样子不会产生令人兴奋的效果，但是改变它们却会；一些（最成功的）城市成了变化的空间，并因此与现代艺术享有了密切关系。这个有创新能力的阶层创造新事物，他们生活在变化的过程中：艺术为他们代言。

现代艺术一直不太流行，它完全归因于这个新阶层的出现。留下一个未受现代艺术浸染的城市，它会枯萎的。理查德·佛罗里达论述到的创新经济的 15 种核心产业中有 13 种属于艺术范畴，例如设计、电影、广告、建筑、表演艺术、手工艺、玩具和游戏、视频游戏、时装、美术、出版和电视。艺术是这些从业人员工作生活的核心维度，在他们的生活世界里非常重要，因此对任何一个未来的创造性城市都至为关键。作为一种休闲爱好和一种旅游品味的核心元素，艺术也极为普及，因此成为吸引游客到来的至关重要的策略。

于是，艺术总是成为那些处在管理和改革位置上的人重点关注的内容。当艺术是温文有礼的社会精英受到较多限制的实践时，它所扮演的是一种基本相同的角色，即肯定精英的规划或许还可能允许他们幻想一些不太现实的东西，他们可以表达一些平时不能说甚至不能想的内容，并且新观念的表达和接受可以通过艺术渗透并注入人心。

在澳大利亚，艺术发挥了关键作用，允许人们去想象一个澳大利亚，实际上，随之而来的不止一个。与此同时，揭去新艺术的面纱使之追逐新的想象力，总是令人激动并富有宣泄性，因此，它的高度仪式化就不足为怪了。这令我想起剧作家艾伦·班尼特（Alan Bennett）笔下的真相，他在自传中（1998）提到为了一次新的艺术展，他那有限的忍耐力，认为它们可以使人产生一种强烈的精神和情感来参与其中；结果是绞尽脑汁地思索，呕心沥血地创作，想方设法地求新，再鼓足勇气去面对，最后留下精疲力竭的自己。

在澳大利亚，接受新的艺术作品带来的兴奋感有迹可循，与澳大利亚艺术经典相关的仪式也是如此。它的重要性远在咖啡文化和近期出现的小型展览场面之前，甚至在民族国家美术馆之前。人们会用货车装载着重要的艺术品在澳大利亚的南部和东部来回穿梭。比如，前拉斐尔画派霍尔曼·亨特（Holman Hunt）的杰作“世界之光”，在19世纪中叶的澳大利亚小镇上单独巡展。它没有包装，就那么挂在小镇上或者教堂的大厅里，被当作一个看点来宣传。在集市和狂欢节上以偷窥的方式展示之后，观看它的人排成了长龙，一个小小的入口负责收费。海报宣传它是一种令人振奋并令人感动的经历，毫无疑问，很多人都是以这样的心情来接受它的。2009年，萨尔瓦多·达利的画在澳大利亚作重点巡回展出。就如澳大利亚维多利亚州州长在开幕致辞中所说，“它现在和其他的重要活动如澳大利亚一级方程式锦标赛、春节赛马节以及澳大利亚网球公开赛同样重要，都是维多利亚州旅游最大的卖点”。

19世纪的世界博览会预示着国家的艺术、设计和工业化生活作为一种国家重点关注的时代的来临，这也说明，在这一时代它不再只是被当时的统治精英阶层、宫廷以及宫廷圈子里的人的关注对象了（Prior，2002）。从那时起，它变成了大众富于想象力的幻想世界的一部分。有决定性意义的时刻也许就是第一次重大的国际展览，1851年伦敦的世界博览会。它最初不是作为一种大众景观来构想的，而是向一个世界舞台展示英国的足智多谋的一个展品，尤其是，一种市场化的手段。但富有远见的托马斯·库克构思新颖，出乎意料地使普通的民众可以通过铁路来参观展览。这样大规模旅行的后勤方面的问题，对一个没有旅游文化的国家来说，去劝说不旅行的人这样做，是一个压倒性的难题。库克在这个意义上取得了突破，一旦经历了大众旅行，事实证明它是会令人上瘾的，而且库克发现1841年他第一次带队旅行的特点，就有一种非常新奇的兴奋状态一直伴随着他们（Withey，

1997)。

到了19世纪末，世界各地都建设了长期的展览馆、民族美术馆和国家美术馆，作为一种实践，尽管它们也会产生一种规模空前的访问，但它们还是永久的收藏品，并没有系统地呈现出新的东西。保持艺术在变化过程中领先边缘的改革是双年展运动，始于1895年的威尼斯双年展。早在1910年，这个节日便在测试现代性的边界：秘书长安东尼奥·费迪南多（Antonio Fradelletto）说，“让毕加索的一幅作品离开中央宫殿的西班牙沙龙，担心它的新颖性可能会给公众带来冲击”（www.labiennale.org）。

威尼斯双年展一直主导着艺术世界，尤其是现代艺术世界。从近年来的主题我们可以看到，它领导着艺术的革命，把握着未来艺术力量的方向：

- 1979 后现代主义
- 1990 未来维度
- 1994 认同，预期，革新
- 1995 认同与他者性
- 1997 未来，现在，过去
- 1999 从头到尾
- 2001 人类的高原
- 2003 梦想与冲突——观看者的霸权
- 2005 临界点

现在，最终的统计结果是，世界上共有17个城市的双年展（威尼斯、蒙特利尔、悉尼、京都、萨格勒布、柏林、伦敦、伊斯坦布尔、巴黎、慕尼黑、约翰内斯堡、布拉格、瓦尔纳、上海、广州、北京和成都）。这些反过来又鼓舞了重要首府之外的艺术节，并创建了第二线的艺术城市，所有这些地方，就如佛罗里达所发现的，已经成为对当代精英工作人员最有吸引力的家园。他们在一件事情上有着共同之处，就是他们都身居社会的边缘地带，这些地方值得人们去旅行。在这里，由于艺术和旅游的结合，产生了一种异乎寻常的兴奋感。

地方艺术节的典范是“爱丁堡艺术节”，尤其特别的是“边缘喜剧艺术节”。爱丁堡的节日始于1947年，城市里的人口差不多50万。这个重要节日很显然是苏格兰的一次活动，即使它是一个国际性节日，但是这里的“边缘”已经成为不仅限于此的东西，大量小型公司及其相关人员不远万里来到这里。到了今天，它已经成为世界上最重要的喜剧艺术节。爱丁堡的人口也已经双倍于“边缘”时代，这一“边缘”提供了大约4000人就业，纯收入增长了差不多近700万英镑。

“阿德莱德艺术节”（the Adelaide Festival）始于1960年，近年来，阿德莱德的人口大约是110万，它吸引了差不多50万的付费游客。关键是，城市对成功来说并不是至关重要的，某些重要的双年展，比如悉尼的双年展，很明显单调乏味，迷失在其他东西之中，就像2005年我自己所发现的那样。

海边如何来到城市

> 海边小镇和岛屿温泉浴场，在当地法案的管理之下，广泛展开了市政服务[运动和其他休闲设施]。目的当然是让游客轻松愉悦地待在这些度假胜地。那么，建议任何地方都做出同样的努力，将它变成对居民有吸引力的地方，不也是可行的吗？（Henry Durant，*The Problem of Leisure*，1938：255）

社会学家亨利·杜兰特（Henry Durant）20世纪30年代中期得出的观察结论不仅仅是一个乌托邦社会主义的观点。他在20世纪中期对休闲的思考，特别是他对电影院以及富有魅力的好莱坞电影影响的评价，似乎电影里所描绘的生活方式与多少有些严酷的现实中电影观众的城市生活之间存在着一种令人不安的分裂。很多工业化城市提供的是一种不间断的辛苦工作和令人厌倦的生活（见斯坦·科恩［Stan Cohen］和莫迪斯［Mods］20世纪60年代在布莱顿海滩的访谈录：在有关伦敦生活体验的描述中，厌倦和“无所事事”感觉的出现，是当时的典型特色），而且日常生活经历和假期之间有着巨大的鸿沟，似乎也令人泄气。尽管如此，度假，特别是像在“海边”这样集中体现度假特点的地方，不可能一直处在社会边缘。它在诸如兴奋、消除疲劳、“行为空间”、自由和救赎等方面所提供的体验，不能简单理解为日常工业社会生活的对立面，而是未来引领每个人前往的方向；它也是现代性前进的道路（Franklin，2003）。这样，早期形成的海边体验像它逐渐被吸纳到城市生活中一样，对于这里的理解同样重要。海滩成了一种特殊的阈限空间，被20世纪早期许多西方国家的国定假日新经济赋予了清新有趣、欢乐喜庆的色彩。一些公司开始提议让他们的工作人员到海边度假，随后也得到了国家机构的强力鼓励，并最终得到立法。

在多大程度上海边度假者的体验复制了朝圣之旅的体验？带薪假期运动的意图是非常清楚的，其他组织推动的海边度假以及其他的假期，也认同远离日常生活的世界、社区和城市的重要性。那种持续工作的生活被视为有害健康，而且效率低下；简单的请假休息还是容易受到个人的义务和杂事的影响，而且这个时候的城市污染也格外严重，对许多人来说是一个残酷的环境。不用多想，只是单纯的远离，去尝试一些不同的事物，去面对旅途中各种各样的挑战，这便表现出了海滨度假的情感特征。

尽管度假也得到了实业家和职业中产阶级立法者的认可，但他们还是有可能基于他们对自己的旅游和度假胜地的安静怡人性质作出判断，而不是对工人阶级海滨度假的深刻的社会学理解。他们几乎完全没有注意到一种成群结队的直接参与形式，欧文·戈夫曼称之为“幻想制作（fancy milling）”：

只要出现在人山人海、熙熙攘攘的狂欢的人群中，就不仅能带来人群所产生的兴奋感，而且还有一种对接下来将会发生什么的不确定感，也可以卖弄轻浮，这本身就可以导致关系的形成，并真切地体验到离那些的确在人群中设法想找到真正行动的人只有一步之遥。(1967：111)

很多海边行为分析家认为“幻想制作”是海边生活一个非常重要的组成部分，无论它是否与嗑药（Uriely and Belhassen，2006）、随意的性关系（Wickens and Sönmez，2007）以及帮派斗殴联系在一起（Cohen，2002）。

尽管战争期间和战后那些年的海边度假可以被视为人为的，肤浅的，并且不太真实——就其本质来说——事实上，我们应该理解实际上它是一种激动人心的体验。像这些纯粹的娱乐空间，闪烁而嘈杂，它的设计就是为了把你送进一种兴高采烈的状态，与工作状态中那种工业化的景观形成戏剧性的对比。在这里考虑引进中世纪教堂那种彩色玻璃窗是有意义的。对我们来说，现在它们似乎有点死板，或者说过于严肃了。但是，当它们首次被装饰并建造成中世纪教堂风格时，这确实摄人心魄。这一奇观产生了令人震惊的效果，让人们感觉到它是一个非常独特的、尊贵的空间。海边的喧哗伴随着这些独特的事物：神奇的码头、其乐无穷的拱廊、表演者、游乐场，到了晚上，五颜六色的灯光闪烁，公园和花园，以及像布莱克浦塔（Blackpool Tower）或伯恩茅斯（Bournemouth）的冬季花园这样的纪念场所。但是，这是它更深层次的存在吗？在某种意义上，它确实是。正如尤金尼亚·威肯斯（Eugenia Wickens）和西尔维亚·桑麦兹（Sevil Sönmez）所说的：

几位研究人员关于旅游者的享乐主义和自我放纵生活方式的

> 描述认为，旅游度假胜地是一个“阈限的”的空间，它提供给享乐主义的游客们一个走出社会习俗的机会（Ryan & Kinder，1996；Shields，1991）。尽管阈限描述了一种在两者之间的感觉——涉及到在社会举止之上的一种暂时迷失，但“阈限空间”指这样的领域，“在旅行的迫切需求之下，加上相对的匿名性，而且摆脱了社区的严格审查，严格的社会成规在这里松懈了”（Shields，1991，p. 50），鉴于旅游被视作“从所有的约束中解脱出来……想怎么做就怎么做，想怎么穿就怎么穿……欢庆饮宴……打破了日常生活中规则的羁绊……纵情享用的观念和今朝有酒今朝醉的态度奠定了它的基调”（Krippendorf，1987，p. 33）。从这一角度来透视其他人关于旅游的观点，引起共鸣的是认为它是对日常生活的逃避，并由此进入一个自由的区域——与这一见解同构的概念就是“阈限空间”。（2007：202～203）

乌利雷（Uriely）和贝尔哈山（Belhassen）还提到了“幻想制作”对在节日期间和节日氛围下城市里的行为表现的重要性。他们引用了一项雷德蒙（Redmon，2003）的研究，“他描绘了新奥尔良‘忏悔星期二’（Mardi Gras，大斋节前的最后一天）的狂欢节活动，主题是‘后退一格’，发放了一些限制许可证，允许人们临时参加违法形式的活动，包括公共场所性器官的暴露（暴露乳房、阴茎等）、手淫、口交以及在公共场所和陌生人的性交。很显然，这些研究所观察的游客被描述为不受控行为的探索者”（2006：345）。

整个20世纪前半叶，产业工人的物质化生活是非常基本的。其复杂性和深度可以通过能否接近奢侈品和奢侈生活来测评。对那些渴望并梦想可以用金钱买到的消费和东西的人来说，海边具有深度和兴奋感。这并不意外，例如庞大的超级商店沃尔沃斯（Woolworths，正是英国的第一家超市）就坐落在通往布莱克浦中央火车站的路上；对大多数乘火车到来的人来说，它是第一个停靠站也不是偶然的（Cross，

1990)。更进一步说，从海边社会活动的深度来看，也不能按照常规的思考来解释：咖啡午餐、宾馆和小型私营旅馆、运动，如网球、游泳、钟面式高尔夫……在这样一个执着于好莱坞名流奢华生活方式的消费社会里，很容易看到，所有这一切不仅是迷人的；它还是神圣的、梦幻的、令人惊异的；而且个人的转化也与救赎类似。Turner and Turner（2003）认为，这种类阈限的仪式都是关于转化的，有关"将成为"什么，以及"可能成为什么"。不难想象20世纪中期的游客们是被技术和消费者的变化速度刺激起来的。实际收入确实增长了，消费能力即使在20世纪30年代也不可思议地增长了，商品世界膨胀，并且有可能引发消费者对未来的乌托邦梦想。对所有低级趣味的媚俗和狂欢节的借用，仍然是为了保证一个更加欢乐、更加刺激的休闲的未来。杜兰特（1938）对20世纪30年代后期休闲的讨论，表明了政府和规划的措词实际上包含了一个非常明确的意图，模塑新的城市海边休闲政策。换言之，对即将到来的消费社会来说，海边是一个隐喻；一个可能如此的世界（后来被冠之以"休闲社会"）。

这一时期，很多在他们的生活中能够想象一个固定的度假和休闲地点的人稳步地成长起来。对其中的许多人来说，他们第一次能窥见的更开心的生活就是在海边的生活；海边充满了各种象征、建筑、物品和文本，为更多基于休闲和快乐基础之上的一种新的生活方式提供了一种印记和范式结构。对这些事物的纯粹的推荐和鼓励的增加，对休闲的主体性发出了询唤，并通过一种虔诚的热爱和成群结队而来的旅客得到了肯定。众多的海边消费者的兴奋感依赖于对未来世界无穷的想象力和无限的可能性；在这样的意义上，我们可以将海边理解为一种对光明闪亮且如电子音乐般愉悦未来的承诺。

于是，打开来的是"壮丽的"海边新风景，中央风景区注重突出愉悦、娱乐和新奇的元素。包括一些主要海滨小镇，如英国的布莱克浦、莫尔科姆（Morecombe）、马尔盖特（Margate）、大雅茅斯（Great Yarmouth），纽约的科尼岛（Coney Island）、美国洛杉矶的雷东多海滩

(Redondo Beach)，以及悉尼壮观的新大桥下面的月神公园（Luna Park）。它们主要是公众假期游玩的场所，尽管不是专有的，但大部分人是劳动阶层。如果它不是专门给工人阶级的，我们可以说它们被铭刻上了一种平民主义的社会基调，而且如他们所坚持声称的，带来了一种平民的仪式景观。这些是迪士尼风格的主题公园的先驱，[1] 而且从很多方面来看，这些海边的层面现在已经从海和海滩分离出来，从中诞生了健康和宁静的仪式。尽管地点一般仍然靠近海岸，如美国的佛罗里达和圣地亚哥，澳大利亚的黄金海岸，但是它们显然是可以分开的，一般选址在主要的岛屿城市。

主题公园

以城市为基础的主题公园现在是如此的规范，它们新奇的构成在城市里的普及是如此的广泛（从主题公园到主题购物商场再到主题商店、饭馆和咖啡馆、娱乐中心等等），所以汉尼根（Hannigan，1998）能够提出一个“想象城市”（*Fantasy City*）的概念，作为当代大都市的一个隐喻。其结果是，旅游，或者说，至少它所提供的乐趣，已经成为一种日常的体验，甚至我们现在经常性的出门旅行，这些旅行已经不再被认为是“度假”或如罗杰克（1993）所指的那种“逃离意图”。正如他所说的，“责任的世界和自由的世界的差异在经验上已经明显失去了它们的力量，因此，其分析价值是值得怀疑的”（Rojek，1993：169）。

“大众观察家”（见 Cross，1990）确实预见到了景观展示公园这种方式会是方向。这些公园越来越留意现代世界和现代消费主义，换句话说，这些公园和狂欢化一样，与社会再生产和复兴的仪式没有关系，但与仪式的转化有关：经验引发参与者进入新的主题、技术以及日益

① 更充分的讨论请参见 Bennett，1983；Hannigan，1998；Rojek，1993.

变化的现代性的经验。如果日复一日的现代生活是一条通往多元的其他"未来"世界的逃逸线，那么一个（例如单一的）其他世界的观念就失去了它的意义：从现在开始，另外的世界从未来并通过技术和消费主义的通道向我们扑来。在托尼·班尼特（Tony Bennett，1983）后来关于布莱克浦的分析中，以下的观点是针对快乐的海滩的——但它差不多也适用于所有 20 世纪有关海边的历史：

> 从早期开始，惯称为海滨胜地的布莱克浦，一次又一次地在宣传手册里重复，它一直在进步。在"欢乐海滩"……欢乐已经坚定地现代化了。对那些来此地寻欢作乐的人来说，它建造的大型机械游乐设施，形成了别具一格的"欢迎"特色，这在布莱克浦以外的地方无法获得，还有它的一条龙消费，也是为了游乐而进步，并得到治理的证明。(Bennett，1983：146，140)

但以它们的方式进入城市生活的，不仅仅是富有刺激性的娱乐设施。其他形式的"行为空间"的娱乐也成了具有同样效果的城市生活共同体验的一部分。如刘易斯·艾柏格（Lewis Erenberg）所表明的，这些类型的行为空间逐渐被城市采纳，并参与到自我和两性关系的现代化过程之中。比如，卡巴莱（cabaret），就开辟出了一块新的天地：

> 到了 20 世纪第一个十年，咖啡馆为两性关系的行为与活力提供了背景，允许他们有地方去质疑加在他们个人生活之上的限制。因此卡巴莱就代表了 20 世纪生活中两种主要潮流的冲突：一种任性的为了个人生存自我培养的方式；一种社会角色的体制性的、理性的专业化……卡巴莱代表了制度性的同时共存。在这里，演员和观众之间的壁垒被打破了，男人和女人有机会展示自我，成为城市生活具有活力的一部分。在幻想制作中……人们被带来与其他人聚合在一起，这些人是名人，出现时很有魅力，不受社会

生活的控制，有时甚至凌驾于法律之上，他们似乎活在一种持续的兴奋和危险的生活之中。(Erenberg，1984：133)

在某种层面上，旅游者似乎兴致勃勃地游览主题公园，例如迪士尼乐园或其他影视机构的主题公园，这些地方的展品和世界并不比他们已经了解的人物和事物更多，其主要吸引力是一种购买相关商品的“机会”，一种深化并具体化消费者和卓越品牌及产品之间联系的手段。在这里，难道迪士尼的钥匙串和在乔叟那时候的坎特伯雷卖的铅锡壶装的圣水之间存在着巨大的差异？也许没有差异，除了与14世纪的朝圣者相比，现代的钥匙环消费者们不太容易受到那种灵韵的感染，尽管在两种情况下，所购买的东西都是原物的仿制品。由于惊奇有限，现代消费者用他们创意无限的供给和再生能力来弥补这种灵韵的品质。在名人的案例中，名人本身越来越成为主题化的有吸引力的对象，灵韵的可能性非常之强，正如对名人的热情更富有宗教般的虔诚和“奉献”。这种时下流行的东西，可能被认为与消费社会中灵韵的崩溃有关：玛丽莲·梦露、戴安娜王妃和约翰·列侬，都是一次性的。

有几位作者，包括哈维（1989）和罗杰克（1993），认为这些混杂或压缩了空间与时间的主题公园，看起来像荒谬的折衷主义，把一些历史性的时刻和地理上的主要特点混合后挤压在一起，放在一片小小的土地上，这不过是现代消费者体验世界的方式——如，通过地下的调节，压缩伦敦的方式。正如罗杰克（1993：164）所说，“同步性和感受性是后现代体验的核心”：对一个旅游者（或其他人）来说，我们所生存的这个世界是一种仿拟，或者说是一种社会建构，他后来的一篇论文称它为引得和拖拽。引得指对原物的一系列可能的视觉的、文本的和象征的再现，而拖拽指一种能动作用，来自不同指标的各种元素可以集聚到一起创造出一种新的价值（Rojek，1997：53～54）。如，很多地方，因为小说和电影的流行，现在引起了人们的注意，好像那些事情真的发生在那里。

所以，这些陌生的新事物，对我们来说，不是他者，而是我们文化本质变革的一种征兆，这些地方令人注目，是因为它们对新的主体性发出了询唤，它可以做出让步，并参与到一种更具模仿性、协调性和创造性的世界中去。我们也许并且必然会迅速厌倦给予我们这种旅游景点的世界；它们必然会继续用一种新颖的解释、技术、信息、行为、模仿和杂合来引领我们：它们肯定会更加有力地与作为消费者的我们联系到一起，并且如罗杰克所说的，以一种浓缩的方式提供一种我们正在逐渐生成变化的感觉。这对那些开发者是一种挑战，他们将改变城市生活，使之充满兴奋刺激，引领各种边缘体验和出发点，并进入到更加光明的未来。

城市改造的规划是什么?

在 20 世纪 80 年代和 90 年代，通过商业和地方政府联手的重要的新的开发和文化项目，城市改造向前迈进了一步。莱伊（1995）认为，不论如何，我们不应该忽略一个事实：只有在城市的反文化和中产阶级革新常常已经发生之后，使它们第一次隆重地进入富有吸引力的文化空间，那些更引人注目的资本才会由其他团体和公司投资到这一空间中来。比如，曼彻斯特的文艺复兴，特别是它的北部地区，更多是严重依赖那种典型的有活力的小型/中等规模的文化产业的经营（很多是通过反文化的音乐、设计、时装和食物得到了发展），而不是依靠地方政府机构或者政府的合作者和开发商（Brown et al.，2000）。实际上，正如这些作者们所说，在谢菲尔德（Sheffield）的案例中，由于没有来自文化产业中先前自发的非正式发展，进而占据新的空间并在聚居地形成聚集，结果新的有组织的开发可能无法持续运作。当然，这些发展确实引起了中央和地方政府以及那些重要开发商的关注，他们想确认一个可持续发展的基础，或者至少相对来说在城市中心空间有较长时间投资潜力的基础。即使是小规模的具有文化产业特征的商业，也认识到只要它们可以保证一个可持续发展的未来：

> 20 世纪 90 年代早期见证了城市将“生活质量”问题和旅游链接到了一起，所使用的是一种广义的文化概念——“感觉”、“氛围”、酒吧和餐馆、夜生活。城市变成了“欧洲城市”——一种奇异的神秘的、模糊的观念，涉及酒吧、咖啡馆、卡布奇诺以及晚间营业许可证。这种基于方法，与城市中心区的不动产投资的吸引力联系在一起的构想与设施，是来自北美的“城市改造”模式的一部分。文化更新了已建成的设备，恢复了构想，创造了旅游基础设施，巩固了充满活力的、午夜的“欧洲城市”。(Brown et al.，2000：439)

所谓的美国模式或基于这样的认识之上的城市更新——现在的城市已经变得“有趣”或可能制造出更多有趣，在约翰·汉尼根（1998）的研究中有极好的记载。从 20 世纪 80 年代开始，随着巴尔的摩触目惊心的城市改造，接下来的 20 年里其他限制工业化的美国城市也试图创造同样的奇迹。近年来，尤其是通过像查尔斯·兰德利和理查德·佛罗里达这些人所做的研究，人们对这种奇迹的构成成分进行了筛选；以下问题也得到了研究：一个由改革力量所主宰的城市空间怎么得到整合和规划（Landry，2001：*xv*），如何将构成社会基础的吸引力、所谓的有创意的阶层的三个关键因素（技术、天赋和宽容）结合到一起（Atkin，2003；Florida，2003a）。当然，尽管技术、天赋和宽容可能是所有成功的当代城市所共有的至关重要的分类学上的变量，但似乎没有一个城市会有发展的机会，除非它是一个有趣的地方，一个不仅有创新能力而且还生机勃勃的地方。

也有一些明显的例外，如纽约、伦敦和巴黎，很多 20 世纪中期的现代城市中心在非工作时间和周末实际上死气沉沉；现在许多城市仍然如此。他们大多是因为战后大规模的消费零售业的繁荣而重新设计的，并且与主要商业和公司的集中化联系在一起。结果是拆除利润较低的住宅，特别是工人阶级住宅、财产以及购物中心和办公大楼的建筑。这些地方在工作日的早上 8 点到下午 6 点之间人气颇旺，但其他时候却相当安静。其他时间的城市生活分散在更广阔的都市风景里；它更加放松，更多围绕一些更为低调的活动。大多数新的休闲方式的开发，伴随特别重视运动和乡村俱乐部的发展，继而将富人带入郊区，而与此同时，同样的产业集中到在海岸、山地、湖畔以及海外的“快乐边缘区”建设度假村。广而言之，我们可以说城市生活在工作和轻松的休闲模式之间游移（这种休闲模式与度假期间那种更紧凑、更兴奋的体验形成了强烈对比）。在 20 世纪 70 年代早期的这些条件下，城市中心的开发“没有被视为一个有吸引力的议题”（Hannigan，1998：51）。

引燃复兴的原因很多。第一，20 世纪 70 年代，就像我们所看到的，城市的中心区域开始受到欢迎，房价也被早期的中产阶级化的人抬高了，这里被认为是时尚、艺术、古怪而且有吸引力的到访地。第二，一些港区、厂区和仓库区域已经停止运转，如果不想闲置，这就为重要的再开发提供了一个千载难逢的好机会。与其他的城市空间不同，这里能较轻松地落户，而且不太可能产生强烈的反对。第三，设想了一种新型的复合功能的娱乐空间，将会吸引大批游客和旅行者在周末和晚上进入城市中心。呼唤“旗舰目的地项目……安全的，刺激的，这在郊区是不可能获得的”（1998：51）。这些城市开始建造大量新的互相关联的景观：新的会议中心、购物中心、展览中心、博物馆、娱乐中心、开放式广场、艺术画廊等。这些都被打上了连贯空间的底色，采用的方式是对前期大型工业化空间、航道和码头、河滨和公园场所等进行再开发。如今，它甚至幻想着在城市的核心区域建造主要的体育场馆，如，在加的夫（Cardiff）、曼彻斯特和桑德兰（Sunderland）就是如此。巴塞罗那和悉尼曾利用了奥运会的机会，曼彻斯特和墨尔本抓住了英联邦运动会的机会建造了运动基础设施，并将其作为可持续运动旅游业的基础（Hall，2004）。而且不只是超级城市能做这些：根据罗安（Roan）对当地运动迷的研究，印第安纳波利斯（Indianapolis）实现了它的经济转向——从“低技术制造业到体育场”，谢菲尔德将自己再造成了英国首个“国家体育城市”（Hall，2004：195）。

非常迅猛地，这些城市已足以成为旅游者自己选择的目的地，以与那些度假胜地相抗衡，虽然在很多方面还是不能与那些明星景点的吸引力竞争（比如重要的艺术画廊、博物馆、运动俱乐部和国际文化交流中心很不愿意迁到海边）。在城市管理者和私人投资者之间，建立了合作关系，这些“目的地空间”给城市中心地区绘制了一幅崭新的画面，这些地区曾经受到犯罪、不安全感、涂鸦破坏和帮派等负面印象的牵连，而受到的最严厉的（持续的）攻击批评是未能解决城市贫民的经济问题（见 Atkinson and Helms，2007），这些地区的贫穷甚至更加严重了，广泛达成的共识是它们不可思议的转化和持续的改变，通常是扭转一个城市的命运——以使它们对高科技产业、最重要的雇员基础（创意阶层）更有吸引力（Florida，2003a）。

汉尼根揭示了源于美国的城市改造模式是如何起源于相对少数派的标新立异的开发商如詹姆斯·劳斯（James Rouse）的。劳斯引进了首个封闭式的购物中心，后来又引进了一个类似迪士尼感觉的节日市场。为了避免进一步复制主要连锁店陈列品，劳斯通过限制它的数量以保证一种高水准的新奇感，而且趣味十足，并引进了一些高品质的特色商店和手推车卖家——甚至通过短期的租赁安排这些业务的循环。除了保证标准和质量，他还提供了各种各样的惊喜——此外，在这种高涨的氛围里，大量的购物者都有可能被迫自由慷慨地娱乐并畅饮。

在为这本书做现场调查时，我遇见的所有城市里，那些有活力的中央购物区和有生机的城市，看上去很明显。如果没有了良好的购物环境、充满兴奋感的购买活动、拱廊街和广场，任何城市的改造和复兴都不可能成功。这也就是为什么城市的改造对低收入群体似乎是一笔可怜交易的原因之一。为什么？甚至即使这些商店近在咫尺，对他们来说也同样远在天涯。

进入到20世纪80和90年代，劳斯的准则已经贯穿了整个西方世界，尽管到90年代，它好像还有些污点，而且曝光过度。尽管在购销领域这是司空见惯的事，自90年代前开始，一个总的趋势是，一种更广大的文化构成里被加入了某种混合、严肃的节日气氛，娱乐性更少了。正像谢菲尔德的情况一样，城市管理者可以利用它的所有权和对未使用空间的控制和约束权，用以鼓励那些相对便宜的新波希米亚区域。

这些不仅与更成熟的而且制度化的城市中心艺术社区和场景联系在一起，而且它们还在原址继续运行，并且直接出售给公众。这样的开发不能保证总是取得成功，比如凯丹洛克更多是由艺术家和经营者自主地掌握，而不是通过运用设施引导和基金引导的开发模式。约斯特·斯密尔斯（Joost Smiers，2000）表示同意，认为一种可以感知的有创造力的氛围需要从城市里涌现出来，因为很多成功的实例，恰恰不是简单地靠将钱投进那些艺术项目来“支撑声誉”、帮助城市复兴或者推动旅游业（Smiers，2000：111）。遵循同样的思路，安德烈亚斯·温沙德（Andreas Wiesand）反对“欧洲文化之都”的模式，认为“通过市场交易不可能一夜之间就把格拉斯哥变成“欧洲文化之都”。它本身就是一个非常有趣的城市，如果它能够摆脱用那些毫无价值的垃圾东西来推广自己，它可能会更好，那么你就有义务在这一年把它挑选出来作为‘欧洲文化之都’，否则花了许多钱，却毫无助益”（Wiesand引自Smiers，2000：112）。

> 在格拉斯哥……人们应该深挖这一城市和地区的历史。在这里，你可以找到很多灵感的源泉——比如，在设计中，在家具中。让实际在这儿的源泉表达它们在艺术领域里想要扮演的角色吧。（Smiers，2000：113）

当然，灵感的火花也许不总是源自过去。一些比较有趣的文化领域始自青年艺术家想要创作出新的作品、风格、设计和表演，这些青年艺术家通常都不是那些家乡的孩子们，而是毕业于精英院校。城市的确会容纳、改变许多移民，并给他们提供机会。例子包括城市心脏地带的墨尔本车道区，由艺术酒吧企业形成的丰富的城市生活。车道区以前是为一些主要的零售业销售和以零售为主的小型业务提供一些通道服务。当很多这样的空间空出来的时候，在 20 世纪 90 年代，租金暴跌，这给墨尔本年轻的艺术家们提供了机会，他们很多刚从附近城市的艺术和设计院校毕业，租用这些空间作为工作室。在墨尔本，由于饮酒的法律许可相对自由，这些年轻的艺术家们可以通过在现场发展咖啡馆、餐厅和酒吧等业务来补贴他们的艺术事业。拥有这样合适的条件对促长临时的聚居地十分重要，这已由一档有关艺术的电视节目得到详细说明（Not Quite Art，16 October 2007；www. abc. net.

图 8.2 城市艺术：墨尔本车道区，澳大利亚墨尔本。(photo Adrian Franklin)

au/tv/notquiteart/）。墨尔本的车道区现象，与它附近的悉尼缺乏任何这一类东西的情况形成了鲜明对比。悉尼城市的中心租赁价格阻止已经根深蒂固的行业之外的任何行业落地生根，当地饮酒许可证更难获得，并由既得利益团体贪婪地守护着。车道区这些企业比那些城市中心的商业对手们有着更持久的吸引力：它们把酒吧和展览相结合，甚至把空间分割后零售，而且非常便宜，加之数量增长迅速，创造出了城市里一个极为突出的集群，它们可能甚至已经被添加到城市旅游指南里了。它们的出现还使得墨尔本的夜间经济更多变化，更为有趣，特别是考虑到它们不会都复制本质上相同的产品。其中最有意思的是酒吧的开发，这些特征全方位地显示在本地出产的各种视频影片中，或者出现在主要酒吧区域之外的小型放映空间中。这不仅为酒吧提供了收入，而且为人数不断增长的影视制作人增加了收入——由于他们集中于此地，通过被网罗到金融、展览组织和场馆之中而获利。

可是，为什么文化区以及其他的文化发展，特别是本地的，指定的或自发产生出的文化积累和运动，对城市的喧嚣与“活力”是如此重要的贡献者和维护者？这些是如何与当代城市的总体健康联系在一起的？

最明显的答案是源于文化在当代城市的社会和经济生活中扮演了一个新的放大了的角色。就如我们在前面关于生活方式一章所看到的，当代社会没有以稳定的、持久的主体性和认同为特色，因此文化起了重要的作用。个体生活在一种恒定的自我形成的状态里，涉及他们自身的重建，在一种不断流动和变化的恒定稳定状态中重新发明自己。如今，有一种新的很少得到承认的文化领导群体，他们已经极大地取代了鲍曼所说的那种“立法者”。与动员知识专家来制定规则、法律以及人们应该如何生活的规范不同，在当代消费者选择经济中，专家知识不是将许多东西合法化，而是如“提供选择”、“提供建议”、“创建新的解决方案”、“推进新的治疗方法”等。由于文化表达非同寻常的范围和潜力，通常的文化，尤其是城市文化，高度地碎片化、具体化了，而且极其短暂。就此而论，存在着一种巨大的渴望，渴望新的实践者，新的产品，风格和时尚的更频繁变化，新的创意，新的技术和新的科技。

第二，像“喧嚣”和“气氛”这样的词语后来涉及连结、循环、喧闹、威吓、询唤的声音和这类新创意的生发。它无法停止，它必须先行一步，热销、追加销售、炒作、审议、评估、用音乐来促销，以及其他种种有可能的方式，名人推荐——外加食品……所以它以这种躁动和不安的状态存在着，这种状态后来变成了对有趣的城市背景杂音的渴望，而没有了它，则成了呆板而死气沉沉的城市定义特征。

第三，相对来说，它带来了大量的运动和流动。所以，这种文化很多都是具体的，践行的：铭刻于事物主体的表面和各层次；针对它的健康、体能以及外观；通过运动感觉、知觉以及可领会的技术来做出精心安排；旨在产生出健康、活力、生气、幸福，忘我而且欢乐；需要新的规则、应用、鉴赏能力，当然还有实践和训练。城市“无声无息”的一个特点，是他们相对静止（当然，除非提供给它一种治疗方案，可以解决差不多是全球性的时间飞逝和快餐文化问题），还有它们的可预测性，以及按事物自身的样子接纳事物的能力。它不仅仅存在于已经变得非常典型的非正式的文化空间之中，甚至一些主要的画廊，如果管理得成功，也会变成一个界定特征。

为什么在这些文化领域产生出了一种活力四射的感觉，第四个原因是在个人和社会的变革中，创造出了一种类似仪式的状态和阶段。我们不再通过可预期的普遍与年龄相关的生命周期的各阶段而转化；不再通过滥觞于古代的“过渡仪式”的已知阶段而重生。在前工业化和前现代时期，这些构成了一年一度的日程表、社会交往和交换内容标志的大部分事件。在当代社会，从一个阶段到另一个阶段的过程，已经被一种无限开放的自我形成过程中一种自我增殖状态或自我证明所取代。涂尔干将其与仪式转换的偶然状态联系起来的所有兴奋与沸腾，都被超级压缩到了一种永恒的仪式性的现在之中。正因为我们的转化永远不会完成，正因为我们永远不希望最终完成，而且因为没有任何终点是曾经预期过或渴望过的，我们所留下的是渴望本身——渴望或希望成为我们之外的他者。这意味着这样的喧哗和氛围与自我或集体的转型仪式的永恒在场联系在一起。这样的状态总是在场的；生命总是临时性的、仪式性地被带离进入到其他事物之中。我曾经观察过这一点，既在也许可称为微不足道的层面（通过我所预期的他人的评论，而不是我个人对这些事物的看法），比如，在购买时尚配件、衣服和鞋子过程中；也在较深刻的层面——当人们参与新异教主义魔法或纪念会时，当他们转换到一种新的生活方式运动或教义时。在我们这个复杂的消费主义社会的语境中（在这里，达到不可思议的精细程度的审美体验经常得到锻炼，并以其他方式在物质上和感觉上产生重大影响），一双新鞋子可能是一个重要的选择，并引起一种重大的转变。我警觉并认真对待那些似乎是脱口而出的抱怨，比如，父母们不满他们的孩子对购买合适类型运动鞋的高度关注。我还观察过研究鞋店橱窗的孩子们，他们的态度通常流露出巨大的兴奋感并伴随着巨大的关注度：很明显，他们的自我判断是在一个关键的变化点上，而不是单纯的鞋类变化上。尽管这可能看上去微不足道，但是在一双合适的鞋子和一双不合适的鞋子之间的差异，可能对孩子的社会身份、在社会群体中的地位、他们的品味判断和鉴赏力以及他们的总体能力具有十分深刻的影响。所以，那些成功地占据了如设计改革家、艺术家、新产品创意人员等等位置的人，会发现他们自己处在前所未有的被关注和被需要的中心位置。

第五个原因，总体上来说，文化产业支持一种批判性的传统，新作品一般力图介入当代社会、经济、政治和生态。因此，文化产业显示出了在批判转化方面的领导能力，一种可以理解的形式来自于它们的新观念，或者至少是这些新观念的具体化。它们的产品往往没有“地位商品”（positional goods）耐用；浓缩后的思路往往通过艺术的、手工艺的或者设计的表现形式来表达。与其他一些有特色的、个人化的或者限定集体的物品或圣物一样，它们往往强求更高的敬意、更高的价格、更大的尊重和利益。它们共同地传达出有关当下、此时、此地的新思路，以令人兴奋的方式挑战现存的实践、态度和价值观。因此，它们就不会仅仅停留在新的东西上面。这样的例子，单是在伦敦，就包括 20 世纪 60 年代中到晚期的卡尔纳比街，50 年代 Biba、Heals 的当代风格，70 年代后期国王道的维维安·韦斯特伍德（Vivian Westwood）叛逆的朋客时尚，70 年代和 80 年代特伦斯·考伦通过他的“产地”商店所取得的设计领军地位，还有 90 年代的“20 世纪设计”（肯辛顿教堂街）。我们还应该包括在变动过程中其他领域的富有创造力的挑战：比如，在食品和身体领域。这里我们可能应该包括融合爵士乐、素食和创新的海鲜食品，散装鲜啤酒和酿酒商，以及护发和护肤产品。伦敦的素食连锁店 Granks 是这里的一个原型；加利福尼亚的 Moosewood 也是。

第六，由于城市如此依赖旅游业的社会关系，因此当它们包含一种种族和人种史上明确的或连贯的内容或运动，而不仅仅是对连锁店或国际风格千篇一律的重复时，文化角或文化区才会有更大的诉求。这以那种更宏大、更有声望的国际艺术和设计收藏品所无法做到的方式，把城市体验和城市具体的人或文化连接起来了。在城市拥有一个自然的栖息地可以允许马尔科姆·迈尔斯（Malcolm Miles）所称的“小城市空间的社会生活”的发展和繁荣，因为它集中了一个独特的社会群体的人，这批人既在城市空间中工作，也在这空间中闲逛。令人好奇的是，民族的发展如何可能在旅游上对文化的局外人来说是有趣的。这里让人想起悉尼同性恋狂欢节的直接登场，还有其他不那么确定的存在——诺丁山狂欢节上伦敦不同的西印度群岛社区、曼彻斯特的拉什莫尔的南亚“威尔斯洛路美食街（curry mile）”、20 世纪 80 年代伦敦中心朋客区所提供的巨大吸引力。我会认为这些空间都是社会变革的、类似仪式的空间，而不仅是一个购物、买卖或吃饭的地方。这也是为什么必须要有集中和聚合的空间，要有可以分享食物并畅饮的地方，要有用于跳舞、性爱和邂逅的地方的原因。

当然，更多的是依靠重要的社会团体，这被视作不同城市再生的关键所在。很多被佛罗里达和兰德利所定义的高品质的美国顶尖城市，引人注目的是依赖吸引高科技产业和在其中工作的创意阶层的人才。对那些考虑选址决策的公司来说，城市人类学成了至关重要的一件事情。当然，不是所有的城市都能成为美国的上榜城市，而且几乎所有的城市都不会渴望吸引高科技产业的大集中。尽管如此，由于上面列出的六大原因，在很多城市里培养、鼓励和维护一个重要的文化大众方面，在寻找以何种方式创造奇观的空间、兴奋的空间、仪式的空间方面，还是存在一些普遍的关键的东西。

第九章　城市的本质

在《软城市》（*Soft City*）中，拉班给出了城市具有魔幻、神秘和高深莫测这些自然品质的确切理由，与这些品质形成对照的是城市典型的社会学特性——诸如理性，与自然悖离，或作为纯粹的文化，生存的机器和“城市政策”的结果。人类可以总是不断试图去规划他们的世界（也许是天性注定会如此），并且他们的行为往往试图建立某种秩序（因为这种秩序能在一个抽象的思维、幻想和想象的领域内被构建出来，有时也能偶然地在这些领域之外得以实现），但这些毕竟只是想象以及秩序化的（常常失败）尝试，在这些尝试与许多其他的非人类秩序碰撞之时，它们会被吸收、扭曲、混淆、缠绕。正如拉班（1974：159）所说，“对于大多数居民来说，像纽约和伦敦这样的城市即是自然，同时也是不可预知，具有威胁性，时而如热带雨林般美丽且有益健康。事实上对它们而言，构建是一种强势的但又带有欺骗性的无关紧要的东西。”

某些非人类秩序显示了自然巨大的节律和波动，它的天气和气候系统，它深不可测的复杂的物种构型与遗传物质（其中很多已经共同进化成了人类的共生生物或寄生虫），还有技术和物质也已经通过人类过去对秩序化的尝试得以传承（如社会学家乌尔里赫·贝克［Ulrich Beck］描述的，深的、无形的和不可预知的沉积物和潜在的层次）；这些尝试中有的是良性的，但还未与人类秩序产生清晰的联系，其他的兴起是人类干预直接的连环反应（例如密西西比河之于新奥尔良美国陆军工程兵团的多重［常常失效］水泥和钢筋结构）。我们因此不应该将净化或提炼一种人类秩序的尝试（或来自于自然的纯粹文化）与一种能从自然中分离出来的纯粹的人类秩序的存在混淆起来。这就是拉班所说带有欺骗性的无关紧要的东西，同时亦是布鲁诺·拉图尔的《我们从未现代过》中所蕴涵的深刻道理。就如拉图尔（1993）所说，我们越想通过自然净化自身，就越会产生更多的人类—自然混合体。

城市是不可避免的自然构型，并以与其他生态系统相似的方式运转。这也是为什么它们把自己作为一种挑战呈现在它的人类居民面前，而且每一部分都同其他环境一样伟大；这也是为什么对于居住的问题（见 Ingold，1993）来说，它们会成为一个持久的问题而非解决之道的原因。有两件事来自这一观点：第一件，城市生活是被如此复杂而且纵横交错的事物与存在的集合所构成，这种构成充满了意料之中及之外的种种结果，以及如此错乱的逃逸线——它们是永远无法完全预测、认知或干预的。① 如拉班所言：

> 在城市中居住就如顽强地居住在如同任何一个充满岩石、树木的峡谷环境中。街道、商店、咖啡馆、房屋、地铁和办公大楼对我们中的大多数而言不会是与选择与理由相关的，这不过是因为有人用砖块和砂浆把它们建造出来，而且显然它们在这里是有用的。城市居民常常会遭遇到他人理性的绝对神秘性。（1974：158）

---

① Andrew Pickering，《实践的冲撞》（*Mangle of Practice*，1995）在这里很有指导意义。

但同时与此相关的是它们将自己与物体、科技、文本、符号和系统构型或重构为网络或联合体的方式。因此，现代都市风格不能基于对世界的更加理性化的心态和立场与前工业化时期的人们区别开来，因为即便是它们的世界也不能做出如此的解读。两者互相都奇妙而理性；这依然使这城市充满魔力。然而直到最近，少数城市研究学者才试图探查和揭示这一特性，想要把城市、文化与自然、环境分离开来。我对于城市生活和生态城市的理念正努力去扭转这种无稽之谈。

其次，在它的人类或非人类主题的思维中，城市因而自我表现为**陌生的**，似乎有着它自己的全部生活，这种生活需要预测技术的开发、意义建构和控制力。社会学只是技术之一。就像史蒂夫·派尔（Steve Pile）在他的《真实城市》（*Real Cities*，2005）中所言，“关于城市生活，按照他们自己的解读，似乎它有一种意志，个性，好像还有一种特别的情绪或感觉，或持有某种态度和社会交往的形式”。他赞同另外两位以此思路写作的人，阿敏和思里夫特（2002），这也是多数现代城市何以相互区分开来的方式；按照这些条件而不是它们十分合理的建筑结构、通信和景观。派尔认为，对于城市来说，真实的是：“情感与物质并重，有形与无形并重，慢移与加速并重，巧合与关联并重”，同时他也建言，如果我们把城市看作“魔术幻灯”（Phantasmagoria），也许能更好地抓住它的本质。

“魔术幻灯”这一术语捕捉到了体验真正的城市生活的方法，将其体验为变化的而不是恒定的；是“过眼烟云”，超越了某种可知可感的事物。换言之，城市也可能由方案、想象和虚构组成，如梦，如幻。通过这一饱含情感的工作，城市的街道、人群和风景就如同被施了魔法一般，并因此而聚合成某种可供思考、写作或探讨的东西。若以这种方式来看，城市也许可以被准确地描述，虽然小说家和诗人可能会比大多数致力于揭示他们社会系统蓝图的社会学家、人类学家更有优势。但是因为城市并没有一个社会系统蓝图，大多数也就像“芝加哥学派”那样，只是美丽的幻觉。由于小说家需要探索典型化是如何形成的，他们对城市的潜在可能性和个人构思它们的神秘、权力、性格与故事的必要方式就更开放一些。在作家的笔下，伦敦是一个强有力的自然现象，就如任何一片森林，任何一场飓风或任何一次传染病一样意义深远。

像所有大城市一样，伦敦成了许多写作的背景，并且伦敦本身以及（或）它各个独特的区域似乎也表现出了它们自己的特点。如威尔·塞尔夫（Will Self）写的关于他自己的故事，“我不是简单地说它们以伦敦为背景，我的意思是指城市才是主要的——并可能是唯一的主角”（1999：122）。在此人们很容易联想到詹姆斯·乔伊斯（James Joyce）的《都柏林人》（*Dubliners*），这本书中的都柏林仿佛有生命一般，活跃（出现）在它每一位居民的生活中。“通过藏匿和编制的过程，乔伊斯构筑了他夜间世界的地理学，描写了那些最终代表着 20 世纪城市幻影的超越性城市。”城市使乔伊斯着迷，但不仅仅是作为符号，而是作为总和。对他来说它们是活的。据波茨（Potts，1979：261）说，“它们在他眼里是集中起来的个体，历史转变为形状和空间，是生活的蓄水池”（重点为我所加）。因此，就如贝格奈尔（Begnal，2002）所写，“当 Anna Livia Plurabelle 称她的丈夫为 Earwicker 时，他成为了一个活的城市空间，一座城，与他所存在的地方无法分割”（Begnal，2002：xx）。

城市或者它的各个多元部分因此以一种可以看见、却沉默无言、但又意味深长的方式作用于人物和他们生活于其中的风景。事实上，它看起来已能支配和覆盖个体的人类所能聚集起来的反抗和推动它的能动性。在这个意义上，城市是作为巨大的生态实体出现的，仅有的同族形式是自然本身；但是再一次（让我们提醒自己），它们毕竟就是自然本身。

在生物体和它们的物质文化、全球能源黑洞和物质属性、事物的巨大节点和处于精心编排（虽然松散而混乱）的运动与循环中事物之间的种种关系中，伦敦毫无疑问是世界上最令人震撼的共生关系中心之一。城市自身显现出来的神的属性或自然的属性，或如对作者们施了魔法似的也就不足为奇了。这种印象由来已久。丹尼尔·笛福（Daniel Defoe）把伦敦具体化为一个巨大的机体，“传播所有，输出所有，并最终偿还所有”（Ackroyd，2001：1）。阿克罗伊德（Ackroyd）认为它是一个迷宫，一半是石头一半是血肉……是对“一片走廊与小巷、工场与通衢的荒野”的体验（2001：2）。与之相比，即使是那些规划者和建筑师也显得苍白无力了，他们之间的争吵与辩论一直以来都缺少真正关键的术语和条件。通常的情况是，他们的建筑甚至连接道路的技术也不如他们需要从事、经历和运用的具体而复杂的生态学重要。塔式大楼的公寓永远不会是地球人的宜居地；它无法细化某种生态或状态。它的成败就如任何此类事物一样，取决于汇流、接缝、习惯、天气、压力、节奏以及在任何现有城市中都已十分完善的叙事。

那些把故事设定在伦敦的小说家们似乎都已分享了这一现实，除了历史阶段不同，一代代的人不同，文字风格不同。杰维斯在对弗吉尼亚·伍尔芙的随笔《街中漫步》（*Street Haunting*）的评论中提出：“在其中，对城市的体验有一种回归自然的感觉（1998：71）。”杰维斯认为伍尔芙并不仅仅把自然用作一种隐喻，而是一种可描述的现实：对她来说，是一种对城市的性别化想象。《街中漫步》不是她唯一可以做出这种观察的地方：“其他地方，例如在《奥兰多》（*Orlando*，Woolf，1977：183～185）中，伍尔芙因城市自然的悸动、城市的脉动与生命的力量、她所说的‘生命的激流’而充满活力（引自 Jervis，1998：71）。”

约翰·贝哲曼（John Betjeman）关于伦敦的诗作都以这“生命的激流”为背景，它们关注变动与连结一如关注场所与特性。在他的“米德尔塞克斯”（Middlesex）中，他提醒我们伦敦的郊区起先是被当作乡村售卖的，所以郊外是一些村庄，这些村庄的精髓通过灌木篱墙、园艺实践和到现在仍然穿过中心地带的铁路幸存（也就是“继续”）下来了。有很多这一类的诗歌都有着一种韵律和乐章，一条舒缓的郊外小径，在每一个郊区、每一座村庄停留，但它们并非是为了庆贺人类机器的胜利，而是一个笨拙、混乱却也仍然是人类科技的进步和再次沉静下来的自然之间的舒适的调节。对人类居民，伦敦不仅是近在眼前的一系列运动，而且是一种情感结构。“伦敦国会山”描绘了一个世界，这个世界只有通过无休止重复的郊区火车和电车旅行才能领会，那里的引导标志与广告牌的美感模糊进了灌木丛和公园中。

伦敦人每时每刻都卷入了公共交通系统谜一般的网络中，就如他们卷入伦敦的房地产市场一样（别的城市能产生出 Radio 4[①] 的小组猜谜“Mornington Crescent”?）。伦敦科技化的连通性通过它的道路、路线、地图和图表为许多人提供了了解其形貌及特质的唯一清晰明了的方式。它的发展速度和终点似乎没有把那里特有的生活步伐和方向囊括在内，而是提供着连续性和移动性，即便是在困难时期。贝哲曼深刻的诗作“德文郡 St W1”（Devonshire St W1，2003：177）抓住了这一点，在一位内科医师的房间里，一对夫妇刚刚得知丈夫患有已到晚期的疾病。面对这场灾难以及死亡，他们的镇静一直到最后几行才通过与生活重建的联系暂时得以恢复：他们合计着该坐巴士还是地铁回家。与人类环境脆弱而短暂的本质相悖的是，贝哲曼笔下的人物似乎是从川流不息的 19 或 22 号公交车中得到了慰藉。

科林·麦克因斯（Colin MacInnes）的“伦敦三部曲”（London Trilogy），背景设在 20 世纪 50 年代，在这段时间内，社会构成、工业、文化和相对财富制造出一种文明与种族动荡不安的激化状态。麦克因斯的伦敦是紧张而不确定的，《初生之犊》中他使用了刺耳的语言与象征主义。伦敦给人的体验是迷惘和矛盾：一个反复无常的地方，有着固有及迫在眉睫的灾难。麦克因斯没有把现代伦敦看作是一个社会有序、使人文明的空间。当然，在诺丁山这种地方，不同种族的城市文化大多数是以部落为组织的并且已通过种族间的联系地域化了，

① BBC 广播 4 频道。——译者注

与生态社区一般共存。它们脆弱而又危险地黏合在一起。在别处，比如在基尔伯恩（Kilburn），中产阶级下层“精心装饰过的外部”掩盖了阴暗、可疑并“偶尔令人惊骇”的精神失常与暴力的混合。伦敦具有一种包罗万象、无法削弱并且显而易见的洞察力，同时也是野性、危险和无法预知的；它好像拥有自己的情绪和态度。总而言之，那是一种黑暗而腐败的力量，是“出笼”的，“逍遥法外”的，而不是从特定情境中发散出来的。

马丁·艾米斯笔下20世纪80年代的伦敦似乎把麦克因斯的认知发扬光大了。对艾米斯来说，伦敦鼓励（事实上是役使）一种无节制、丑陋而肮脏的经济：的确，他小说里的情节常常发生在同一邮政编码下——W10和W11，或者概略地说是艾米斯曾居住过的诺丁山。艾米斯很少把他的视线从他的人物身上移开，不过一旦他这么做了，他所处的伦敦便会系统性地失调，并且这种系统的失调将会不着痕迹地延伸至它的坐标轴，这一轴点上的社会与自然看似相辅相成。伦敦的规模及社会隔离、机会与自由的分裂必然的共存意味着伦敦是一个劣等的聚合，但它产生出一种能量，某种不知为何连贯且易于认知的东西，这种东西以它纯然的伦敦化打动了你——并且它与纽约、洛杉矶这两个《金钱》（*Money*，1984）中描写的城市不同。这些伦敦的状况及规则永远是无情的，不朽的，巨大的，完整的。《金钱》中支配一切的无序状态被艾米斯感觉到了，在交通中，在人群和天气里。艾米斯保留了对自然—人类的失败而非城市失控机器的隐喻：“枯萎的，毁灭的，折翼的，受到正面一击的伦敦，在湿漉漉的天空底下服刑。”像这样丑恶而卑劣的循环，在各个地方再生着，变体成为更加肮脏的形态，并把这些铭刻在一切事物之上，包括人类居民，最有说服力的是主演了《伦敦场地》（*London Fields*，Amis，1989：9）的反派明星天才基思（Keith Talent，一条“杀人犯”的狗胜过一个杀人犯），虽说由于喜剧效果而带有了夸张的成分，伦敦作为一种生活形式的脉冲循环以及它城市表面的铭文和共生体是艾米斯作品的一大特征。虽然《金钱》中泰晤士河被比作一个人脑，它或许也是伦敦赖以生存、搏动的中心有机体，同时也是易受攻击的，脆弱的，凡俗的："它会死（Amis，1984：167）。"

并不仅仅只有河流这种"自然"的事物可以被认作是活的（和死的）。对于那些沉迷于房地产市场以及它所能带来的肉体和精神上幸福的伦敦人来说，这就好比他们每时每刻都处于某种如同天气或传染病一般自然且不可预知的力量下。房价的通货膨胀和通货紧缩淹没了伦敦，创造出的财富突如其来且又富有戏剧性的变化。文化与物质上的繁荣可以被文化与物质上的腐败和灾难突然间赶上。那些处于此类运动核心地带的人们就像是大洋中心的潮汐：它的起伏涨落完全不能同外部边缘的剧烈程度相比。处于外部或不那么时髦的边缘地带能够给生活机遇、生活形式带来根本上的改变。刚刚开始的房价上涨以脉冲方式喷涌而出，对一些人来说，这种泛滥或淹没，完全如同丰盛的收获一般显而易见。同样，那些自封为郊区的地方房价快速后退，留下一种高而干燥、被拧干了的感觉；可以觉察到每一个部分都是如此的干旱。例如在艾米斯的《信息》（*The Information*，1993）中，理查德和吉纳发现他们自己首先已被增值所庇佑，愉悦地倾听着环绕着他们的贵族化的声音，之后便经受了住房工会和"好邻居"的搬迁之苦。这已是十分糟糕，但没什么能与坏邻居——包括妓女——的搬进相比。

相反，费伊·威尔顿的《圈套》(*Mantrapped*，2005）中，多拉李和皮特是伦敦房地产市场的赢家，但成为赢家并不意味着没有焦虑，因为起伏涨落是永不停息的；其后果便是怀疑与失望的基础，破碎的梦想与活生生的噩梦。一种闭锁的心态遍及各处。伦敦人活在对房价波动的恐惧中，就如沿海城市畏惧维京人一样。多拉李和皮特"高视野"（High View）在体面的和由理事会垫资的中产阶级的边缘左右摇摆。当地的税务状况是否支持"发展"，或者说它是否会"在任一时刻撤回支撑性的资金，随之窗户开始被大量哥特人和汪达尔人砸坏，同时野蛮人会带走长久以来属于他们的东西（Weldon，2005：61）。"

对威尔·塞尔夫而言，伦敦也是被潜行在街道上鬼魅般的回忆所铭刻的，因此他被迫绕道而行以躲避敌人，他甚至产生了一种对街道的恐惧。在随笔“大圆顶”（Big Dome，1999）中，他描绘了“成为伦敦”（Becoming London）的个人传记，正如他的传记所揭示的那样，越来越多的城区以及落后地区与事件、契约与他的生活网络紧密交织。他认为，一个个体穿越城市之后变成了文字，就像城市是通过它的居民们的叙述、文本和故事来组成或写成的（1999：118）。

从另一方面来说，城市也因此而得以超出它的人类设计者的所有预期。它拥有了自己的生命，同时它也对用同样生活方式生活在这里的其他环境力量下的居民具有冲击力。城市被当作自然来面对，被当作自然来构建，或者说，如果我们被迫保持人文主义者对可分离的领域和类别（作为一种把城市看作各类事物的聚合的对照）的坚持，把它当作人类与非人类实体与联系的复合体。它似乎十分卓越，作为一个整体，远远超出它所有的部分之和；它有韵律和节奏，有自己的天气系统和如血管般的喂养与饥饿体系；并且还有着过去：多重而且层叠的过去，地位、联盟、各种故事和各种排斥。它的生活总是在它生成的过程中得以构建，而我们与它同在。

到目前为止，这一章主要着眼于人类对于作为自然的城市的认知和体验，但现在是时候更加仔细地考量非人类的特性，特别是把它们在城市中所做的与它们所代表的，以及城市居民对它们的感受进行对比了（Pickering，2008；Thrift，2000）。在过去的十余年间，自从有自然社会学（Macnaghten and Urry，1995；Murphy，1995）和自然/动物地理学（Braun and Castree，1998；Clark，2000；Whatmore and Hinchliffe，2003）的观念以后，这已成为了一个发展中的学术领域。这在理论上是从行动者网络理论（以及它后来作为关系物质主义的反复）（Latour，1993；Law，1999）、跨学科后人文主义（Gill and Anderson，2005；Haraway，1991，2003，2008；Pickering，2008）、非表象地理学（Cloke and Jones，2001；Thrift，2000，2001）发展而来的。

城市里的自然

并不仅仅只有小说家拒绝把城市视为或分解为理性、清洁的人类系统。近几年来，不少社会学家和地理学家企图把自然恢复到文化的主题与空间上，自然曾与这二者神秘地脱了节，虽然在城市研究中这一趋势也一直在缓慢地流行。就如沃尔琪等（Wolch，2002：396）所说："大多数城市分析没有体现自然理论，或者是依赖着没有说服力的、而且常常是单向度的自然以及自然—社会关系的特性描述。"自然也许会作为"土地"或"财产"被列入考虑范围，但不会被作为城市化的机构或被城市生活方式和消费行为所占用的资源。不过即使城市规划专家明确地考虑到自然，自然环境的描绘也会不出所料地被限制，并以错误的、过时的设想作为基础。

非人类的自然以惊人的速度占据了几乎所有人类建造的环境表面与空间，有史以来，一直如此。在某些情况下，几乎是立刻开始了共栖，并从之前的乡村联盟开始不断发展（例如紫崖燕、家燕、雨燕，它们已在人类栖居地居住了上千年），但对其他事物而言，要获悉在现代城市里应该如何居住或是在哪儿居住都得花上一定时间。出于对乡村的恐惧，人类必然在某些物种面前以沉默的姿态来装腔骗人，以便开始共栖。富者与贫者的乡村方式生活，意味着几乎没有生物不被当作害虫或食物而被猎捕了，但是英格兰快速的城市化却又意味着这种事情在大量地减少，并且乡村的习惯和品味的丧失或改进与新的劳动力或食品市场有关。来自殖民地的肉和用蒸汽拖网捕的鱼都更便宜一些，意味着乡下的物种并不总是如此严重或如此经常地被"压榨"。然而，城市人口与财富的增加使得食物的需求量增加，当农业现代化促进粮食增产时，农村栖居地的数量变化了，紧缩了。几乎是同一时间段，大城市边缘郊区的发展成熟了；由于直接或间接地受了花园城市理念的影响，也受到园艺的成长与发展的影响，园艺已经作为一种被认可的休闲，加上不断地设置公园，对那些非人类的动植物物种来说，在距它们隐退后不到一百年的时间里，城市再度成为它们适宜的栖居地。

这些物种通过和当初相同的渠道进入了城市，火车轨道、隧道、运河、公路、高速路和轮船等，并且在许多情况下要注意到它们的到来需要花很长时间。不过，一旦来到那儿，它们自有的生活方式便会为了适应新环境而发生改变，最重要的是这包含了一种感激自然、关心未来的城市文化。

这种共栖也受到城市居民的极大鼓励。差不多在如 18 世纪、19 世纪的超级城市伦敦等出现的同时，居住在没有树木、鸟类、植物和开放的自然空间以供人们行走、游戏和沉思的地方几乎是不可忍受的。就像第三章所言，巴黎的扩展，这种有着密集建筑和人口的中世纪城市创造出了病态和幽闭恐惧症，同时拿破仑三世和奥斯曼从伦敦借鉴了把乡村建成现代城市的理念。事实上，没有人会把住在与自然隔绝之地当作一件好事。浪漫主义和对自然的美化，是对现代的、潜在地压倒一切的城市增长的反应。自然与健康、幸福建立了联系，与此同时，城市（至少是最开始时）却是与健康欠佳联系在一起的。因此，合乎逻辑的是建造一个城市，这个城市不与自然脱节，而事实上鼓励自然的在场，以及人类与自然持续不断的联系。

虽然健康一直以来在城市与自然的联系中起着作用，但却是被某种被它所激励并被称作“城市自然实践”的事物提升并巩固的。由于都市人从不认为自然是理所当然的存在，由于它总是易受伤害，由于他们处在具有保护性和类似监护人一般的地位上，并且由于他们往往产生一种生物政治学，涉及喜爱和维护、教育以及流行的休养，他们对已经拥有的一小片自然以及城市之外的所有自然都产生了一种强烈到不可思议的爱意。自然通过这种方式在城市中具有了政治性，它从未被认为是孤立的栖居地的丧失和城市之外的危害，恰恰正是因为他们的需求使自然实践进入了乡村和城市的腹地，随着地铁线越来越多地蚕食着他们曾经的自然游乐场，他们在郊区也常常体会到一种个人的失落感。由于这所有的一切，城市成了环境和生态运动行为主义者的主要支持来源。城市居民、城市自然以及他们的环境敏感性之间具体而密切的关系，完全迷失在很多二元论者关于自然或环境的文献和著作中，带来的后果便是，这个时候的城市和城市自然之间的等式已经写明了，对处于危险之中真正的自然来说，他们变成了他者。这是不幸的，因为自然对城市生活有着极大的影响力。然而，这些二元论在近几年来受到了质疑，来源于戏剧和自然历史方面的质疑比来自学术研究的还要多，在自然史中，各种观察和报道忠实地尊重已发生过的事而不是应该发生的事。

有的人会从多种不同的原始资料中感觉到人类与非人类之间的关系和界限受到了怀疑，并且如今已被理论与实践拒之门外。两个主要电视产物——一个是电视剧，一个是自然历史纪录片，详细说明了这种知识领域的变迁。

《自然之子》（*Nature Boy*）是一档以英格兰北方的一个镇为背景的电视剧，着重表现工业化前期景物的污秽和严酷，它是一部关于所有限制工业化、大量失业、社区崩溃、家庭暴力和街坊混乱的社会病理学。与之形成鲜明对比的是，主角戴维在附近河口沙坪的湿地中，从动物、鸟类、鱼类和花之中发现了美和友谊乃至秩序。闪回的片断表明当他还是个小男孩的时候，他从现在已与他疏远的父亲那里学会了钓鱼和诱捕的技巧，也学会了领略自然之美，并且他与他居住在河口的隐士朋友一起把这些事物延续至今。戴维在自然中找到了逃避与慰藉。他与非人类之间的自然联系通过他的父亲直接地赓续着当地的乡村文化，它凸显了这种联系的持续性和自然的持久性，即便是处于工业化前期地带的边缘和城市文明之内。《自然之子》因此挑战了既定的城市与乡村、自然与文化、真正的自然与毁坏的自然之间的界限。戴维的自然是毁坏的，受到污染的，是有问题的，就像他的家庭和家庭中的处境，但这有了更多的理由与它保持道德上的联系并珍惜它。

戴维对他父亲的探求以及尽力用新鲜的鱼供养他不可救药的、对海洛因上瘾的妈妈的坚持造就了人类与自然世界之间有力却不着痕迹的联系。这个故事提醒我们，这种不完美的自然是大多数人生活的背景，并且他们对待自然世界最紧密、最牢固的方式是通过他们的花园和后院，通过小块的园地、鸽房、独木桥，通过铁路沿线、公路、老工业区、运河河岸和沿海水域中自然的碎片。它提醒我们只有在极少的情况下才会行进至所谓的“自然区域”、荒地和蕴含着巨大自然之美的地方。它也提醒我们当身处此类地方时我们永远不会有适宜的归属感；它们所拥有的自然对我们而言是陌生的，是属于他人的土地（尤其是乡下的人们和中产阶级的，他们能负担得起乡下闲暇之时必要的着装规范），可供旅行者行走的路径被规矩和惯例所限制，以便引导大多数人沿着小路走动，而不去触摸、采摘、取走或以其他方式去打扰。它以一种完全可以感知的态度表明，这是一片不可接近的自然。

当我们仔细回想《自然之子》时，我们一定会得出结论，认为对人类和自然世界关系的学术陈述缺乏人类学深度——在地实践的人种学意义，或诸如英国和美国这样复杂国家中其变量和可争议的性质。的确，对于日常关系、信仰和实践的研究关注较少。首先，由于 20 世纪 80 年代绿色运动戏剧化推动等明显的原因，近来许多书籍合并了自然与环境。突出的政治和科学问题已经引发了这里的社会学兴趣，悖谬的是，社会学感兴趣的自然，不是那些城市文化最初关注的领域，而是科学家、政治经济学家和地理学家所关注的领域。所以，社会学家欣然接受环境方面的全球变化，既在媒体的社会建构和通过科学的社会建构的意义之上，也在通过诸如英高赫的后唯物主义论文对市民社会所产生的影响的意义之上。社会学家同时也会认真思索贝克的“风险社会”（Risk Society）的概念，以及据称创造出此种现象的环境问题和环境变化的范围。

把自然与环境合并也意味着研究的日程将会由环境学家所认定的最重要的和科学家所以为的环境恶化的结果来驱动（Wynne，1996）。

科学—环境学家对自然的论证越来越多地呈现出非常统一的内容和议程，同时环保主义本身也受到了科学和科学家强力的引导。因此，我们见证了对环境主义者和环境保护行为与活动的持续关注，虽然这很重要，但不经意的后果是偏离了研究和出版有利于高度选择出来的自然子集的尝试努力。环保主义者与 19 世纪的浪漫主义作家十分相似，因为他们都倾向于辨识、提升和保卫原始的荒地以及如森林、海域、湿地等纯粹的自然，使它们免于破坏，而不是去大力保护那些临近人类栖居地的已遭破坏的区域，包括城区（Williams，1972）。他们的工作层面在人类—自然的疆界之内实际上是暧昧的。城市文化之所以有意义，是因为它们有能力因为旅游和休闲危害到一些脆弱的边缘性的自然，并能作为一种警示提醒我们也许需要在未来规避的事物。即使在这里，人们的实践、信仰和观念等被认为受到了不好的影响，对他们坚持造访的自然来说，往往是不利的。所以，这种社会问题往往成为生态旅游的人口统计学、生态旅游的影响、特别是涉及对游客的管理与控制的问题。城市文化还具有其他的意义，不是因为它们与自然世界的关系，而是它们从与现存环境问题的关联中所传达出的价值观。它们只有在成为大多数国家强大的选举力量中的观念时才不同凡响，就如麦克纳顿（Macnaghten ）和尤瑞（1998）所提出的，这种研究驱动了一种极其片面和抽象的自然知识与现代文化。

城市本身也是有意义的，但它所拥有的社会意义的范围很有限。于是，最惊人的自然—人类互相作用的层面——园艺，几乎被完全忽略了。与污染相关的问题具有更加丑恶的重要性，城市是环境问题或令人郁闷的环境议程的根源：车辆的使用；供暖和污染；家居设备排放出的 CFC① 气体；郊区的蔓延、灌木与乡村的入侵；狗和其他宠物粪便对排水道的污染；水的使用与保存；外来有害物种（宠物、植物等等）躲进矮树丛中并威胁着本地的物种；花匠毒害着环境；大都市

① “氟氯碳化物”(Chloro Flouro Carbon) ——译者注

对天气模式的影响，而且，再一次倾向于认为人是环境问题的罪魁祸首。研究往往更多地关注管理与控制的问题，如狗粪收集、回收行为、环境保护组织和改善家居清洁机构的用途等等（Baldassare and Katz，1992；Derksen and Gartrell，1993）。就这点而言，对人类的厌恶充满了关于自然的全部研究事业，西蒙·沙玛（Schama，1995）再次从他长期的历史概述中安心地得出自然最终会被关照的结论，因为它对所有西方文化中的个性观念至关重要，看起来却对这些作者不起作用。比较而言，沙玛的乐观主义为新一代城市人类学家、地理学家和关注城市本质的地理学家提供了某种灵感。

《活力英伦》（*Living Britain*，1993）是一个摄制纪录片的新起点，它避免了杜撰（以及幻想）人类与自然世界的分离。确实，它第一次表现出如何在一个仅有6500万人的工业小岛上，自然和人类结合形成了一整套独特而又是历史的具体的自然观/生态学。在这部电影中，自然没有被塑造成原始的、稳定的或优良的，也没有被人类改造得看上去很现代、动荡不安或糟糕透顶。自然是物种间的相互作用（包括人类的行为与设计）的结果所造成的一切产物；它是历史演变的结果。这部纪录片中最令人震惊的东西是自然的杂种性，想分离人类与非人类是多么的不现实。当电影制作人不再全面坚持关于摆脱人类的尖锐论点以描绘自然时，呈现在眼前的自然与人类是如此丰富多彩——并且自然与人是一起的。因此欧洲水獭的一大中心地与位于设德兰群岛（Shetland Isles）的北海石油工业油港相邻。野生的水獭和海豹与当地的渔业处于共生关系之中。乡村地区濒危的野生狐狸曾因人们的体育活动而被驱走，如今能在城市垃圾场安宁的乐土上玩耍、捕猎和哺育它们的幼崽了。摄影机拍到的城镇和城市越多，拍到的野生物种就越多。城市居民现在不会，也不曾有过与自然世界的分离，这是城市化的谎言和现代化的神话（Latour，1993）。《活力英伦》展现了郊区的英国人与很多野生动植物的密切关系。确实，许多珍奇的或日渐稀少的动物、鸟类物种最重要的自然栖居地之一便是英国花园。

这些物种包括刺猬、鼬鼠、榛睡鼠、獾和狐狸、红鸢、猫头鹰、鹪鹩等，还有很多其他物种。在美国，我们发现了相似的历史进程。作为美国猎鹿的标志和迪士尼动画明星小鹿斑比（Bambi）原型的白尾鹿，在郊区园丁和居民的宽容与保护下，数量大大增长，但美国仍然有长久且丰富的动物、鸟类饲养的历史，但在最近因环境研究的历史对人类的厌恶观点而被轻易遗忘了。[①]

在自然爱好者的花园之外，工业和商业的景观对动物、鸟类来说也同样是栖居地，它们对现代性的社会空间分类漠不关心。废弃工厂为珍稀鸟类提供了丰富的新筑巢地；伦敦附近的炼油厂无数令人恐惧的管道景象为迁徙的鸟类提供了完美环境；市中心商务区的屋顶为几种都市化的鹰提供了筑巢点和猎场。然而，并不只有动物、植物发现了这一新鲜但又奇怪的栖居地，城市中那些热心肠的人类也以一种个体的或有组织的方式与它们和谐共处。除却对野生动物归化于城市的关注，再加上那些已被城市建造者驯化的植物、树木、灌木、湖泊和动物，现在我们可以做一些新近的补充了：城市农场、郊区自然的小道、城市池塘、湿地自然保护区、城市隐蔽的观鸟处、郊区和内城区大扫除日、有组织的关爱活动如“蟾蜍横渡队”——他们帮助蟾蜍、青蛙在迁徙的途中安全横渡马路以到达它们产卵的池塘，还有澳大利亚本土植物的种植——目的是为那些数量正在下降的鸟类提供所需的栖居地和食物。

《自然之子》代表了某种可以发生在衰退的工业城市复合体中的对自然的热爱与依赖。主人公戴维在晚期现代城市里并不一定是一个被夸张了的人物形象，因为我们已了解到观鸟、钓鱼和野生动物所蕴含的非凡的激情与热情会不断增长，特别是在城市中心。一直以来都有种假定，认为他们的热情是在野生动物匮乏的情况下才得以生发，但

---

① 见美国“人口统计局”(United States of America, Bureau of Census, 1998)，这些活动的数据，可追溯到20世纪50年代。

这是不可能的。有可能的恰好是，这种热情的高涨与城市及城市边缘自然的丰富多彩息息相关。

在我的观点中，这种强加于人类和自然世界之间的“现代”界限已被违反（假如在某些地方不是被消除了的话）——但在政治和环境活动中不是很明确，这些活动总是主张某些经验性的、工具性的基础，不过是以一种对自然过分虔诚的方式。我们与非人类的关系中出现了某些新的东西，并且生活本身也使许多城市居民相信，人类与非人类存在于一个共同的、紧密联系的、道德的、物理的、精神的领域中。在与泛灵论的结合方面，欧洲古代基督教之前的宗教，来自东部的宗教传统和最近的基督教以及世俗仪式、新异教主义，在西方被认为是发展最快的宗教之一。新异教主义属于晚期现代性文化一系列更广泛的变迁（晚期现代性在书店中被置于“新时代”标签之下），虽然它们并没有什么特别新的地方，除了杂交出迄今为止仍是互相隔离的分类（如自然与文化），它们再次试图用假定的被忽略的力量和精神来蛊惑这个世界，想通过大量新技术（水晶球、巫术、游行舞蹈、萨满等等）接近这些力量进而掌控它们的生活和它们的世界。我们在形形色色的自然抗议群体中见过其中的某些例子，但这里有意思的并不是他们的信仰，而是他们的政治运动和作为更广泛政治支持的催化剂。戴维，也就是《自然之子》，跟随一位女友加入了公路抗议者部落形式的群体，这个群体近来正在针对公路发展进行激烈的抗议活动。戴维作为一个普通工人阶级的青少年，并未被那些做出部落姿态的抗议者打动，他们无法从驻扎地的木头和溪流中获取足够的食物，而且他们的驻扎地和隧道处在一个易发洪水的地方。《自然之子》的制作人在这里标出了所阐明的观点：对于它所有的口号和特色来说，环保主义并未精疲力竭，甚至深入了更具体的现代性的本质，信仰、实践、知识和历史，甚至对于理解环境政治的更狭窄的关注点来说，也是更为重要的。

这一点在英国人不断增长的对他们自己鸟群的关爱这一历史发展过程中体现得格外清晰，而且，城市生活总是很具体的，一直是种种实践的积累并易于受历史的持续性影响。所以英国城市与鸟类会有一种特殊的关系，而这在别处是彻底缺失的。2003 年，喜剧演员、观鸟者比尔·奥迪（Bill Oddie）在布里斯托为 BBC 主持了一档电视直播节目——《花园里的野生动植物》（*Wild in Your Garden*），它阐释了郊区英国人和他们的鸟类之间非同寻常的关系纽带。电视直播观鸟这个节目——《春望》（*springwatch*）——成为一年一度的节日。意料之中的是，很少有城市社会学家把这种关系作为城市生活的特质来审视。

国际鸟盟（Birdlife），城市生活

就国际标准而言，英国城市居民普遍地对动物的道德与福利处境十分敏感，最早建立了反虐待的法规（于 1842 年），最早建立了素食协会，同时也是近年来争取反狩猎法案的领头国家之一。城市中英国人的政治影响力于 1998 年 3 月 1 日在伦敦得到确认，当时英国历史上最大的一场抗议集会被记录下来。2.5 万名有组织的与会乡村人、俱乐部、庄园和机构，对计划实施一项反狩猎法规进行抗议。此时的伦敦看上去让人困惑，就像看到不知从何处出现的一群实体化的恐龙。他们认为从乡村落后地区来的狩猎者和垂钓者都是过时的、头脑糊涂的。在他们看来（就像其他诸如悉尼等大都市中的人们一样），现在是时候保护剩下的野生动物了，而不是认可以往的基于体育运动和消费性活动之上的关系（Franklin，2008a）。

过去三十多年，已经可以看到这种意义深远的变化，特别是与鸟类相关的变化。1971 年，英国“皇家鸟类保护协会”（1889 年成立）有了 9.8 万名会员。但在接下来的十年里，会员数量增长至 44.1 万，在 1981 到 1997 年，他们的会员数量令人震惊地超过了 100 万，并且仍在不断增长。从另一个角度来看，再没有其他重要的野生动物组织拥有接近这种规模的会员数了：2004 年，“地球之友”（Friends of the

Earth）有 11.4 万名会员，“绿色和平组织”有 19.4 万，WWF[①] 有 24 万，“英国野生动物信托组织”（the Wildlife Trusts）有 32 万。从中得出的结论是不容置疑的：鸟类有某种东西吸引了英国人的注意力并激发了他们的想象力。它会是什么呢？

与大多数其他野生动物相比，鸟类数量更多，更容易看见和接近。英国本土的大多数哺乳动物是夜间活动，但是几乎所有的鸟类都是昼行性的。所以即使隐藏很深、长期被迫害的哺乳动物能够被发现，它们实际上也很狡猾，要看清它们并不容易。而鸟类，不仅仅是数量丰富，它们几乎分布在每一个空间和生态系统中，包括城市和郊区。鸟类也较少受到屏障的影响，而对于那种居住在地底的动物来说存在着进入城市的重要障碍，比如：繁忙的公路。因此，对鸟类的友爱之情明显是可能发生的，不过是由什么引发的呢？

首先，越来越多的科学证据表明在此期间英国鸟类的承传受到过威胁：最常见的鸟（以及城市生活本身的象征）——家雀的数量急剧下降，这与房屋的过度修复和用于防鸟的翻新有关，许多乡村的鸟类也因改变惯例从而导致数量减少，如翻犁河岸、焚烧残茬和移走灌木篱墙。后来推动保护的活动有了发展：加入一个组织，可以合法地使用资金保护鸟类，喂鸟，安放巢箱，维持、扩大栖居地和观鸟（不少观鸟者加入到监控鸟类数量的调查中去）。鸟类因此变成了广大关心自然消亡的人的注册处。看起来，没有人想要一个精力充沛却没有同样安适而自然的城市生活。

据估计，现在差不多有 500 万至 600 万左右的巢箱安置在英国所有城市花园里（1/4 的家庭花园也有），并且每年的 2 月都有全国巢箱周，以鼓励人们安置更多的巢箱。[②] 2004 年鸟类食品产业的预估产值

① “世界野生动物基金会”（World Wildlife Fund）——译者注

② 全国巢箱周是 1 月 14～21 日，www.bto.org/nnbw/index.htm

为 1.8 亿英镑，2014 年会增长至 5 亿英镑。①

其次，鸟类从很多方面而言是英国的代言者，对国家认同也很有表现力。当然，就像大多数图腾动物一样，它们对人类邻居而言也是非常有力的象征。

花园的特质

20 世纪，自然本身在各个方面都已经被丰富的、休闲的、移动的大众文化变得商品化、审美化了。虽然我们习惯于把现代消费者以浪荡子为原型进行想象，但作为一个大都市现象，现代消费者对于消费城市限度内或外的自然世界都十分热衷。随着现代城市、花园郊区、大城市铁路系统的建立，以及私人交通的革新，19 世纪自然与大都市文化相对短暂的分离结束了。此后，自然变得分散、破碎、可见、便携、浮动、适于观赏，并得到了人工的点染。它与我们的日常生活、日常空间、审美观念和生产型项目以及爱好密切相关，甚至作为一种秩序本身托付给了社会。本质上，它只是永远与人类处于杂交形式。它进入了重要的控制、刺激、操纵和管理领域，横跨了范围极广的各种人类项目。全球化致使全世界的自然都能轻易接近，首先是外国人的消费，其次是作为资源，不久之后便是旅游和其他休闲。电视和电脑使它虚拟化了，并以不断提升的速度生产和复制它。终极杂交当然是现代花园。它充斥着某种物体，这些物体来源于原始自然物体和人类精神与物质的劳动，园艺知识的交换与网络，在对色彩的选择上不断变换的时尚，植物收集者和植物学家的工作，还有当地的园丁，他们创造出在特定土壤、pH 值、降雨和微气候中生存的花园（同时也可以在普遍存在的条件相似的其他地方被再创造）。花园变得像家居装饰，其空间充满了装饰性的创意，但是，如同大多数家居空间一样，

① 见：www.gardenature.co.uk/downloads/FeedingGardenBirds.pdf. Accessed 3 November 2007.

它们既不是自然也不是文化，而是杂交。

现代园艺：一种普遍的休闲方式

唐·伯克（Don Burke）的一档澳大利亚黄金时段节目《伯克的后院》（*Burke's Backyard*）不仅是关于园艺，而是特别着眼于发生在城市花园中的一切，或是澳大利亚人的叫法："后院"。出于特定原因，这档最受欢迎的节目（在所有澳大利亚电视节目中排名 15，在娱乐信息节目中排名第一，全国范围内共拥有 173.5 万的观看人次），在英国和美国也风靡起来，毕竟园艺（在花园中所做的事）是西方世界中具有重大意义的休闲活动（*The Australian*，2005 年 12 月 31 日）。收集到的休闲资料显示这种情况至少在过去的三十至四十年中一直持续着。

根据杨和威尔莫特（1973）的说法，英国 1800 万家庭中有 1400 万户拥有花园。这些花园总共有约 62 万英亩，有多塞特（Dorset）一整个县的土地面积那么大。在社会经济地位更高的群体中，园艺会更受欢迎，正在资产阶级化（在中产阶级构成的社会里增长）群体中蔓延，据预言，园艺在世纪末甚至会变得更加重要，这预示着对花园及花园产品需求的提升（1973：124）。20 世纪 80 年代的研究证实了这一预测。例如，1984 年雷伊·帕尔展示了花园用品的开支，从 1974 年的 2.35 亿英镑涨到 1980 年的 6 亿英镑。这一增长更多与花园的审美联系在一起，而不是生产食物等实用性原因。以"索普报告"（The Thorpe Report）关于在小块土地上种植的蔬菜报告为例，它表明从 1944 年（当时大约 10％的英国蔬菜在私人土地上种植）到 1969 年这一时期内，为家庭需求而种植食物的数量下降了。私人菜圃拥有者很显然老龄化了，他们的协会没能吸引年轻人，同时他们也发现让土地闲置越来越难了（Pahl，1984：99）。

英国传统园艺美学的关注点围绕着"英国皇家园艺学会"，它不只鼓励了园艺的艺术与激情，还促进了新植物发展和更多的园艺活动（如为儿童开设的园艺课）以及私家花园向公众开放。空余时间已变得前所未有地局促，而它的会员从1914年的11.45万到2000年的25万，证明了园艺在英国文化中的牢固地位。根据《社会趋势》（*Social Trends*）的说法，1994年之前，51%的英国男性和45%的女性在接受采访前的四周内参加过园艺活动。超过30岁的英国男性和女性则更加热衷于此：45～59岁的男性中有62%，60～65岁的有65%；45～59岁的女性中有57%，60～65岁的有54%（Office for National Statistics，1996：218）。

20世纪90年代中期的一个调查表明，他们的伦敦样本，有37%的人最近做了一些园艺，与之对照的是纽约人，不到10%（Stockdale et al.，1996：7）。纽约在美国当然没有代表性。然而，1998年“休闲趋势小组”的一个调查发现园艺在最喜爱的活动中排第10位（6.9%的样本说它是一项最受人喜爱的休闲活动）（Leisure Trend Group，1998）。

根据《美国人口统计》（*American Demographics*，June 1996：7），虽然草坪护理是最重要的园艺活动，他们的样本中仍有大约40%的美国园丁种花，33%的种菜。到2010年，家庭园艺的数量有望增长17%，这一预测与美国人口老龄化一致，也与使园艺脱离一种家庭供应的形式而转向更多审美需要的标准一致。我们不应惊讶于美国调查中女园丁数量超过了男园丁。《更好的家园和花园》（*Better Homes and Gardens*，一种DIY混合的园艺）的读者调查也给出了相同的观点，调查显示，有71%的读者是女性。在《美国有机杂志》（US *Organic Gardening Magazine*）所做的调查中，34%的调查对象计划在接下来的几年里做更多的园艺，而另一半倾向于保持目前在园艺上投入的精力。根据《营销工具杂志》（*Marketing Tools Magazine*，May 1997：3）的调查，最热心、花销最多的园丁都是白人，受过大学教育，中产阶级，实际上是代表婴儿潮一代的一批人。他们的调查表明，当代的美国园丁们不认为园艺是家务或与以前所说的出于审美原因的花园有关（70%），因为他们发现它令人放松（66%），同时他们也很享受户外活动。2006年的一项研究发现，园艺在美国人口的一个子群中是两个最受欢迎的休闲活动之一（Crespo et al.，2006）。根据英国园艺杂志《新伊甸园》（*New Eden*）的调查，1/4的妇女喜欢园艺更甚于性，4%的妇女承认曾在花园中性交过（*Daily Telegraph* onlin，No 1420，15 April 1999）。

并不只有英语国家利用园艺打发时间。例如在比利时，1983年的一项调查发现，园艺是最广泛的爱好，共有40%的调查对象表明了这一点（Govaerts，1989：80）。尽管日本的土地有限（或者说因为如此?），园艺（学）仍有着巨大且稳定的吸引力，在20世纪80年代有40%的人口参与其中（Koseki，1989：129）。

虽然我们能找到某些证据表明，即便不能提升对园艺的兴趣，人们也能保持住现有的热情，但是很显然，在20世纪后半期，人们眼中的园艺和吸引他们的事物受到许多变化的影响。在下一节，我们将把视线转向20世纪早期园艺特性的变化，特别要考虑到政治经济方面的因素以及它自身风格与潮流的转变。在此过程中，我们可以看出园艺与自然世界的关系在社会与文化的环境下并不独立存在，即使园艺所鼓励的普通的活跃的联盟保持了相对的稳定。

花园，自然和城市

在我的《自然与社会理论》（*Nature and Social Theory*，Franklin，2002）一书中，我探索了园艺在历史上是如何与城市化并行而非优先发展的。很难从英国城市历史中找到一段不包含强调花园和园艺重要性的时期。尽管如此，冒着普遍化的风险，人们仍可以争论从浪漫主义时期起，城市公园和花园的目的就是模拟着把野生自然分离出来，成为城市的对立面。大多数现代城市都经历过自然丧失的状态，把花园理念引进城市，是为了把原始自然的好处带给它们。现代城市公园和花园就以这种方式进入了；但没有与其融为一体；如果有什么东西能成为城市罪恶的解毒剂的话，那就是花园。郊区的花园，即便小到连排住宅正面最微小的花坛，都是隔离的空间，同时在家居范围内是绝对的“他者”。花园借此达到了相当标准化的形式和相对于城市“端”的比较固定的符号学意义。然而，在 20 世纪 70 年代期间及以后，之前其他的界限和二元论都以同样的方式瓦解了，也可以看到花园在城市生活起作用的方式发生了戏剧性的改变。它们离开了自己的空间，更多地与日常生活空间融合到了一起。

根据威尔逊（Wilson，1992：101）的说法，花园最先在现代建筑设计的生活空间里得到了延伸，特别是与客户的性格和需求紧密相关的一些设计。托马斯·丘奇（Thomas Church）的“加州花园”（Californian designs），在花园与家之间创建了联系，模糊了界限和线条。在他的作品中我们开始看到建筑植物的起源，植物有较强的结构感，与建筑结构有着审美上的亲缘关系。这种花园弱化了花的中心性，用植物营造出气氛而不仅仅是美丽的画面：绿荫花园出现了，极简抽象艺术花园把花园和建在自然中的家与周遭环境联系在一起。这一运动中至关重要的是它的效仿和杂交：来自日本的和穆斯林的花园的影响，还有地中海的和墨西哥的影响。对形态和方位的敏感性促成了弗兰克·劳埃德·怀特作品的诞生，这是对欧洲正统的反对和对本土植物的采用。他在大草原地区的作品意在把建筑形式与自然环境混合起来，花园是达成这一意图的重要方式。从此，对本地花园的兴趣在美国发展起来了，之后澳大利亚人和新西兰人也怀着极大的热情加以了吸收。加勒特·埃克博（Garrett Eckbo）把这一理念延伸到了一个更苛刻的领域，在景观建筑中更严格的应用生态原则。很多园艺方面的现代主义运动在 20 世纪 50 年代和 60 年代保持着先锋性，但对主流的影响轻微，它的确缓慢地获得了支持并引领了 20 世纪 70 年代以后的去标准化运动。这种生态思维方式在近几年来得以扩展，承认混合的城市花园会形成更大的栖居地，能够为野生生物创造出更好的生态系统（Cushing，2005），这一点已在对如鸟类的态度和城市森林的观念上加以推广了。新的城市园艺的敏感性也并没有为了城市而持续模仿自然，而是在城市之外建造森林，人们意识到隔离是错误的，并且城市的每一部分都是“自然的栖居地”，甚至蕴含着更大的生活潜能。

各种规模和不同收入阶层的越来越多的花园设计，现在倾向于把花园空间作为家的延伸，这样一来，自然与文化之间的严重分离或多或少地消失了。这在伦敦切尔西花展的花园设计部分格外明显。近年来，空间设计究竟是艺术品，还是建筑空间或者自然植物群落，已经越来越不清晰了。

自然中的城市

我们如此轻易地被我们身处其间的世界的繁文缛节和分类学的虚构所愚弄，以致我们真会去相信那些宣传或诸如欢迎你来到纽约、墨尔本、奥斯陆或雅加达的标志牌。出于某种原因，我们相信标志后有一种不言自明的城市秩序，而标志之前则是自然的失调。就像我们在第一章所看到的，这种被保护、高墙林立和安全的空间之感可追溯到最早的大本营概念。至少那时的城市与其周围存在一种亲密的、有意识构想出的联系，然而在现代，城市在我们的印象中漂浮在一个抽象的空间里，一个缺少重大意义的空间里；居住在这里的人越来越少，我们也想象不出这里还会发生什么事。正好把乘客送往市中心的铁路引领了这种碎裂，而空中旅行则变本加厉。不少城市生活的大胆与狂妄被想象为岛屿，世界则被想象成城市群岛，这都源于城市中心日益增长的重要性，其吸引力把所有的人和事物都拉向它。但是我们还是时不时地以无比真实的方式得到提醒，城市与更大的自然结构的无缝连接不是真的。Sky、BBC World 等频道中最近的全球化新闻让我们充分意识到了与自然之间相当杂乱的关系，以及对个体城市较为普遍的看法，即特殊的自然幽灵只会一直潜伏在角落里，等待着突袭的机会。

渐渐地，世界的人口都开始居住在世界 200 个特大城市（被定义为拥有超过200万的居民）之一，这种史无前例的集中让更多的人易受自然灾害的侵袭。比如其中有40个城市位于主要的地壳板块交界处120英里之内，或历史上有过破坏巨大的地震的地方。科罗拉多大学的罗杰·比尔汉姆（Roger Bilham）教授认为，世界上50%的超级城市正处于未来潜在的7.5级地震附近。从1998年到2002年，平均每年地震造成1.05万人死亡，单是2002年就有10万印度人死于地震（Colorado University News Center，24 April 2003）。与保护人们免于地震灾害截然相反，城市把人们集中在易遭灾害的地带，并使他们安置在巨大而脆弱的结构中（常常是偷工减料的），增加了它们所引发的风险。砖块和灰泥是杀死大部分地震受害者的凶手，而不是地球。

这里面的地震、海啸、飓风、泥石流、洪水、森林大火、火山喷发和极端天气可以威胁到大多数特大城市，也确实有人提出城市是最容易遭灾害的地方；容易遭受克拉克（Clark）所说的“普遍的平常的自然灾害”（2002：182）。大城市的发展，通常在用于重要商贸往来的河流上、冲积的土壤上、肥沃的火山土上，或是在山岳脚下、海岸上，这使它们至少要承受几种主要的风险。奥利维尔·史密斯（Olivier Smith，1999：26）精辟地指出，“接近资源就意味着接近危险”（引自Clark，2000：186）。其他的组合也大量存在。正如迈克·戴维斯在他的《恐惧生态学》（*Ecology of Fear*，1998）中所揭示的，洛杉矶“不偏不倚地把它的居民安置在洪水、飓风、野火、干旱甚至是美洲狮袭击的轨道上”（引自Clark，2000：182），除了把他们放在地震的震中之外。克拉克就某些来自近年来灾害研究的暗示警告我们，其中最重要的是，灾难更多是规律性的，是一种常见的自然状态，而不仅仅是偶然、罕见的现象，并且它其实在某种程度上塑造了大多数生态系统。根据亚历山大（Alexander，2000：55）的说法，“环境的极端情况有力到足以对社会、文化系统施加一个强大而持久的影响”（引自Clark，2000：185）。

虽然伦敦人对自然灾害的畏惧可能小于对恐怖主义的畏惧，但是极少有人能不带着一丝忧虑的战栗看一眼泰晤士河闸门——一个离市中心不远的洪水控制系统。十分强劲的潮汐、一条大而有力的河流和海平面潜在的上升加在一起总是存在着超出闸门设计的规格和范围的风险。这样一个临界点 2005 年在新奥尔良被（最终）达到了，这一重大事件似乎不仅出乎美国这样的强权国家的意料，也证明了它本身是多么让人措手不及，我们对自然的思考还远远不够——甚至在一个城市，它的全部历史就是密西西比河与美国陆军工程兵团之间的一场共舞（Pickering，2008）。

近几年，澳大利亚和美国的森林大火吞噬了一些最有价值的房地产，并轻而易举地深入到城市中心。尽管我们已习惯于在我们所在的任何地方目睹这些事件，但是置身其中的感觉却又完全不同。在诸如霍巴特（Hobart）、堪培拉和悉尼这种城市，烟雾是整个夏季的常规标志，厚重的、遮天蔽日的阴影常常是一个或多个“事件”的最初征兆。这种时刻，一阵焦虑会在城市中蔓延，每天的事务都处于暂停状态，或至少是在那些处于灾难路径上的人们，他们单独或一起做好准备时是如此。可是，这不仅仅是一个人类抵御火灾的问题。火与人类以一种复杂的方式联系在一起，例如通过恐惧与兴奋、社区团结、个人英雄主义和奖励。这种高级情感交换藏在某些人被火所询唤的奇特方式中；最极端的情况下，他们会被征召去故意纵火。

城市火灾：一种联合方法的案例研究

我们当然会认为作为一种彻底的自然现象，“火炎爱好”（pyrophilia）的演变，是对澳大利亚等地风景中自然火灾出现的回应，在某种程度上，这是真的。但这只是其中的一部分。这种演变和作为澳大利亚主要植被的桉树的蔓延，受到了人类以土著火炬的形式所做的一切的深刻影响。遍布大洲各处的土著人，他们规划好了他们的地点，为各种活动清理好了场地，点燃它以促进新的开垦并集中猎物。他们保住了景观区中火种不灭，他们也创造出了拼接的小块土地，处在特定地理和地貌条件下小块的特定植物种群。“随着环境的不断改变（在过去的一万多年间），一种新的、精确的、脆弱的互相依赖在桉树与火之间建立起来了。大部分桉树需要在它们结种子的某些阶段遭受火焚。还有一些需要热量来释放种子……还有一些——最近才发现——需要烟雾来激活。大部分桉树需要灰烬来提供幼苗的温床，以摆脱植物间的竞争（Hay，2002：222）。”像任何人类自然的管理者——不论是田园诗作者、农学家还是狩猎采集的人——的景观一样，最终形成的景观既不全是自然的也不全是人工的，从来都是杂合、共建的实体。这种关系是否在对澳大利亚土著居民进行的高效迁移之下终结了？没有。

接手景观规划的白人殖民者带着现成的策略到来，但没考虑到游牧生活。它大体上暗含了两种稳定的实体：用于家畜和庄稼的永久牧场以及永久的殖民地，其中的一些是大城市（除了过去繁荣富裕的乡村神话，澳大利亚就是一部关于六州首府主要城市的殖民历史）。至少在第一个一百年里，由于他们并没有像土著人一样规划好森林，定期烧毁燃料，作为自然的一部分的桉树数量下降，森林改变了。它们变得更加密集，火也变得更加肆虐，管理更加不易，而且伴随着各种不同的环境后果。如果没有火焰穿过特定的大片土地，桉树消失时，雨林物种会盛行。殖民者早早地注意到了这种取代。他们也注意到原来迷人的公园般的景观改变了，变得更紊乱、更紧密；骑行变得困难，最终停下了脚步。但这对于大多数人来说不算是主要问题，因为他们在尽力建成可爱的城市，而且大体上来说他们做到了。

问题出现在花园郊区的新时尚席卷世界之时。这对于东岸美国人和英国人来说是一回事，他们希望有诗意的树林陪伴；而对澳大利亚（以及大量引进桉树的美国西部）来说则是另外一回事。

最后一部分我想以美国、澳大利亚森林大火与城市之间的关系为例进行阐述，证明自然与城市不仅没有分离反而纠缠在一起，这种纠缠是如此重要，以至有可能来谈论它们的共同构造。还有许多其他类似的例子，例如皮克林（Pickering，2008）对密西西比河和新奥尔良之间关系的研究，或者是旧金山和圣安德雷亚（San Andreas）之间的关系（Bolin and Stanford，1998）。然而，即使很难想出第三个更加意义深刻的例子，最重要的是它们都照例地被城市研究忽略了，而这些研究一直坚定地保持着人文主义。因此，接下来的内容是力图阐述为什么后人文主义方法应该成为城市研究的工具包。

澳大利亚森林大火

殖民时期，土著人从大部分乡村地区和澳大利亚野外被有效地迁移出来，森林火灾开始变得具有爆发性并十分危险，同时也出现了一连串的重大灾害：1851 年的黑色星期四（维多利亚州），1926 年的黑色星期六（东墨尔本），1939 年的黑色星期五（广泛分布在东澳大利亚），1967 年的黑色星期二（塔斯马尼亚岛），一直持续到 2003 年的堪培拉大浩劫。

1939 年的大火之后，系统性的烧毁政策和策略才大大地派上用场，但是最近几年中，在悉尼、堪培拉附近和史上最有破坏性的 2009 年墨尔本大火的情形里，澳大利亚的主要省会城市都没能隔绝火灾的风险，是因为桉树吗？尤其是火灾变得越来越糟糕、越来越频繁了。

白人殖民者与桉树之间热烈的共舞开始有了一种全新的形式。一方面，它把桉树和干燥的硬叶森林放在与现代城市人之间模糊不清的关系中，另一方面，作为一个国家，这场舞蹈是澳大利亚非二元论所定义的一系列特征之一。

白人的澳大利亚在过去和现在都是一个基本的城市社会构成，为什么总有关于森林和丛林大火灾的忧虑呢？这里的答案是澳大利亚的城市发展并不是建造大城市的公寓，而是向广大的郊区蔓延。就像在英国，那种最好的郊区都是把靠近城市的便利设施与接近自然相结合的，在澳大利亚这意味着东南部的大部分森林或灌木（基本涵盖了墨尔本、悉尼、堪培拉、阿德莱德、霍巴特以及这之间所有其他的乡镇）。这些郊区在 19 世纪被建成之后便开始四处蔓延，每一代都用这样的方法和态度来谋求在乡村边缘建造新房子。今天的现实状况仍然如此。霍巴特城中有着售卖二手房的各种途径，新婚夫妇则倾向于在城市边缘建自己的房子——极其靠近灌木丛。从 20 世纪 60 年代开始，某些郊区改变了特点，并以永久性“处于灌木中”为目标，形成了意外而且很危险的混合物，叫做“灌木郊区”。堪培拉实现了更加极端的“灌木城市”的目标，随之而来的是 2003 年灾难性的结果。墨尔本西边和北边小小的、外溢的卫星城镇提供了有灌木的低密度居住地以及村庄般的社区。他们活在借来的日子里。

图 9.1 靠近城市的桉树的生长（和焚烧），澳大利亚霍巴特。（photo Adrian Franklin）

对树木和森林本质上浪漫的爱慕之情，甚至对自然令人敬畏的力量倔强的阐述，不仅建立起了树木美学，按城市设计的说法，开始回归到一种树木更密集的居住空间，而且渴望通过创立国家公园来保护大森林。国家公园的经济决定了它们与主要人口中心之间合理的距离，并且大多数城市鼓励建设了大片的环绕城市的灌木地，供人们休闲和娱乐。在这种情况下，2009 年维多利亚州的火灾，是澳大利亚史上最具破坏性的，对住在卫星镇上人们的影响大多来源于人类居住点的管理形式（包括在火灾发生时继续停留在家庭财产上的规定，以便保护它），更致命的巧合是对国家公园中森林的管理。因此，居住点附近的大片区域未被烧毁，路边砍倒的、密集生长着的树还没有被清理掉。在某种意义上，这些灾难并不是令人束手无策的天灾。这是一系列的连锁作用，在很大程度上，在面对某种无法抵御的大火的逆境中，人类管理和审美因素的结合把很多人困住了。

在一种深刻的必然的意义上，它是人文主义思考的结果，即火可以被控制而且能一直处于掌控之下，但同时，火也是一种十分独特且抽象的物质，并不与产生它的树木直接联系在一起。澳大利亚人不会说他们在与桉树作斗争，但如果不是树，那又会是什么呢？他们承认在与火作斗争，承认火是有力量的，它们看起来确实是与这些燃烧的树相关。同时他们也理解桉树生物学，特别是如何在火灾事故中对它们的出现进行控制。它们似乎卷入了一种运行此类想法的人文主义逻辑：树木易受灾害并需要我们的行动去维护、救助它们；住在树木周围是很正常的；火从另一方面来说是一件独立存在的特殊事物，是构成对生命、财产和森林威胁的基本成分之一。火是有生命的：它们可以通过发现前方新的火焰得以再生；它们可以“越过”马路和河流；它们可以挑战正常的举动（比如跑上山）；它们需要被控制，被抵抗，在形成威胁之时被清除掉（Hay，2002：218～219）。从某种深远的意义上来说，没能把桉树与火联系起来证明是毁灭性的。事实上，火是桉树和自然的一部分，它们不仅仅需要火，实际上它恰好产生出了它们所需要的那种火。

海伊（Hay）对桉属植物所具有的产生火的力量进行了建筑学、形态学和化学上的总结。这种树“每年掉 1/3 到 1/2 的叶子，晚春时有它们的‘高峰期’，初夏——在大多数地方都是完美的火季”（Hay，2002：211）。除此之外，桉树定期掉落许多大树枝、分枝和嫩枝，在树的周围形成了一个柴堆。

树的枯枝落叶干透了，作为完备的燃料盖在地上（3 厘米厚的枯叶可以引起的一场大火与 1 厘米厚的精炼石油引起的一样），并且它们中的大多数都因为能够立刻煽动起巨大的上升气流而成为了无冕之王。某些桉树有少量悬挂着的树皮——纤维质树皮或烛树皮“饰品带——摇摇欲坠悬挂着的纵火者，可以被风带到远离火点达 10 千米、20 千米甚至 30 千米的地方，引发新的火花”（Hay，2002：211）。

甚至连桉树叶不规则的形状似乎都是为了制造火焰而设计的：一旦点着并分离，它们像螺旋桨一样旋转着升入火焰上方的空中，然后顺风下落，此时仍保持着点燃状态，以便制造出更多的着火点。

在 1987 年那场几乎毁了霍巴特的灾难性森林大火之后，志愿者和专业救火人员再次被组织起来，并进行了充分的重新装配，这一举动提升了他们的地位并为新一次的招募提供了有利条件。此后，在外围的城市地点和乡村区域里，成为一名消防队员的形势发生了很大变化。它包含了精密的新型车辆、通讯技术、更多带有专业服务的训练与联络、更好的消防站、通过控制燃料运载的组成和防火检查所造就的更大的责任感。灭火的新纪元出现了，在这一时代，准许了一个新政策，鼓励财产所有者继续留守其个人财产，但反过来，当这些财产受火灾威胁时又要接受这些人员的协助，这样，某些本会遭遇不幸的区域从大火中拯救出来了，这也是消防员受到他们所在社区更好的支持并获得了更好的声望的结果。

由于和树木本身近距离接触，志愿者们开始欣赏这些树以及它的能动性，用以描述它们的语言也发生了改变。例如，海伊的受访者之一戴维·福斯特，一名来自永继路（Wingello）消防队的志愿消防员告诉她：

> 桉树很狡猾——它们熟悉环境。在冬天它们不燃烧；两周之后，你会发现你处于很高的火灾危险中，你却不能烧了它们。燃料越积越多——它们似乎很好地适应了气候，所以它们不会在你方便的时候燃烧。（Hay，2002：212）

他的几个消防队员朋友被严重烧伤，还有一个在1998年死于几棵有着白色纤维内皮的树的爆炸。他告诉海伊，他"满怀激情地仇视着纤维内皮"。此时，消防员开始看到他们身处一场战役之中，或者说与桉树共舞，而不是与更加抽象、被大大浪漫化了被称作火的东西共舞。

向灌木丛蔓延的郊区化产生了一种贯穿澳大利亚历史的有趣的同质性，也就是城市中的半乡村生活。这种生活也涉及所有与桉树进行剧烈斗争的人们。在偏好木头房子的乡下，这就像它听起来的那么严峻、危险。虽然人还是大部分火灾的罪魁祸首，这些火仍然与郊区的紧急情况（周末烧烤或营火、从车窗扔出的香烟、青少年玩打火机）或现代机械农业中很容易激起火花的金属与石块摩擦相关。不过，仍存在更复杂有趣的点火，直指火焰本身在火的景观中的询唤性特质。在澳大利亚东部，火似乎把人们引入它自我永存的体制中。大多数澳大利亚人也许会承认享受了营火或者家中壁炉的火焰，毫无疑问不少人都受火焰吸引，或者更恰当地说，是丛林大火，并且当火灾没能在有极大风险的日子里自然地或意外地爆发时，人们认为现在有很多人都通过这样的爱好得到帮助。2003年2月，在ABC的一部纪录片里，揭露了森林火灾中的纵火罪在过去十年间从30%增长至50%～60%。根据威利斯（Willis，2004）的调查，故意纵火在所有森林火灾中占25%～50%。而在20世纪80年代末，10万人中有69起故意纵火，到了90年代每10万人中有170起。在20世纪80年代，每年大约有300起灌木着火，到了90年代就增长到4400起了。ABC的纪录片同时表明，志愿消防队会吸引或者产生"纵火犯"（firebug），因为点火能产生出巨大的刺激、成就和力量感，并能在澳大利亚半灌木与灌木混合的环境下，在一个紧张而又有欣赏能力的社区内提升自己的地位。据威利斯说，丛林纵火案在最近几年上升的原因已减少到五个关键因素：英雄崇拜，吸引他人注意，赞扬，兴奋，自我尊敬。悖谬的是，消防队员们卷入了桉树的火焰世界。

威胁社区的森林火灾产生出巨大的兴奋性、团体性和刺激性，有着致命的吸引力，与战争或体育之类的模拟竞技具有一定程度的相似。① 然而，我想强调消防是一场战斗，而不是模拟竞技。许多时候要依靠每一个回合的胜利，而且与这场斗争实体化的本质相结合，这种本质上生成的庄重感，把消防员提升至超越体育明星的程度，即使只是暂时的、不那么有利可图的。重点是我们确实在与树斗争，而不是与一种分离的元素在斗争。看起来，一旦体味过这种刺激，便往往会导致对它更进一步的探求。过去五年里，已有 17 位志愿消防队员被证实引燃了森林火灾，这是一个令人震惊的数字，罪案的始作俑者正是消灭它存在的人，犯罪证据变得很难被证明。2002 年 11 月 30 日，《悉尼先驱晨报》（*The Sydney Morning Herald*）发了一篇文章，它以犯罪心理学家理查德·柯奇士（Richard Kocsis）博士即将付梓的一份研究为基础，针对森林纵火犯罪：

> 大多数连环森林纵火犯样本都落入了“刺激”这一范畴，柯奇士把它列入“最邪恶的”范畴。“刺激”纵火犯将随机的破坏与某种满足联系起来——本质上不是性的满足，也与私人的愤怒与仇怨无关。刺激似乎集中于火焰所给予他们的力量或他们所获得的关注。
>
> （www. smh. com. au/article/2002/11/29/1038386313851. html）

关键在于，我使用询唤一词的原因是此处所展现出的因素不是人

---

① 见埃利亚斯和邓宁（Dunning）《追求刺激》（*The Quest for Excitement*，1986）。

为的也不是自然的，而是两者的结合。与树木复杂的纠缠持续地以类似的方式引发火灾，由于居住地和森林管理模式增加了灾难的风险，在乡下和郊区制造出了剧烈的紧张情绪，这种情绪直接把人们拽入这种肃穆氛围之中。皮特·伯吉斯（Peter Burgess）被裁定在新南威尔士放了15起森林大火。他的生命目标很明显是成为一名受尊敬的、出色的消防员。他告诉警察，火使他激动，并且他能从对志愿消防员的赞扬中得到情感上的满足。火给了他成就感。

美国的森林大火

澳大利亚森林火灾的自然—文化与加利福尼亚州的不同。首先，居住在树林中间或树周围的人类学是极不一样的。在澳大利亚，乡村边缘地区自古以来就是低级阶层所住的区域，而乡村小镇则常常被认为多有社会问题。在大多数城市，最重要的郊区仍享有最高的声誉。在加利福尼亚州，戴维斯（1998：142）提醒我们：

> 南加利福尼亚残余的野外景观的郊区化在面临大都市核心可预知的恶化时加速了。随着中层、上层阶级家庭迅速搬进洛杉矶（特别是它之前的“城市化郊区”，比如圣费尔南多谷（San Fernando Valley），他们在高低不平的防火林带中更加深入地寻找着避难所。

澳大利亚丛林文化发展出了一种强大的自助精神，他们自己的消防队是社区生活和声誉的焦点，在加利福尼亚，富裕的居住在小山上的人则期望本州的消防服务可以绝对地、完全地保护他们，不管开支，也不为此投资。所以，澳大利亚居民与周围森林的联系既是组织性的也是个人的，而美国居民是与其分隔并绝缘的。这两个地区里社会与文化的因素藏在两个完全不同的消防政策之后。加利福尼亚的政策是在最高危的地区实行全面禁火。这有可能成功减少中产阶级居民点火而引发灾难的可能性，但它没能控制燃料标准，年复一年的燃料堆积，造成了空前炽烈且具有毁灭性的大火。相比较而言，在澳大利亚，当地的消防本质和防火的责任感意味着一年中寒冷一些的时节，对燃料大量的焚烧会减少居民区附近的负荷。然而，由于当地的消防队依靠救火维持他们的地位与收入，个体更容易故意点火。

反讽的是，野火在加利福尼亚算是误称，因为大多数引发火灾的树都不是本土的，而是引进的澳大利亚桉树。例如，在奥克兰/伯克利山丘，当地主要的树木是土生土长的橡树，但这些在19世纪80年代被砍伐了，取而代之的是桉树的种植，它们的种子轻易地传遍了整个区域（州）。如今，它们中的70%成了为现代野火提供燃料的植被。[①]于是，我们也有了桉树，还有另一位舞伴，以及另一个火灾管理体制——戴维斯（1998：143）称其为"'后郊区化'火灾管理体制"。在这一场"舞蹈"中，树不受任何常规火灾管理体制的影响，民居分布的模式使得逆风安全用火十分困难。马里布（Malibu）地区的"消防之舞"是挨家挨户的保护措施，并且现在也使用了新技术：CL-415的"超级斗式升运机"是"巨大的水陆两用飞机，能够在海面上滑翔，每一个消防龙头可装载1.4万加仑的水"。

消防只有在特定的地区会成为一项昂贵、奢侈的事务。仅仅在1993年万圣节周期间，调动1.5万名消防队员就花了1亿美元，但2007年10月的所有野火中，花费在预防措施上的全部花销是19亿美元。

所有自然灾害的花费，大多数对已建成的城市风景有着巨大的影响，2007年此项花费的估计是750亿美元，比前一年增长了50%，但即使这样也仍然无法与2005年的总花销2200亿美元相比，那一年卡特里娜飓风猛烈袭击了新奥尔良。低估自然与城市之间关系的代价单

---

① 见 www.firewise.org/pubs/theOaklandBerkeleyHillsFire/vegetation.html. Accessed 16 February 2005.

单在新奥尔良就是990亿美元。[①]

结语

最后这些美国和澳大利亚的例子可能会被看作极端情况，但当学术研究进入社会学家所说的“风险社会”并继续前行时，现代大都市事实上常常依靠优越的人类中心地位影响着高度结构化的自然力量，这一点就变得相当清晰了（Clark，2002）。这些互相区分开来的城市形成了它们政治、制度和文化的特征。所以，新奥尔良的政治与经济、空间与自然是由水构建成的，就像在旧金山或那不勒斯是由板块，在莫斯科是由雪和冰一样。

同样地，依靠它们史无前例的人口数量以及全球事物和人口流动的中心地位，城市开始与传染病纠缠不清。2009年的猪流感就是绝佳例证，一个潜在致死病毒或细菌通过某种（迅捷的）方式穿透城市的防御，但它同时也证明了不具威胁性的“其他自然”如何在主要城市中心传播、散布和停留。某些自然物种“发现”了与城市之间的一种自然密切关系，并且变得具有了新的象征意义：我作为本书开篇的醉鱼草、在摩天大楼附近筑巢的鹰、在墨尔本和悉尼把城市植物花园当作敌对外在世界中一片安全乐土的果蝠，以及英格兰郊区的獾、狐狸和睡鼠，它们在乡村的栖居地被更加逐利的农商企业毁损了，却在城市中发现了保护者。甚至是有名的短尾鹿斑比在北美城市中也有了栖居地。

看起来，我们并不想把城市与自然世界分开，居住在城市中似乎更能锐化我们对环境和自然关系的感知能力，而不是相反。这确实是大多数国家新近出现的绿色政治运动的情形，但它不一定会反映出城

① 数据来自 CNN Money 27 December 2007. http：//money. cnn. com/2007/12/27/news/international/bc. germany. munichre. disa. ap/

市还有着比例失调的中产阶级人口这一事实，这些人受过教育，对城市边缘以外的自然世界变得十分关心。

就如我在本章开头强调的，正是城市的“本质”展现出其居住者都拥有自己的生活；通过成为巨大的人口、物质、物品、植物和动物流动的汇合点，成为超越各个部分之和的存在以及成为独特的伦敦、巴黎、多伦多和东京，城市可以将自己表现得更为有力，我们所居住的结构性环境已然过时。我们把自己的痕迹留在城市的街道和车道上，留在河流和公园里，并且我们的作者也在他们的诗作、散文和小说中对此作出了描述。

因此，除了这一交缠带来的所有深远后果，城市研究仍坚定地专注于人文主义是很让人困惑的。不需特别挑出任何作品来作说明了，书中所定义出的城市研究的适当主题有着启发意义，比如布里奇（Bridge）和沃森（Watson）的《城市手册》（*A Companion to the City*，2000，或是他们 2002 年的《布莱克威尔城市读本》（*Blackwell City Reader*），又或者是邦得（Bounds，2004）的《都市社会理论》（*Urban Social Theory*），这些著作极少提及这一点。然而，仅仅把自然囊括进城市还不够。本书支持的方案是远离把人类本体论当作指导原则的城市学术研究，它意味着重新调查人、机器与其他非人类因素的结合、交织，以创造出我们真正生活在城市的方式。它是社会学的（城市）分支，对社会学、社会历史、地理学和人类学的需求最高，因为在城市中，毫不夸张地说，它的后果是最明显的，也是最至关重要的。

第十章　文艺复兴的仪式

《城市生活》尽量避免了人文主义本体论的陷阱，也就是，认为城市仅仅是人类自己的，人类是城市舞台上唯一做出有意义事情的角色。读者们如果从书的开头读到这里，尤其是在读了上一章关于澳大利亚和美国的城市森林大火之后，对这样的错误认识应该已经释疑了。这些树木的能动作用，我是指这些树木实际上起到了什么作用，它们对主要城市所造成的越来越人的威胁（和花费）已经完全被忽略了。一种后人文主义的研究途径，就是调研火灾作为一种人工产物，它在树木和城市之间的关系（一种存在已久而且仍将继续存在的关系），这是唯一的方法，这样我们才能了解为什么现在火灾发生得越来越频繁而且致命。我非常确信，如果新奥尔良的官方注意到这些并且高度关注的话，后人类学家安德鲁·皮克林曾说过的关于新奥尔良的密西西比和美国陆军工程兵团之间的关系，一场灾难可能就会避免。

这样的例子书上到处都是，它提供了一种新的计算方法，城市不是成就、巨大的建筑和城堡，不是现代主义的生活蓝图，而是一种生成，不只限于人类的能动作用在其中有重要意义。我曾经描述很多城市致力于奔向其他东西，有很多城市生活的证明对于掌握它们非常重要，因为所有这些反复的陈述都依赖过去的以及类似的城市。拿破仑三世的巴黎，在一定程度上是对伦敦城繁茂的绿荫、质朴的公园和广场的回应。一个世纪之后，很多英国城市对现代建筑的旗手勒·柯布西耶的蓝图及其机器化生活有了积极的响应。在这两个个案中，人类与非人类之间的分歧和联系迂回曲折，永远没有定论，而且总是复杂地交织在一起。今天我们谈起城市森林，是指按照它们特定的配置和关联，混合所有的物种，作为人类及其他物种的栖居地。而十年前，它们几乎没有被注意到；它们没有得到关爱。

但是这本书认真对待所有人，这些人都观察到城市似乎是有生命力的，有着一种特定的节奏和脉动，它不只是部分的总和，并且创造出了兴奋、救赎、变化和询唤。我试图理解他们的意思，理解城市独特的人类学、人类动物学、人类植物学以及半机器人状态及其表现形式。我查看了一下像爵士乐、园艺、时装购买、新奇的街市，还有二手市场和收藏市场交易戏剧般的效果。而且，我已经试图联系到事物的广泛性和普遍性，把它和诸如观鸟、咖啡馆、节日、艺术画廊、回收场、刷新旧机器与流动的现代性的当代状况结合起来（流动的现代性是对大多数西方社会形态的一种隐喻性描绘）。个人主义、消费主义、风险、孤独、涣散、流动性的增长和日常旅游，造成了新的现代性的循环，它对流动和不定形的流动城市生活有着深远的推动力。只是因为我们和合作伙伴分手更频繁，更容易孤独，意味着我们需要运作的业务会议更多，求爱的频率更高，因此我们需要仪式空间，以及更经常更多样的仪式通道，为不同年龄组开发出他们自己的品味和风格。

此外，城市生活从头到尾不再是有关通道的。当然，它已经变成了一种持续的循环或一系列新的开端，所以，它在某种程度上应该被称为文艺复兴的仪式。为了流动的现代性的城市里的人类，转变、救赎和变化的仪式停泊在城市的核心。我认为，对城市来说，这是一个有意义的基座，而且，在过去二十年里，它引人注目。在城市里，我们不再只是购物或观光，我们想要更多的东西。我们盼望挑战，娱乐，教育，投身改革，显示出时代的精神。但最重要的是，我们想要全心全意地参与其中；我们通过这些表现，感受在这个世界里的归属感并找到自己的位置，城市所提供的体验远远超过其他的空间（尽管如我所说，它们确实借助了度假胜地的服务）。

赞成完全不同的居住及人类结构，抛弃在本书中所考虑的特大城市和较小的城市，这几乎是不可能的，但这不是说重新设计、再开发和改造没有被提上议事日程，而且不能继续如此。如井之口等人（Inoguchi et al. 1999）指出，存在着单纯的环境基础，这将在遥远的未来得到证明。事实上，我们最近发现的这么多城市的特性以及城市的可渗透性和不安全隐患，这些特性是更大的城市特性的一部分，这意味着，有关如何管理人类和非人类生活更错综复杂的交织的好处问题，以及如何管理风险的问题，将继续出现。维萨什（Vasishth）和斯隆（Sloane）也提出了这一观点，认为环境方面的决策同时也是一个生态学问题，它不只是局限于城市这一范围之内。从他们检测洛杉矶的雨水和水的问题中，我们可以看到这件事如何涉及一系列空间尺度上的行动的联系和结果，而不只是一个城市的管理问题。正如他们所说的，从一种生态观来看，它可能需要划定不同的界线，我们所说的“城市”意味着什么呢？

我曾经建议，生态敏感性现在试图找到一种解决这类事情的方法，如废物处理、污染、水资源短缺与品质问题，更有效率和能力的交通运输系统（自动化的改造），更好的资源和能源保护，需要将这种生态敏感性理解为产生于一种更广泛、更宽容也更有体验性的反文化，这种文化更多以生态学的方式去想象它的大部分关系。根据这一思路，与所有物体和存在的关系应该加以思考，应当去了解并找到一种兼容和共生的方法。这种秩序化的形式极有可能会失败，而这种失败将会成为城市的常规模式，因为问题根深蒂固，冲突也很常见，但这主导着 20 世纪前半期问题的敏感性，在其中，这种折中与复杂性是缺少宽容的本体论的一部分，一种寻求标准化的探索，而不是共生和替代，也不是共同进化。

同样的，其他的生态思考和联系涉及城市里人类和非人类之间复杂的关系网络，正如我们已经看到的，它们都是城市生活里非常重要但同时也是常被忽略的因素。贫困仍然是城市里的一个幽灵，迁移和流动的增长速度意味着通常很难把握你身边的生活，更别说达成一种良好的工作关系和认知。通常，贫困和复杂的迁移和流动网络在本书所提到的更有活力的故事中有着重要的意义。在旧金山、伦敦诺丁山的教会地区，像在多年以前的巴黎的蒙马特波希米亚（Montmartre）街区一样，正洋溢着生命力，文化的互相激荡和对差异与欢乐的容纳，吸引了大批的群体、新的定居者以及后来的新投资者。即使不希望以任何方式容忍贫穷，但我们可能会注意到，大城市容纳了大量的有各种各样问题的人，这些人很难在其他地方找到立锥之地。我还记得一个年长的妇女，生活在凯丹洛克附近的一辆房车里，在艾伦·班尼特的传记《家信》（*Writing Home*）里描写过。这些胆小的、困难的、有臭味的人得到班尼特和其他人多种方式的接触和关照，关于这点，我相信这些方式可能不会在那些聪明的或者受人尊敬的郊区或乡村的中产阶级中出现，有那么多的问题人员死于伦敦街头也就不意外了。但托尼·比亚克（Tony Biebuyck）发现，当他参与观察无家可归的单身男人时，城市里确实容纳了很多这样的人，对他们来说，这差不多是一个劳动力市场，而且在伦敦西区的核心区域，他们甚至构成了一种亚文化权利。他强调："这个团体的构成是如此具有异质性，我甚至想到什么人都可以被容纳。"（Biebuyck，1982：17）

伦理的方法首先在文化宽容和文化实验的繁荣中找到了表达。文化不是一种持久的关于差异的观点（可以捍卫和坚持），而只是一套完整的实践，可以模仿、融合其他的东西，并发生改变。脱离了"机构"或"郊区"思维和生活方式（出自许多文化来源）的束缚和无聊，反文化准备就绪，变成了一场永久的革命，并且正如莱伊所揭示的，在中产阶级化方面，它聚焦于那些空缺的处于比较松散的监督和控制之下的空间。这些实验性的空间受到严格的限制，但由于城市工业资本主义的衰落，这样一种空间打开了，而且不只是在一个城市。

我想讨论的是，这些变化的空间已经成为城市复兴的主要坐标之一，在种种文化潮流和公司以及市政府之间产生了一些奇怪的合作关系。这些重新设计的空间和重新改造的城市金融中心区域导致了一种更有生气的文化的根植和繁荣，激励了更多的投资者和定居者和更丰富的生活。它也是实验性的。在有些空间里，它运行得很好，而在另一些空间里，则不一定。它从来就不是解决城市贫穷的方案，也不可能是，但它确实为更多的人的城市生活添加了更多的乐趣。

今天的或者未来的城市生活，会有更多的建筑师，不是 18 世纪、19 世纪和 20 世纪早期的那种建筑界的旗手。这也是因为存在着更多的生态参考框架以及生活方式，还有对生活安排的多样化和差异化的包容。自 20 世纪 80 年代后，后现代城市中心风景轮廓线的打破，不管是新的还是更新的，经过几十年文化的激荡和排斥之后，在某种程度上是令人欣慰的。它们不太可能会回归，或者需要回归，并且如果罗杰斯（Rogers）和鲍尔（Power，2000 ）在他们的“小国家的城市”中的评价是正确的话，那么，在发展和变化过程中涉及的人，将确保他们在那些艰涩的蓝图之上获得成功。

当然，这不可能也不应该阻止其他建筑师的更一步实验，而且采用多种形式。保罗·索莱里（Paolo Soleri）在靠近亚利桑那州凤凰城的阿科桑蒂（Arcosanti）长期主持的“生态建筑学”实验（融合了建筑学和生态学），探索建设一种生态型的可持续发展的城市，为世界上的其他城市作一个展示。计划最终建造 5000 套住房。这项进展十分缓慢的方案开始于 1970 年，到目前为止，在教育和保持活力方面，这些想法在新的一代里面是最成功的。选择一个最困难的地点和区域来证明它的可行性一直是一个问题，因为到目前为止，还没有更多的示例。随着技术的飞速发展，变量被赋予了新的重组，近年来，高品质预制建筑构件工业产品的突破也开始提供令人难以置信的成本效益和灵活性。处于中央位置的那些可能过高的建筑成本现在变得能够负担得起了，这些好处可以惠及那些不太富裕的群体，还可以激发其他的乌托邦式的幻想。

如果城市已经开始在生态大规划中失去它的意义（和重要性），需要更多的联合和更广泛的合作模式以接近它们的生态化的管理和结果，那么，它们肯定没有以自己在文化时代精神中的位置为依据。无论怎样声称现代生活全面去中心化的可能性是计算机连接性的结果，那种对郡县美好生活的回归，似乎随着新的城市生活的热情消失了，不是在宁静的郊区生活，而是越来越多地被卷进了城市中心生活中。即使没有被吸引到中心城市文化地区而是更多地被分散到加罗（Garreau，1992）所说的边缘城市的城市中，城市生活似乎也是围绕各种熟悉的建筑和活动的塑型，这一切都伴随着一种强力的文化、游乐和有革新能力的内容，对改革和更新做出了设计。在这个世界上，似乎在个人主义和消费主义那里，我们的身份一直都是脆弱的，而且从来没有完成，总是变成了其他的一些东西，而社会关系的纽带，正如鲍曼所说，是松散的，并且“在另行通知之前”，我们的生活都需要文化上的中心。在我们集体性的存在中，宗教曾经占有了这些空间，而且，如我们在第一章中看到的，这些仍然在罗马和中世纪的城市里占据着最重要的地位。即使到了 19 世纪，从正式的日常礼拜生活的呈现到偶然发生的狂欢性的节日活动，多向度的传统城市生活依然完好无损。通过非国教教派的扩散，新教徒在产业化城市引进了一种苦行僧式的生活，而且这种苦行主义对很多传统城市生活的现有区域继续维持着一种压力，从狂欢节开始，春节和五朔节，甚至日常生活的狂欢性的空间和情感：酒吧和喝啤酒本身。大街和半公共空间开始成为很多工人阶级城市生活的场所。大街成了游戏、运动、交易以及零售、聚会、跳舞、嬉戏和性爱，甚至不遵守安息日规定行为的场所。条例认定这些是与新的城市秩序不相容的，警察部队受命去强制执行。结果是城市失去了很多对他们来说更私人化的、自我中心的生活，这种生活如此强大而且根深蒂固，到20世纪花了很多时间这个问题才得以解决。战争和战后时期，城市可能并且已经受到挑战，这种挑战在反文化中达到顶峰——这种反文化既通过注意到其他文化，也通过重建过去、传统和仪式，对城市进行了重新构想。

在很多方面，现代城市生活里的文化意义为思考什么是现代的确立了新的中心。它不是一个在什么地方准确放置什么建筑的问题（尽管建筑也能询唤并产生灵感），或者是“合适的”活动，如鼓励、进行投资、促进城里人的表现与参与等。它是一个信任的问题，城市生活，就是我们尝试要去创造的东西，它本身就是目的。这种知识没有任何秘密，尽管它的领域被其他范式隐藏着。与他人一起跳舞的快乐，花园里的种植，在某个区域或咖啡馆和酒吧里出名，正在受到一种反思性的、健康的艺术场景的挑战或询唤，或为当地的足球队而激动，或我们正跌跌撞撞地行走在一条自我更新的路上——所有这些，都是城市生活的要点。

在城市能够为所有人提供一种平等而且公平的体验之前，还有漫长的路要走，而且，可能永远也不可能到达，因为城市为个人和群体提供的空间已经偏离了轨道，或者暂时放缓了。正如坎特伯雷，它接受、安放、供养并鼓励每一个需要崇拜圣人的魔法尘埃的人，每一个寻找复兴、拯救、救赎的人，当代城市也是如此，它将继续提供一个可以前往的地方，一个承载梦想与未来的地方。

参考书目

Ackroyd, P. (2001) *London: The Biography*. London: Viking.

Adorno, T.W. (1967) *Prisms*. Cambridge, MA: MIT University Press.

Agamben, G. (2005) *State of Exception*. Chicago: University of Chicago Press.

Alexander, A., Phillips, S. and Shaw, G. (2007) 'Retail innovation and shopping practices: consumers' reactions to self-service retailing', *Environment and Planning A* doi:10.1068/a39117.

Amin, A. and Thrift, N. (2002) *Cities – Reimagining the Urban*. Cambridge: Polity Press.

Amis, M. (1984) *Money*. Harmondsworth: Penguin.

Amis, M. (1989) *London Fields*. Harmondsworth: Penguin.

Amis, M. (1995) *The Information*. London: Flamingo.

Atkin, R. (2003) 'A tale of cool cities', *The Christian Science Monitor*, October.

Atkinson, R. and Helms, G. (2007) *Securing an Urban Renaissance*. Bristol: Policy Press.

Baldassave, M. and Katz, C. (1992) 'The personal threat of environmental problems as predictor of environmental practices', *Environment and Behavior* 24: 602–16.

Bauman, Z. (1992) *Intimations of Postmodernity*. London: Routledge.

Bauman, Z. (1998) *Globalisation*. Cambridge: Polity Press.

Bauman, Z. (2000) *Liquid Modernity*. Cambridge: Polity Press.

Bauman, Z. (2002) *Society under Siege*. Cambridge: Polity Press.

Bauman, Z. (2003a) *City of Fears, City of Hopes*. London: Goldsmith College, University of London.

Bauman, Z. (2003b) *Liquid Love*. Cambridge: Polity Press.

Bauman, Z. (2005) *Liquid Life*. Cambridge: Polity Press.

Beck, U. (1992) *Risk Society*. London: Sage.

Becker, H.S. (1973) *The Outsiders*. New York: The Free Press.

Begnal, M. (ed.) (2002) *Joyce and the City*. New York: Syracuse University Press.

Bell, C. and Lyall, J. (2001a) 'The Accelerated Sublime: Thrill seeking adventure heroes in the commodified landscape', in S. Coleman and M. Crang (eds), *Tourism: Between Place and Performance*. Oxford: Berghahn.

Bell, C. and Lyall, J. (2001b) *The Accelerated Sublime*. London: Praeger.

Bennet, T. (1983) 'A thousand and one troubles: Blackpool Pleasure Beach', in H. Carby, L. Curti, I. Chambers and N. King (eds), *Formations of Pleasure*. London: Routledge and Kegan Paul.

Benjamin, W., McLaughlin, K. and Eiland, H. (2002) *The Arcades Projects*. Cambridge, MA: Harvard University Press.

Berger, B.M. (1960) *Working Class Suburb: A Study of Auto Workers in Suburbia*. Los Angeles: University of California Press.

Berman, M. (1988) *All That Is Solid Melts into Air*. Harmondsworth: Penguin.

Betjeman, J. (2003) *Collected Poems*. London: John Murray.

Betsky, A. and Adigard, E. (2000) *Architecture Must Burn*. New York: Ginko Press.
Biebuyck, T. (1982) *Single and Homeless: A Participant Observation Study of the Single Homeless. Working Paper 3 Single and Homeless Study*. London: Department of Environment.
Bogue, Donald J. (1955) 'Urbanism in the United States, 1950', *American Journal of Sociology* 60: 471–86.
Bolin, R.C. and Stanford, L. (1998) *The Northridge Earthquake: Vulnerability and Disaster*. London: Routledge.
Bounds, M. (2004) *Urban Social Theory: City, Self and Society*. Oxford: Oxford University Press.
Bourdieu, P. (1984) *Distinction*. Cambridge, MA: Harvard University Press.
Braun, B. and Castree, N. (1998) *Remaking Reality: Nature at the Millennium*. London: Routledge.
Bridge, G. (2000) 'Rationality, ethics and space: on situated universalism and the self-interested acknowledgement of "difference"', *Environment and Planning D: Society and Space* 12: 31–51.
Bridge, G. and Watson, S. (eds), (2000) *A Companion to the City*. Oxford: Blackwell.
Bridge, G. and Watson, S. (eds), (2002) *The Blackwell City Reader*. Oxford: Blackwell.
Brinkley, S. (2007) 'Governmentality and lifestyle studies', *Sociology Compass* 1(1): 111–26.
Brown, A., O'Connor, J. and Cohen, S. (2000) 'Local music policies within a global music industry: cultural quarters in Manchester and Sheffield', *Geoforum* 31(4): 437–51.
Brownlee, L. (2008) 'Growing up', *Guardian* Weekend, 28 June 98–101.
Bruce, S. (2001) 'Christianity in Britain, R.I.P.', *Sociology of Religion* 62(2): 191–203.
Bruegmann, R. (2004) *Sprawl – A Compact History*. Chicago: University of Chicago Press.
Bryson, B. (2007) *Shakespeare: The World as a Stage*. London: Harper Press.
Buck-Morss, S. (2002) *Dialectics of Seeing: Walter Benjamin and the Arcades Projects*, cited in G. Bridge and S. Watson (eds), *The Blackwell City Reader*. Oxford: Blackwell.
Burnett, J. (1978) *A Social History of Housing, 1815–1970*. London: Methuen.
Butler, T. (1997) *Gentrification and the Middle Classes*. Aldershot: Ashgate.
Butler, T. and Robson, G. (2003) *London Calling*. Oxford: Berg.
Callaghan, G. (2008) 'Green skins', *The Weekend Australian Magazine*, 21–22 June: 36–40.
Cartmill, M. (1993) *View to a Death in the Morning*. Cambridge, MA: Harvard University Press.
Cashmore, E. (1990) *Making Sense of Sports*. London: Routledge.
Castells, M. (1970) *The Urban Question*. London: Edward Arnold.
Castells, M. (1983) *The City and the Grassroots*. Berkeley, CA: University of California Press.
Castells, M. (1996) *The Information Age – The Rise of Network Society*. Oxford: Blackwell.
Champion, Tony (1989) 'Counterurbanization in Europe', *The Geographical Journal*, 155(1): 52.
Chatwin, B. (1987) *The Songlines*. London: Jonathan Cape.
Church, C. and Gale, T. (2000) *Streets in the Sky*. London National Sustainable Tower Block Initiative. www.towerblocks.org.uk/streets_sky.pdf. (Accessed 12 August 2007.)

Clark, N. (2000) 'Botanizing on the asphalt? The complex life of cosmopolitan bodies', *Body and Society* 6(3–4): 12–33.
Clarke, J., Critcher, C. and Johnstone, R. (1979) *Working Class Culture: Studies in History and Theory.* London: Hutchinson.
Cloke, P. and Jones, O. (2001) 'Dwelling, place and landscape: an orchard in Somerset', *Environment and Planning A* 33: 649–66.
Cohen, S. (2002) *Folk Devils and Moral Panics.* London: Routledge.
Coleman, S. and Crang, M. (eds) (2002) *Tourism: Between Place and Performance.* Oxford: Berghahn.
Collings, M. (2000) *This Is Modern Art.* London: Weidenfeld & Nicolson.
Collins, A. (2006) 'Sexual dissidence, enterprise and assimilation: bedfellows in urban regeneration', in A. Collins (ed.), *Cities of Pleasure: Sex and the Urban Socialscape.* London: Routledge.
Collins, J. (1995) *Architectures of Excess.* London: Routledge.
Cox, I. (1951) *The South Bank Exhibition.* London: HMSO.
Crespa, C.J., Keteyian, S.J., Heath, G.W. and Sempos, C.T. (1996) 'Leisure time physical activity among US adults – results from the third National Health and Nutrition Examination Survey', *Archives of Internal Medicine* 156(1): 93–8.
Crook, S. (1999) 'Ordering risks', in D. Lupton (ed.), *Risk and Socio-cultural Theory.* Cambridge: Cambridge University Press.
Cross, G. (ed.) (1990) *Worktowners at Blackpool: Mass-Observation and Popular Leisure in the 1930s.* London: Routledge.
Crossick, G. (1978) *An Artisan Elite in Victorian Society.* London: Croom Helm.
Crouch, C., Leontidou, L. and Petschel-Held, G. (2007) *Urban Sprawl in Europe.* Oxford: Blackwell.
Cushing, H. (2005) *Beyond Organics – Gardening of the Future.* Sydney: ABC Books.
Darke, J., Ledwith, S. and Woods, R. (2000) *Women and the City: Visibility and Voice in Urban Space.* London: Palgrave Macmillan.
Daunton, M.J. (1983) *House and Home in the Victorian City, 1850–1914.* London: Edward Arnold.
Davis, J. (1973) *Land, Family and Marriage in Pisticci.* London: Athlone.
Davis, M. (1998) *City of Quartz.* London: Pimlico.
Davis, M. (2002) *Dead Cities: A Natural History.* New York: New Press.
Davison, A. (2003) 'Stuck in a cul-de-sac? Suburban history and urban sustainability in Australia', *Urban Policy and Research* 24(2): 201–16.
de Botton, A. (2002) *The Art of Travel.* London: Hamish Hamilton.
de Botton, A. (2006) *The Architecture of Happiness.* London: Hamish Hamilton.
Deleuze, G. and Guattari, F. (1999) *A Thousand Plateaus.* London: Athlone.
Derksen, L. and Gartrell, J. (1993) The social context of recycling', *American Review of Sociology* 58: 434–42.
Detsicus, P. (1983) *The Cantiaci.* Sutton: Sutton Publishing Ltd.
Dickens, C. (1971) *Our Mutual Friend.* Harmondsworth: Penguin.
Dickens, C. (1993) *Bleak House.* Harmondsworth: Penguin.
Dickens, P. (1992) *Society and Nature: Towards a Green Social Theory.* Hemel Hempstead: Harvester Wheatsheaf.
Dickens, P. (1996) *Reconstructing Nature.* London: Routledge.
Dickens, P. (2001) 'Linking the social and natural sciences: Is capital modifying human biology in its own image?', *Sociology* 35(1): 93–110.
Dresser, M. (1983) 'People's housing in Bristol 1870–1939', in I. Bild (ed.), *Bristol's Other History.* Bristol: Bristol Broadsides.

Dunlap, R. and Catton, W. (1979) 'Environmental sociology', *Annual Review of Sociology* 5: 243–73.

Dunlap, R. and Catton, W. (1994) 'Struggling with human exceptionalism: the rise, decline and revitalization of environmental sociology', *The American Sociologist* 25: 5–30.

Durant, H. (1938) *The Problem of Leisure*. London: George Routledge and Son.

Eco, U. (1987) *Faith in Fakes*. London: Secker and Warburg.

Elias, N. (1990) *The Civilising Process*. London: Routledge.

Elias, N. and Dunning, E. (1986) *The Quest for Excitement*. London: Routledge.

Elliott, A. (1999) *The Mourning of John Lennon*. Melbourne: University of Melbourne Press.

Erenberg, L.A. (1984) *Steppin' Out: New York Nightlife and the Formation of American Culture*, 1890–1930. New York: Greenwood Press.

Ewing, R., Schieber, R. and Zegeer, C. (2003) 'Urban sprawl as a risk factor in motor vehicle occupant and pedestrian fatalities', *American Journal of Public Health* 93(9): 1541–5.

Fainstein, S.S. (1999) (ed.), *The Tourist City*. New Haven, CT: Yale University Press.

Featherstone, M. (1987) 'Lifestyle and consumer culture', *Theory, Culture and Society* 4: 54–70.

Festinger, L., Schachter, S. and Back, K. (1950) *Social Pressure in Informal Groups*. New York: Harper.

Finkelstein, J. (2007) *The Art of Self Invention*. London: I.B. Tauris.

Finnegan, R. (1998) *Tales of the City: A Study of Narrative and Urban Life*. Cambridge: Cambridge University Press.

Florida, R. (2003a) *The Rise of the Creative Class*. London: Pluto.

Florida, R. (2003b) *Cities and the Creative Class*. London: Routledge.

Florida, R. (2008) *Who's Your City?* New York: Basic Books.

Franklin A.S. (1984) *Squatting in England: A Case Study of Social Conflict in Advanced Industrial Capitalism*. Working Paper 37, School for Advanced Urban Studies, University of Bristol.

Franklin, A.S. (1989) *Privatism, the Home and Working Class Culture*. PhD thesis, University of Bristol.

Franklin, A.S. (1996) 'Australian hunting and angling sports and the changing nature of human–animal relations in Australia', *Australian and New Zealand Journal of Sociology* 32(3): 39–56.

Franklin, A.S. (2006) 'Burning cities: a posthumanist account of cities and eucalypts', *Environment and Planning D: Society and Space* 24(4): 555–76.

Franklin, A.S. (2002) *Nature and Social Theory*. London: Sage.

Franklin, A.S. (2003) *Tourism*. London: Sage.

Franklin, A.S. (2008a) 'The "Animal Question" and the consumption of wildlife', in *Consumptive Wildlife Tourism – Hunting, Shooting and Sport Fishing*. London: Routledge.

Franklin, A.S. (2008b) 'A choreography of fire: a posthumanist account of Australians and forests', in A. Pickering and K. Guzik (eds), *The Mangle in Practice: Science, Society and Becoming*. Durham, NC: Duke University Press. pp. 17–45.

Franklin, A.S. (2009) 'On loneliness', *Geografiska Annaler: Series B, Human Geography* 91(3): 416–30.

Franklin, S. (2000) 'Life itself: global nature and the genetic imaginary', Department of Sociology, Lancaster University. Available at: www.comp.lancs.ac.uk/sociology/soc048sf.html.

Franklin, S. (2001) 'Are we post-genomic?', Department of Sociology, Lancaster University. Available at: www.comp.lancs.ac.uk/sociology/papers/Franklin-Are-we post-genomic.pdf

Franklin A.S., Haraway D., Emmison D.M. and Travers M.H. (2007) 'Investigating the therapeutic benefits of dogs', *Qualitative Sociology Research* 25(2): 42–58.
Frisby, D. (1994) 'The *flâneur* in social theory', in Keith Tester (ed.), *The Flâneur*. London: Routledge.
Frumkin, H. (2002) *Public Health Reports*, May–June 2002, vol. 117: 204.
Frumkin, H., Frank, L. and Jackson, R. (2004) *Urban Sprawl and Public Health*. London: Island Press.
Fullager, S. (2004) 'On restlessness and patience: Reading desire in Bruce Chatwin's narratives of travel', *Tourist Studies* 4(1): 5–20.
Furedi, F. (1998) *The Culture of Fear*. London: Cassell.
Furedi, F. (2005) *The Politics of Fear*. London: Continuum.
Gandy, M. (2005) 'Cyborg urbanization: complexity and monstrosity in the contemporary city', *International Journal for Urban and Regional Research* 291: 26–49.
Garreau, J. (1992) *Edge City*. New York: Anchor Books.
Gellner, E. (1983) *Nations and Nationalism*. Oxford: Blackwell.
Giddens, A. (1991) *Modernity and Self-Identity*. Cambridge: Polity Press.
Gill, N. and Anderson, K. (2005) 'Improvement in the inland: culture and nature in the Australian rangelands', *Australian Humanities Review* 34: Jan–Feb.
Glass, Ruth (1948) *The Social Background of a Plan*. London: Routledge.
Glendinning, M. and Muthesius, S. (1994) *Tower Block*. Newhaven, CT: Yale University Press.
Goffman, E. (1967) *Interaction Ritual: Essays in Face-to-Face Behavior*. New York: Doubleday, Anchor Books.
Gordon, M. (1963) *Sick Cities*. Harmondsworth: Penguin.
Gottdiener, M. (1994) *The New Urban Sociology*. New York: McGraw–Hill.
Govaerts, F. (1989) 'Belgium: Old trends, new contradictions' in A. Olszewska and K. Roberts (eds), *Leisure and Lifestyle*. London: Sage.
Grange, J. (1999) *The City: An Urban Cosmology*. New York: SUNY Press.
Greer, G. (1970) *The Female Eunuch*. London: MacGibbon and Key.
Gregson, N. and Crewe, L. (1997a) 'Excluded spaces of regulation: car-boot sales as an enterprise culture out of control?', *Environment and Planning A* 29: 1717–37.
Gregson, N. and Crewe, L. (1997b) 'Performance and possession: rethinking the act of purchase in the light of the car boot sale', Mimeo, from N. Gregson, Department of Geography, Sheffield University.
Gregson, N. and Crewe, L. (1997c) 'The bargain, the knowledge, and the spectacle: making sense of consumption in the space of the car-boot sale', *Environment and Planning D: Society and Space* 15: 87–112.
Gregson, N. and Crewe, L. (2003) *Second-Hand Cultures*. Oxford: Berg.
Grey, F. (1983) *Crawley: Old Town, New Town*. Occasional Paper 18: Centre for Continuing Education, University of Sussex.
Hall, C.M. (2004) 'Sports tourism and urban regeneration', in B. Ritchie and D. Adair (eds), *Sports Tourism: Interrelationships, Impacts and Issues*. Clevedon: Channelview Publications. pp. 148–59.
Hall, S. (1969) 'The hippies: an American "moment"', in J. Nadel (ed.), *Student Power*. New York: Merlin.
Hannigan, J. (1998) *Fantasy City*. London: Routledge.
Haraway, D. (1991) *Simions, Cyborgs and Women: The Reinvention of Nature*. New York: Routledge.
Haraway, D. (2003) *The Companion Species Manifesto*. Chicago: Prickly Paradigm Press.
Haraway, D. (2008) *When Species Meet*. Minneapolis: Minnesota University Press.

Harvey, D. (1989) *The Condition of Postmodernity*. Oxford: Blackwell.
Harvey D. (1997) *Justice, Nature and the Geography of Difference*. Oxford: Blackwell.
Hatt, P.K. and Reiss, A.J. (1957) *Cities and Society*. New York: Fress Press of Glencoe, Inc.
Hay, A. (2002) *Gum – The Story of Eucalypts and Their Champions*. Sydney: Duffy and Snellgrove.
Hinchliffe, S., Kearnes, M.B., Degen, M. and Whatmore, S. (2005) 'Urban wild things – a cosmopolitical experiment', *Environment and Planning D: Society and Space* 23(5): 643–58.
Hitchens, Christopher (2007) 'Pint-sized Jewish fireplug left his imprint on the post-war decades', *Weekend Australian*, 18 November 2007.
Hollinghurst, A. (2004) *The Line of Beauty*. London: Picador.
Howard, E. (1902) *Garden Cities of To-Morrow*. London: Swan Sonnenshein.
Hylland Eriksen, T. (2001) *Tyranny of the Moment*. London: Pluto Press.
IGD Food and Grocery Information (2007) www.igd.com/cir.asp?menuid=67&cirid=2042. (Accessed 15 December 2007)
Inglehart, R. (1997) *Modernization and Postmodernization: Cultural, Economic, and Political Change in 43 Societies*. Princeton, NJ: Princeton University Press.
Ingold, T. (1993) 'The temporality of the landscape', *World Archaeology*, 25(2): 152–74.
Ingold, T. (1995) 'Building, dwelling, living', in M. Strathern (ed.), *Transformations in Anthropological Knowledge*. London: Routledge.
Inoguchi, T., Newman, E. and Paoletto, G. (1999) *Cities and the Environment*. New York: United Nations University Press.
Jacobs, J. (1961) *The Death and Life of Great American Cities*. New York: Random House.
Jahoda, M., Lazarsfeld, P.F. and Zeisel, H. (1972) *Marienthal: The Sociography of an Unemployed Community*. London: Tavistock.
James, M. (ed.) (1940) *A Complete Guide to Gardening*. London: Associated Newspapers Ltd.
Jervis, J. (1998) *Exploring the Modern*. Oxford: Blackwell.
Johnson, P. (1991) *The Birth of the Modern*. London: Phoenix.
Jones, C. and Hoppe, L. (1969) *The Urban Crisis in America*. Washington, DC: Washington National Press.
Jones, K.R. and Wills, J. (2005) *The Invention of the Park*. Cambridge: Polity Press.
Jordison, S. and Kieran, D. (2003) *Crap Towns: The 50 Worst Places to Live in the UK*. London: Boxtree Ltd.
Judd, D.R. and Fainstein, S.S. (eds) (1999) *The Tourist City*. New Haven, CT: Yale University Press.
Keller, S. (1968) *The Urban Neighbourhood: A Sociologist's Perspective*. New York: Random House.
King, A.D. (1996) *Re-Presenting the City*. New York: New York University Press.
Kingston, B. (1994) *Basket, Bag and Trolley – The history of Shopping in Australia*. Melbourne: Oxford University Press.
Kirshenblatt-Gimblett, B. (1998) *Destination Culture*. Berkeley and Los Angeles: University of California Press.
Koseki, S. (1989) 'Japan Homo Ludens Japonicus', in A. Olszewska and K. Roberts (eds), *Leisure and Lifestyle*. London: Sage.
Koven, S. (2004) *Slumming: Sexual and Social Politics in London*. Princeton, NJ: Princeton, University Press.
Krippendorf, J. (1987) *The Holiday Makers*. Oxford: Heinemann.
Landry, C. (2001) *The Creative City*. London: Earthscan.

Larsen, T. (2000) 'Thomas Cook, Holy Land pilgrims, and the dawn of the modern tourist industry', in R.N. Swanson (ed.), *The Holy Land, Holy Lands and Christian History*. Woodbridge, Suffolk: Boydell Press. pp. 335–62.

Lash, S. (1990) *The Sociology of Postmodernism*. London: Routledge.

Latour, B. (1993) *We Have Never Been Modern*. New York: Harvester Wheatsheaf.

Laurier, E. (2004) 'Busy meeting grounds: the café, the scene and the business'. Paper for 'ICT: Mobilizing Persons, Places and Spaces'. Utrecht, November 2004.

Laurier, E. and Philo, C. (2007) 'The buzz of the "Cappuccino Community"'. *ESRC Society Today*, ESRC 20 November 2007.

Law, J. (1999) 'After ANT: complexity, naming and topology', in J. Law and J. Hassard (eds), *Actor Network Theory and After*. Oxford: Blackwell.

Law, J. (2003) 'Machinic pleasures and interpellations,' in Brita Brenna, John Law and Ingunn Moser (eds), *Machines, Agency and Desire*. Oslo: University of Oslo. 1998 pp. 23–48.

Law, J. and Mol, A. (2002) *Complexities*. Durham, NC: Duke University Press.

Lawless, P. (1989) *Britain's Inner Cities*. London: Paul Chapman Publishing.

Leisure Trends Group (1998) Leisure TRAK Research. www.leisuretrends.com.

Ley, D. (1996) *The New Middle Classes and the Remaking of the Central City*. Oxford: Oxford University Press.

Light, A. (2002) 'The urban blind spot in environmental ethics.' The Thingmount Working Paper Series on the Philosophy of Conservation, TWP 3–02.

Lopez, R. (1974) 'Urban sprawl and risk for being overweight or obese', *American Journal of Public Health* 94(9): 1574–9.

Loverling, J. (1983) *The Economic Development of Bristol*. SSRC Inner City in context Project Working Paper 1. School for Advanced Urban Studies, University of Bristol.

Lowe, Jeanne R. (1967) *Cities in a Race with Time: Progress and Poverty in America's Renewing Cities*. New York: Random House.

Lowerson, J. (1995) *Sport and the English Middle Class*. Manchester: Manchester University Press.

Lury, C. (1997) 'The objects of travel', in C. Rojek and J. Urry (eds), *Touring Cultures*. London: Routledge. pp. 75–95.

Lyle, M. (2002) *Canterbury – 2000 Years of History*. Stroud, Glos.: Tempus Publishing.

MacDonald, S. (1995) 'A people's story: heritage identity and authenticity', in C. Rojek and J. Urry (eds), *Touring Cultures*. London: Routledge. pp. 155–75.

MacInnes, Colin (1980 [1959]) *Absolute Beginners*. London: Allison and Busby.

MacInnes, Colin (1980 [1960]) *Mr Love and Mr Justice*. London: Allison and Busby.

MacIntyre, S., McKay, L., Cummins, S. and Burns, C. (2005) 'Out-of-home food outlets and area deprivation: case study of Glasgow, UK', *International Journal of Behavioral Nutrition* 2(16): 159–71.

Macnaghten, P. and Urry, J. (1995) 'Towards a sociology of nature', *Sociology 29(2)*: 124–37.

Macnaghten, P. and Urry, J. (1998) *Contested Natures*. London: Sage.

MacPhee, G. (2002) *The Architecture of the Visible*. London: Continuum.

Martin, P.J. (1995) *Sounds and Society*. Manchester: Manchester University Press.

Martindale, D. (1958) 'Prefatory remarks: Theory of the city', in Max Weber, *The City*. London: Macmillan.

Mathews, A. (2001) *Wild Nights: Nature Returns to the City*. New York: North Point Press.

Meller, H. (1976) *Leisure and the Changing City: 1870–1914*. London: Routledge and Kegan Paul.

Merrifield, A. (2002) *Metromarxism*. London: Routledge.

Michael, M. (2000) *Reconnecting Culture, Technology and Nature: From Society to Heterogeneity*. London: Routledge.

Miles, M. (1997) *Art Space in the City: Public Arts and Urban Futures*. London: Routledge.

Miller, D. (2001) *Car Cultures*. Oxford: Berg.

Mortimer, J. (1982) *Clinging to the Wreckage*. London: Weidenfeld & Nicolson.

Mortimer, J. (2003) *Where There's a Will*. London: Viking/Penguin.

Mosley, S. (2001) *The Chimney of the World: A History of Smoke Pollution in Victorian and Edwardian Manchester*. Cambridge: Cambridge University Press.

Mumford, L. (1961) *The City in History*. New York: Harcourt Brace Jovanovich. [1966 edn, Harmondsworth: Penguin.]

Munro-Clark, M. (1986) *Communes in Rural Australia*. Sydney: Hale and Iremonger.

Murphy, R. (1995) 'Sociology as if nature did not matter: an ecological critique', *British Journal of Sociology* 46(4): 688–707.

National Resources Committee, USA (1951) 'The problems of urban America', in P. Hatt and A. Reiss (eds), *Cities and Society*. New York: The Free Press of Glencoe. pp. 743–58.

Newton, T. (2003a) 'Truly embodied sociology: marrying the social and the biological', *The Sociological Review* 51(1): 20–42.

Newton, T. (2003b) 'Crossing the great divide: time, nature and the social', *Sociology* 37(3): 433–57.

Nunberg, G. (2006) 'Commentary', *Fresh Air*. National Public Radio, 31 July 2006.

O'Connor, J. and Wynne, D. (eds) (2000) *From the Margins to the Centre: Cultural Production and Consumption in the Post-industrial City*. London: Arena.

O'Connor, J. (2000) *The Cultural Production Centre in Manchester*. Manchester: Manchester Institute for Popular Culture, MMU.

Office for National Statistics (1996) *Social Trends*, 26th edn. London: The Stationery Office.

Office for National Statistics (2007) *Social Trends*, 38th edn. London: The Stationery Office.

Pakulski, J. and Waters, M. (1995) *The Death of Class*. London: Sage.

Pahl, R. (1970) *Patterns of Urban Life*. London: Longman.

Pahl, R. (1984) *Divisions of Labour*. Oxford: Basil Blackwell.

Painter, C. (ed.) (2002) *Contemporary Art and the Home*. Oxford: Berg.

Parisnotes (2007) www.parisnotes.com. (Accessed 6 March 2007.)

Peel, M. (2005) 'The urban debate: from "Los Angeles" to the urban village', in Patrick Troy (ed.), *Australian Cities: Issues, Strategies and Policies for Urban Australia in the 1990s*. Melbourne: Cambridge University Press. pp. 83–93.

Pelan, R. (2005) 'Masking the carnival as subversion: Devry's Halloween Carnival', *Politics and Culture*, issue 4 (online).

Pickering, A. (1995) *The Mangle of Practice*. Chicago: University of Chicago Press.

Pickering, A. (2008) 'New ontologies', in A. Pickering and K. Guzik (eds), *The Mangle in Practice: Science, Society and Becoming*. Durham, NC: Duke University Press.

Pile, S. (2005) *Real Cities*. London: Sage.

Potts, W. (1979) *Portraits of the Artist in Exile: Recollections of James Joyce by a European*. Seattle, WA: University of Washington Press.

Pountain, D. and Robins, D. (2000) *Cool Rules: Anatomy of an Attitude*. London: Reaktion Books.

Prior, N. (2002) *Museums and Modernity*. Oxford: Berg.

Quiney, P. (1986) *House and Home – A History of the Small English House*. London: BBC Books.

Quinion, M. (2004) *World Wide Words*. www.worldwidewords.org/qa/qa-jaz1.htm.
Raban, R. (1974) *Soft City*. London: Harvill Press.
Raco, M. (2007) 'The planning, design and governance of sustainable communities', in R. Atkinson and G. Held (eds), *Securing an Urban Renaissance*. Bristol: Bristol University Press. pp. 305–20.
Redman, D. (2003) 'Playful deviance as an urban leisure activity, secret selves, self validation and entertaining performance', *Deviant Behaviour* 24(1): 27–51.
Riggio, Milla C. (1998) 'Origins of rituals and customs in the Trinidad Carnival: African or European?', *The Drama Review* 42 (3): 7–23.
Roberts, E. (1984) *A Woman's Place*. Oxford: Blackwell.
Roberts, L. (2004) 'An Arcadian apparatus: the introduction of the steam engine into the Dutch landscape,' *Technology and Culture* 45: 251–76.
Roberts, Robert (1974) *Classic Slum*. Harmondsworth: Pelican.
Rogers, R. and Power, A. (2000) *Cities for a Small Country*. London: Faber & Faber.
Rojek, C. (1993) *Ways of Escape*. London: Routledge.
Rojek, C. (1995) *Decentring Leisure: Rethinking Leisure Theory*. London: Sage.
Rojek, C. (1997) 'Indexing, dragging and the social construction of tourist sites', in C. Rojek and J. Urry (eds), *Touring Cultures*. London: Routledge. pp. 52–74.
Rojek, C. (2001) *Celebrity*. London: Reaktion Books.
Rolls, E. (2002) *Visions of Australia – Impressions of the Landscape*. South Melbourne: Lothian Books.
Rome, A. (2001) *The Bulldozer in the Countryside*. London: Cambridge University Press.
Rose, D. (1980) *Home Ownership and Industrial Change – a Struggle for a Separate Sphere*. Urban and Regional Studies Working Paper 25, University of Sussex.
Rose, N. (2001) 'The politics of life itself', in *Theory, Culture and Society* 18(6): 1–30.
Rose, N. (2005) *The Politics of Life Itself*. Princeton, NJ: Princeton University Press.
Roseland, M. (ed.) (1997) *Eco-City*. New Haven, CT.: New Society Publishers.
Rowley, T. (2006) *The English Landscape in the Twentieth Century*. London: Continuum.
Ryan, C. and Kinder, R. (1996) 'Sex, tourism and sex tourism: Fulfilling similar needs?', *Tourism Management* 17: 507–18.
Sabloff, A. (2001) *Reordering the Natural World: Humans and Animals in the City*. Toronto: University of Toronto Press.
Safer Bristol Partnership Executive (2006) *Tackling Anti-Social Behaviour in Bristol*. www.bristol.gov.uk/ccm/cms-service/download/asset/?asset_id=18736018. (Accessed 12 August 2007.)
Santoro, G. (2001) 'All that Jazz', *The Nation*, January 29.
Schumacher, E.F. (1973) *Small is Beautiful*. London: Blond & Briggs.
Seabrooke, J. (1973) *Loneliness*. London: Maurice Temple Smith.
Seeley, J.R., Sim, A. and Loosley, E. (1956) *Crestwood Heights: A Study of the Culture of Suburban Life*. New York: Basic Books.
Self, W. (1999) 'Big Dome', in *London – the Lives of the City*. *Granta* 65 (Spring): 115–28.
Sennett, R. (1994) *Flesh and Stone*. London: Faber & Faber.
Serres, M. (1992) *The Natural Contract*. Ann Arbor, MI: University of Michigan Press.
Sheldon, J.H. (1948). *The Social Medicine of Old Age*. Oxford University Press: Oxford.
Sheller, M. and Urry, J. (2000) 'The city and the car', *International Journal of Urban and Regional Research* 24: 737–57.
Shields, R. (1991) *Places on the Margin*. London: Routledge.
Simmel, G. (1997a) 'The Alpine journey', in D. Frisby and M. Featherstone (eds), *Simmel on Culture*. London: Sage.

Simmel, G. (1997b) 'The Adventure', in D. Frisby and M. Featherstone (eds), *Simmel on Culture*. London: Sage. pp. 219–21.
Simon, D. and Burns, E. (1998) *The Corner*. New York: Broadway Books.
Sinclair, E., Parker, R. and Parker, E. (1939) *The Gardener's Weekend Book*. London: Seeley Service and Co.
Smiers, J. (2000) 'European cities – first sow, then reap', in M. Miles, T. Hall and I. Bordan, (eds), *The City Cultures Reader*. London: Routledge. pp. 111–20.
Smith, N. (1996) *The New Urban Frontier*. London: Routledge.
Smith, R.G. (2003) 'World city actor-networks', *Progress in Human Geography* 27(1): 25–44.
Stockdale, J.E., Wells, A. and Rall, M. (1996) 'Participation rates in free-time activities: a comparison of London and New York', *Leisure Studies* 15: 1–16.
Taylor, C. (1982) *Village and Farmstead – A History of Rural Settlement in England*. London: George Philip.
Thomas, K. (1983) *Man and the Natural World: Changing Attitudes in England, 1500–1800*. London: Allen Lane.
Thrift, N. (2000) 'Non-representational theory', in D. Gregory, R.J. Johnston, G. Pratt, D. Smith and M. Watts (eds), *Dictionary of Human Geography*, (4th edn). Oxford: Blackwell. p. 556.
Thrift, N. (2001) 'Still life in nearly present time: the object of nature', in P. Macnaghten and J. Urry (eds), *Bodies of Nature*. London: Sage. pp. 34–57.
Touraine, A. (2000) *Can We Live Together?* Cambridge: Polity Press.
Townsend, P. (1973) *Isolation and Loneliness in the Aged*. In R. Weiss (ed.), *Loneliness: The Experience of Emotional and Social Isolation*. Cambridge, MA: The MIT Press.
Tranter, B. (1996) 'The social bases of environmentalism in Australia'. PhD thesis, Department of Sociology, University of Tasmania.
Tunstall, J. (1963) *Old and Alone*. London: Routledge and Kegan Paul.
Turner, V. and Turner, E. (1978) *Image and Pilgrimage in Christian Culture*. New York: Columbia University Press.
Uriely, N. and Belhassen, Y. (2006) 'Drugs and risk taking', *Annals of Tourism Research* 33(2): 339–59.
Urry, J. (2003a) *Global Complexity*. Cambridge: Polity Press.
Urry, J. (2003b) *Sociology Beyond Societies: Mobilities for the Twenty-First Century*. London: Routledge.
Vasishth, A. and Sloane, D.C. (2002) 'Returning to ecology: An Ecosystem approach to understanding the city', in M.J. Dear (ed.), *From Chicago to LA – Making Sense of Urban Theory*. London: Sage.
Wackernagel M. and Rees W.E. (1996) *Our Ecological Footprint*. Gabriola Island, BC: New Society Publishers.
Ward, B. (1976) *The Home of Man*. Harmondsworth: Pelican.
Warde, A., Wright, D. and Gayo-Cal, M. (2008) 'The omnivorous orientation in the UK', *Poetics* 36 (2/3):148–65.
Warren, R. (1997) *The Urban Oasis*. New York: McGraw–Hill.
Weber, M. (1946) 'Class, party, status', in *From Max Weber*, edited by H. Gerth and C. Wright Mills. New York: Oxford University Press. pp. 180–95.
Weber, M. (1958) *The City*. London: Macmillan.
Weiss, R.S. (1973) *Loneliness: The Experience of Emotional and Social Isolation*. Cambridge, MA: The MIT Press.
Welsch, Wolfgang (1997) *Undoing Aesthetics*. London: Sage.
Weldon, Fay (2002) *Auto Da Fay*. London: Flamingo.

Weldon, F. (2005) *Mantrapped*. London: Harper Perennial.

Whatmore, S. and Hinchliffe, S. (2003) 'Living cities: making space for urban nature', *Soundings: Journal of Politics and Culture* 22: 137–50.

Which? Magazine (2007) *Which? 50 years, 1957–2007*. www.which.couk/about-us/A/who_we_are/50th%20anniversary/50th_anniversary_481_122599.jsp. (Accessed 1 December 2007).

White, William (2001) *The Social Life of Small Spaces*. London: Routledge.

Wickens, E. and Sönmez, S. (2007) 'Casual sex in the sun makes the holiday: Young tourists' perspectives', in Y. Apostolopoulas and S. Sonmez (eds), *Population Mobility and Infectious Disease*. New York: Springer. pp. 200–14.

Williams, K, Burton, E. and Jenks, M. (2001) *Achieving Sustainable Urban Form*. London: Routledge.

Williams, R. (1972) 'Ideas of nature', in J. Benthall (ed.), *Ecology, The Shaping Enquiry*. London: Longman. pp. 146–64.

Williams, R. (1973) *The City and the Country*. London: Chatto and Windus.

Williams, R. (1983) *Keywords*. London: Fontana Paperbacks.

Williamson, B. (1982) *Class, Culture and Community*. London: Routledge and Kegan Paul.

Willis, M. (2004) 'The invisible hand – Bushfire arson in Australia', Sydney: Bushfire Cooperative Research Council. www.bushfirecrc.com/publications/downloads/C3_willis,m_perth04.pdf.

Wilson, A. (1992) *The Culture of Nature – North American Landscape from Disney to Exxon Valdez*. Cambridge, MA: Blackwell.

Willmott, P. (1963) *The Evolution of a Community. A Study of Dagenham after Forty Years*. London: Routledge and Kegan Paul.

Withey, L. (1997) *Grand Tours and Cook's Tours: A History of Lesiure Travel 1750 to 1915*. Berkeley: University of California Press.

Wolch, J., Pincetl, S. and Pulido, L. (2002) 'Urban nature and the nature of urbanism', in M.J. Dear (ed.), *From Chicago to L.A.: Making Sense of Urban Theory*. London: Sage.

Wood, M. (1974) 'Nostalgia or never: you can't go home again', *New Society* 7 (November): 343–6.

Wood, M. (2000) *In Search of England*. Harmondsworth: Penguin.

Wood, M. (2005) *In Search of Shakespeare*. London: Basic Books.

Wright, D. and Gayo-Cal, M. (2008) 'The omnivorous orientation in the UK', *Poetics* 36 (2–3): 148–65.

Wynne, B. (1996) 'May the sheep safely graze? A reflective view of the expert-lay knowledge divide', in S. Lash, B. Szersznski and B. Wynne (eds), *Risk, Environment and Modernity*. London: Sage.

Yorke, R.F.S. and Gibberd, F. (1938) *The Modern Flat*. London: Architectural Press.

Young, M. Willmott, P. (1957) *Family and Kinship in East London*. Harmondsworth: Penguin.

Young, M. and Willmott, P. (1973) *The Symmetrical Family*. London: Routledge and Kegan Paul.

Young, T. (2007) 'My father – the man who started Which?', in *Which? Magazine, Which? 50 Years, 1957–2007*.

《世界城市研究精品译丛》总目

☑ 已出版，□ 待出版